〔韩国〕孔元国 著

宋文静 译

第一卷 春秋纷争

春秋战国

上海三联书店

目 录

前　言

1. 出师表 —— 开启漫长的征途

笔者曾长期游走在中国的辽阔大地上。足迹遍布西安、洛阳等古都，以及山西的黄土高原和四川盆地等特殊地形地貌地区；也曾沿长江溯源而上，到访长江沿岸许多城市，翻越祁连山，踏足戈壁滩，穿越塔克拉玛干大沙漠，在遥远的帕米尔高原驻足，征服昆仑山脉，直抵喜马拉雅山脉腹地。中国的国土广袤无边，以至于从东西南北任何一个方向看，都能延伸至自然所能到达的最远边地。

不过，始于黄河流域的小部落国家最终是如何将国土"延伸至自然所能到达的最远边地"的呢？他们是统合了互不相同的文化，从而打造了今天的"中国"这一巨大的国度吗？这个过程是历史的"自然"演化吗？如果是的话，这个过程始于何时，又是如何开始的呢？最初由好奇心与乐趣触发的旅行引发了这些让人深思的话题。因此，笔者开启了新的旅程。

这次的旅程要探访的是两千多年前，被命名为"春秋战国"的特殊时代，也正是这一特殊时期造就了中国文明的骨骼。

数千年的历史中，我们国家（韩国）与中国交往频繁。对我们来说，中国是一个既庞大而又不可小觑的国家。这是我们无法回避的命运，也是机遇。今天同样如此。不过，话又说回来，我们对中国这个国家又了解多少呢？中国虽然是我们一衣带水的近邻，但也是我们难以彻底了解的一个国度。如若不了解也无所谓，那倒可以落得轻松；但现实情况是，中国是我们无法回避的研究对象，我们的过去自不待言，我们的今天仍与中国紧密相连。

现在，我们将要开启一场了解中国，也了解我们自己的旅程。不过，两千多年前的世界不是遥远缥缈的古时候吗？那么悠久的岁月中，江山不知发生了多么大的变化。我们果真能从这场旅行中得到我们想要的吗？

这种担心可以姑置勿论。我们今天可以了解到那个时代的记录与自然地理的背景，同时，我们还有开阔的视野。一般人总认为，在近处更能看清对象，但实际上，很多时候，反而离得越远，越能"客观地"看清对象的全貌。就像通过谷歌地图去俯瞰地球一样，我们跨越两千多年的时间，依然能够勾勒出那个时代的轮廓。经过漫长岁月的洗礼，如今那个时代的江山依旧，历史记录中堆积的尘埃也已沉淀下来，如此，我们反而能够更加清楚地看清真相。因此，带着勇气，我们开启了这场旅行。

2. 读史的理由 —— 历史漫长，人生亦如是

今天，我们为了解决实用性问题，与历史这根"筋"纠缠得越来越深。尽管历史可能并不完整，但若没有历史，我们将没有能够用于书写未来的材料。就算讨厌历史，也仍然不得不承认，除了历史，别处无法给予我们答案。然而，历史是昨日的过往，现在依然是不透明的状态。如何通过历史来解答今天的诸多问题呢？

先插播一个故事。在世界范围内受到认可的国际机构IMF（国际货币基金组织）每年都会发布经济增长率预测值。这个增长率预测值可能是以十分精确的统计数值为基础进行预测的。然而，预测时精确到百分之零点几的这些数值，每几个月仍会偶尔发生大幅变化。因此，有人说这种预测毫无意义。为什么会出现这种情况呢？

理由很简单。那些看似精准的预测实际上不过是在过去的趋势上，加入了现在的变数，稍加修改后得到的结果。事实上，如果没有过去的数值，没有对历史事实的观察，就不可能做出任何预测。在社会科学中，现在是过去的因变量，未来是现在的因变量。然而，如果过去的观察时间太短，而现在的情况又发生重大变化的话，未来也会跟着摇摆不定。那么，像这样，在社会发生巨变的情况下，几年后是何种情况，真是只有天知道了。

然而，历史不是神的辖域。就算向历史问询明年的事情，历史的回答也会是"不知道"。是不是历史回答的声音太小了，以至于我们没有听到呢？又或者是因为我们太过心急而强迫历史给出现在的答案？

当然，有时候心急是完全可以理解的。实际上，就算有心想让历史作用于现实，历史与现实也还是不同的。如果想用昨天的钥匙去打开今天的大门，锁钥显然互不匹配。历史这把钥匙实在是非常钝。因此，人们摸索出了一些稍微容易的方法。有些人为了将历史与现实生硬刻板地一一对应，将历史极度简化，机械地"打磨"了事。还有一些人按照现实的需要，"恣意"重构历史。这样加工出的历史解读当然甜蜜美好。如果只按自己意愿打磨的"过去"的钥匙，能够打开"未来"这把大锁，该有多么美好啊；然而，现实是，它无法打开。目前来看，对于过去，只能用当时的眼光去观察。

对于这些问题，我们不必过于苦恼。我们若想在历史中寻得想要的答案，就需要保持从容的心态。如果能在充满诸多可忽略的小变数的漫长历史中解读趋势变化，同时这种趋势能长时间（不是今

3

天、现在，而是我们的人生）地发挥作用的话，我们也许就能得到我们想要的答案了。得益于春秋战国时代约550年的历史，我们完全有充裕的时间来从容地审视现在与未来。

这里，我们先来拜谒气势宏大、名扬天下的庄子。《庄子·逍遥游》中有如下话语：

> 惠子谓庄子曰："吾有大树，人谓之樗。其大本拥肿而不中绳墨，其小枝卷曲而不中规矩，立之涂，匠者不顾。……"
>
> 庄子曰："……今子有大树，患其无用，何不树之于无何有之乡，广莫之野，彷徨乎无为其侧，逍遥乎寝卧其下。不夭斤斧，物无害者，无所可用，安所困苦哉！"

所谓历史，就如同那过于臃肿庞大的大树一样，无论是摆弄触摸它还是享受它，都没有人会就此说些什么。若想将它用在某个方面，好像又少了些什么。然而，立于旷野中的树木却可以使我们逍遥自在。在那里，我们可以思索人生的荣辱与意义，解读胜者与败者的世界潮流。历史能让我们拥有更为宏大长远的眼光。

我们幸运地出生于好的时代。如果当时像现在一样能解决温饱问题的话，我们人类也许能活上一个世纪。现在不是"历史漫长，人生苦短"的时代，而是已经迎来了"历史漫长，人生亦如是"的时节。行走在这漫漫人生路上，我们与历史一道信步闲游如何？又或者，也躺在历史的大树下悦享逍遥如何？

逍遥地悦享历史的方法也因人而异。心胸宽大之人会从自然史的视角来看待历史，从中获得人类是自然之一部分的谦恭之道。胸怀千年之人会从人类史的观点来解读历史，感受到自己属于人类的自豪感。观察力出众之人会从历史之中看到"天时、地利、人和"方方面面的变化。普通人也能从历史之中获益良多，弱者能够变得坚强有力，强者能够修得良善之心。同时，人们还能通过历史领悟到人生的道理。

可惜的是，没有用于解读历史的王道。想要从历史中获取什么，需要长时间观察过去，同时慢慢地进行消化。如果将历史比作食物的话，类似牛骨汤的食物应该是再合适不过了。想要品尝醇香浓厚的牛骨汤，需要用合适的火候进行长时间的充分煲煮。幸运的是，春秋战国这块"骨头"大而新鲜，只要准备好锅和柴火，慢慢煲煮即可。

3. 春秋战国 —— 辽阔中国的骨骼

中国的春秋战国时代指的是周朝统治者被戎族驱赶，西周覆灭的次年，也就是公元前770年，周平王东迁至洛阳（洛邑）起，至公元前221年秦统一中国，大约有550年的时间。中国有证可考的历史始于商朝，经过西周与春秋战国时代，发展成为巨大的帝国。在此期间，孔子做梦都想见到的周公的"周礼"建构完成，后来又被瓦解。周礼秩序的瓦解创造了名为春秋战国的故事，这些故事展现了当时各国有趣而又激烈的角逐与盛衰。

正是在这一时期形成了那些提到中国就会被想到的各种政治与思想的原型。解读春秋时代历史的《左传》成为中国与韩国历代士大夫们的政治学教材。

在类似《史记》与《战国策》一类的历史书中，不仅充满了治国的政治、军事及外交的策略，还记载了当时诸多人物的人生与命运，成功与失败的经历。这一时期是为了霸业、生存以及统一而进行政治斗争的阶段，同时也是为了寻求新秩序而进行艰难探索的阶段。这种探索与努力，在思想领域催生出百家争鸣。诸子百家努力阐述自己描绘的理想世界，并努力将其应用于现实。特别是儒家、法家、道家等学派的思想，都是中国文明的一部分。

最终，经过春秋战国时代，以黄河流域为代表的大江大河周围诞生了强有力的中央集权制国家。同时，普通百姓取代了奴隶，从事农业生产的国家框架以及王朝的赋税体系和常备军也一同形成。战国末期，秦国最终兼并六国，消灭对手，建立了中国历史上最早的大一统帝国。汉朝继承秦朝，形成了今天被称为"中国"的国家之主体躯干。因此，春秋战国时代可谓名为"中国"的巨大骨骼的诞生时期。同时，在这个骨骼上添加血肉与精神，今天的中国才得以存在。

在春秋初期有数百个诸侯国存在，到战国末期，却只剩下了七个国家。真是一个血花飞溅的生存与竞争的战场。很自然地，人们会提出如下疑问：

为何有人留存了下来，有人却消失了？

为何有人坚守住了，有人却未能做到？

最初，西周的秩序坍塌，春秋的秩序被建立起来。后来，春秋的秩序又坍塌了，而战国的秩序又被建立起来。战国的秩序最后也倾塌不存，取而代之的是帝国的秩序。

这种潮流是重复的，还是进步的？是某个主要因素作用的结果，还是多个因素综合作用的结果？同时，最重要的一个问题是，这种潮流是必然的，还是偶然的？

在春秋战国的舞台上，英雄、哲人等各方人士互相较量，数千万人参与其中。人伦与法治，德行与实力，名分与实利，互相纠缠而行，最终催生出胜利与失败的严酷的岔路口。不仅是人，形成制度与生产方式等社会基础的一切事物都飞速地行进着。

所幸，我们拥有历史界与思想界的巨人们留下的脚印：从《史记》《诗经》《左传》《国语》《战国策》等历史著作，到《论语》《孟子》《墨子》《韩非子》等思想巨著，还有《吴越春秋》一类的小说著作。同时，我们还有比记录更好的资料存在——地面上宏大的城市遗迹，地下至今不腐的古人的遗迹也仍然被持续发掘着。

然而，比上面这些资料更好的是活生生的自然。历经风霜的山峰至今巍然耸立。泰山与华山都是扬名历史的名山。有位诗人在吟咏太行山的山路时说道："险也"，路上累积的人骨都已变成尘土，而山路依然如昨。黄河与长江，草原与黄土高原又是怎样的情况呢？借助人的躯体，黄河与长江、淮河与汉水分享着文明，草原与黄土一决雌雄的场面至今犹存。

现在我们要准备足够大的铁锅与足够多的柴火，将锅底下的火烧至连巨大的骨头块都能熔化的程度。好了，让我们大家共同开启这段旅程。等到旅程结束之际，我们便可获得只有在漫长历史中旅行过的人才能拥有的从容与洞察力。届时，我们大家将成为朋友，围坐在大树下的铁锅旁边，怡然而笑。

4. 关于春秋战国丛书

本系列丛书将春秋战国这个阶段视为"中国"这一巨大原型诞生的时期，并从新的视角来审视这一时期。实际上，市面上有不少关于春秋战国时期的著作。这些著作大多以片面和训诫式的故事为素材，用小说的形式编排，虽然读起来浅显有趣，但要从整体上理解春秋战国这一历史过程则稍显不足。因此，本系列丛书不以事件与典故为中心，而是用更为宏观、更为系统的视角来叙述春秋战国这一漫长的历史过程。

同时，无论何人如何言说，历史的主人公终归是人。春秋战国时期是社会巨变与战争不断的时期，出生并活跃于这种乱世的各种类型的人物所上演的剧情也是本系列丛书不可或缺的主题。因此，本系列丛书以宏观视角为基础，同时通过历史人物的故事来揭示春秋战国时代真正的历史意义。因此，本系列丛书具备如下特征：

第一，如前所述，春秋战国是"中国"这一巨龙骨骼形成的时期。笔者认为，春秋战国这一分裂的时代，是文化起源多样的势力与黄河周围的文明相遇，互相发生冲突而又逐渐融合的过程。在这一过程之中，民族之间的矛盾与斗争，加之不同文化间的杂糅，形成了今天名为"中国"的概念。

第二，与既有的以典故为中心的著作不同，本系列丛书特别强调历史事实的记录以及地理背景。实际上，如果无法理解黄河、长江、太行山脉等自然地理环境对人类所施加的限制，就很难理解春秋战国时代那些富有戏剧性的瞬间。如果能够彻底理解构成春秋战国舞台的地理背景，就很有可能将看似复杂的列国之间的角逐尽收眼底。

第三，春秋战国时期的典故与事件有很多，我们难以一一详细了解。诸多国家出现又消失，众多名字听起来陌生的人活跃于当时。因此，相比于只看单棵树木，我们要尽可能地去眺望整片树林。前文也提到，希望我们用长远的眼光去眺望这个时代。因而，相比于片面的、以事件为中心的论述，本系列丛书更注重从宏观的潮流趋势入手，来书写当时的故事。

第四，一提到春秋战国时期，大家就会想到春秋五霸或是战国七雄，多以这些英雄的故事为主。本系列丛书基本上按照这些英雄的故事展开叙述。不过，在此基础之上，笔者想把相应时代的社会经济变化也加入其中。同时，也一道考察各个时代的主人公是如何应对相关变化的。正是基于这种考虑，丛书第一卷的主人公选择了管仲。

第五，本系列丛书意图从春秋战国时期抛给今天的我们的几个话题入手，安排整套图书的内容构成。春秋战国时期经常被称为乱世。然而，越是乱世，争霸的欲望与追求和平的梦想散发出的光辉越令人神往。在乱世中披荆斩棘求生存的人们是我们将要在旅行中遇见和了解的对象。特别是生活于那个时代的诸多思想家、政治家及军事战略家，他们同样也是我们将要找寻和拜谒的对象。尽管已过去数千年，但我仍然相信，越是反复咀嚼和品味他们的故事，生活于今天的我们越是能从中获得打开未来之门的深刻洞察力。

这样的话，我们在后面将要开启漫长的旅行。为了演绎这一系列浩繁的故事，笔者准备了多卷内容。

首先，第一卷的主人公是将齐桓公推上春秋时代第一任霸主之位的管仲。管仲可谓春秋秩序的设计者和中国最早的经济学家。随后，本系列故事的第二位主人公是春秋时代中原的代表人物晋文公。结束漫长亡命生涯之后才得以登基的晋文公成为春秋时代第二位霸主的过程，可以拍成一部情节跌宕起伏的电视剧。紧接其后的故事主人公是从蛮夷之地一跃而起，进而称霸中原的楚庄王，接下来则是在吴越争霸的激烈角逐中卧薪尝胆的故事。

接下来，叙述以秦和楚为首的、名实相符的战国七雄的出现过程，同时探讨战国时代的性质。到了战国时代，保护周王室的道德华服沦为破衣烂衫，因此，我们将视线暂时转向当时的思想家，用一整卷的内容来论述诸子百家激烈的论争。这些论争显然都是基于现实的，哪怕只理解相关的要旨，也足以帮助我们在今后理解中国历史上出现的大大小小的论争。

此后要阐述的内容显然是唯一上升为超级强国的秦国的故事。纵横家们气焰嚣张，弱国的人才则竭尽全力拯救自己大势已去的国家。

接下来的一卷故事将专注于叙述北方民族的冲突和争斗。北方民族因为没有留下历史记录，最终在中国历史上被遗忘。笔者曾花费大量工夫，长时间地寻找以匈奴为首的北方民族的足迹。

在这之后叙述的是始于公元前3世纪初期（约前280），秦国在统一天下最后阶段发动的惨烈战争。这一时期的战争简直称得上是秦国军队对敌方进行的大屠杀。与此相对应，六国也不甘坐以待毙，甚至派出暗杀秦王的刺客。然而，六国就算拼死抵抗，也挽回不了大局。最终，公元前221年，秦国吞并六国，宣告一统天下。

然而，故事到这里并没有结束。既为帝国，那么除却武力之外，应该要有其独有的存在理由。波斯帝国、罗马帝国至少能够获得其成员的支持，存续几百年。那么，秦国呢？秦国是文化实力不足以治理全国的压迫王国，最多也就算是个存在了二十年左右的"过渡时期的帝国"。因此，史学界也把秦与其后的汉合称为"秦汉帝国"，用这一名词概念来表述中国最早的统一时代。克服秦的不完整性，创造出长久的长寿王朝的人，正是秦国的对手，即楚国的人才们。秦国的刀剑与以楚国为首的六国文化的结合，最终促使新的帝国得以诞生。我们的故事结束于秦末的混战与汉朝的诞生时期，也就是所谓的"楚汉争霸"时期。

现在，骨骼完成了。我确信读者们能够充分发挥想象力，演绎出丰富多彩的历史故事。

孔元国

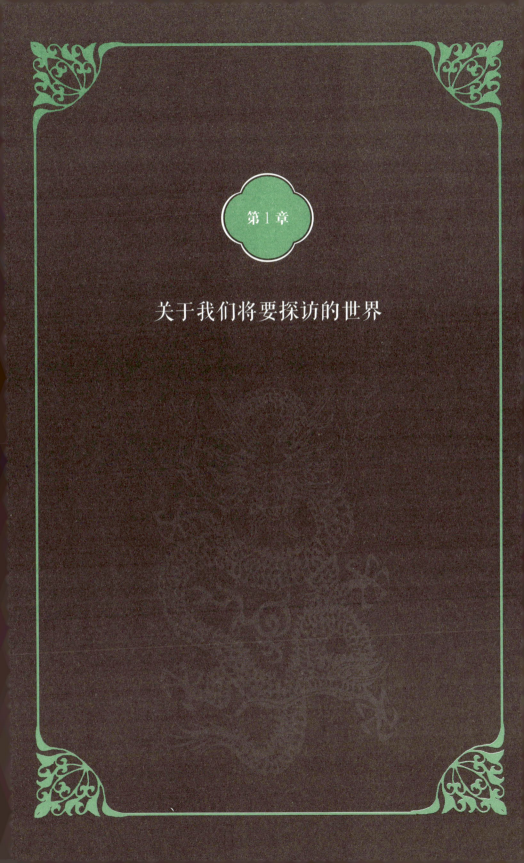

第 1 章

关于我们将要探访的世界

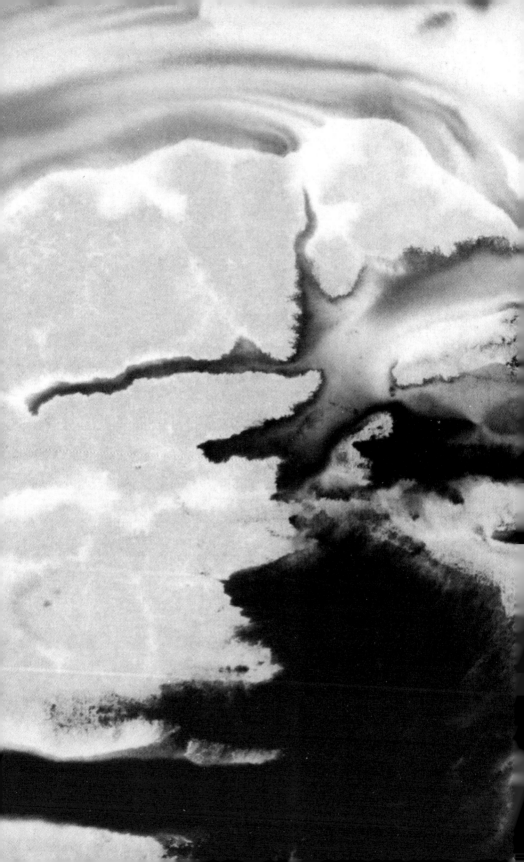

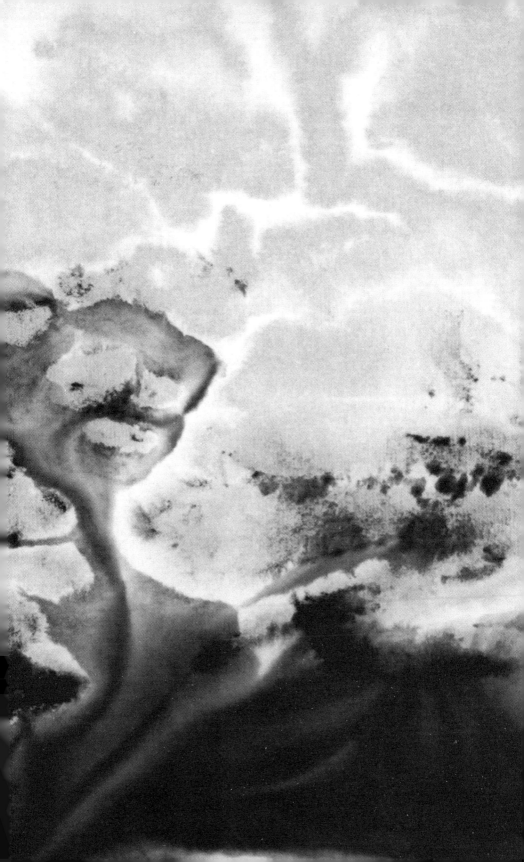

现在，我们将要探访的地点是公元前 2800 年至公元前 2200 年期间的中国东部地区。旅程漫长，路途险峻。出发之前，我们要掌握足够的相关信息，并且将行李打包得结结实实。

如果不了解春秋战国时期的中国在当时的世界中占据何种地位，就算看相关的著作，也犹如盲人摸象，难以把握核心内容。为了对春秋战国的情况有个大致的感知，我们需要做几项准备工作。想要探访春秋战国时期，铠甲还是要备一件的，以防突如其来的冷箭。

稍微早熟一些的人在小学的时候，应该多少都读过几章《三国志》。那时，我们是因为什么而心生感动的呢？孩子们读的《三国志》就是将帅们的《三国志》。那个时候，是吕布力气大，还是张飞力气大，成了我们心中的关键问题。后来，稍微明白事理之时，开始被会用智谋的人吸引。因此，大概在上高中的时候，开始喜欢诸葛亮。随着年龄增长，对世界稍微有了一些了解之后，便开始感悟到这世界上存在力气与智谋都无法左右的客观条件。自然与历史条件的局限皆不是一夜之间就可以克服的。越能理解那些客观条件与人的对决，以及相应的胜利与失败，就越能拥有"客观地"把握历史的力量。那样的话，历史事件与相关的主人公就会像活动全景一样在头脑中栩栩如生地呈现出来。

在踏上春秋战国时期的漫长旅程之前，大致需要提前了解以下三个问题：我们将要前往探访的世界，在全球历史上占有怎样的地位？我们将要探访的世界，地形大体上是什么样子的？我们将要探访的世界，人们是以何种面貌生存的？

只有了解了这些内容，我们才能隐约描画出我们将要探访的世界之轮廓。

1. 公元前的世界帝国与春秋战国

为了从世界史的视角认识春秋战国的地位，有必要将其与公元前世界上的其他帝国进行对比。

从世界范围来看，中国文明属于后来者居上，从出现时间上来看，要比西亚、北非文明（即近东文明）滞后很多。中国历史上确认可考的最早朝代——商朝，直到公元前1600年左右才出现。然而，这位后起之秀的后劲儿却是了不得。正如本书将要讲述的内容所示，春秋战国之时，中国已成为仅次于西亚帝国的大国，而到公元前3世纪，秦统一中国之时，世界的西端已没有能与东方的大秦帝国比肩的国家了。

秦统一中国之时，新兴强国罗马仍在为了争夺地中海的霸权，艰难地进行第二次布匿战争。彼时与罗马争夺地中海霸权的正是著名的汉尼拔将军。罗马帝国常被拿来与中国的秦汉帝国相比，其创立者罗慕路斯在公元前8世纪登陆意大利半岛，此后历经长达五百年左右的时间，才真正形成罗马帝国。但在公元前8世纪，中国中

6

原的历史已进入了春秋时代的激变期。所以说，我们这里所要讲述的故事的发生年代，比罗马帝国全盛期还要早好几百年。那么，在黄河流域孕育出春秋战国时代之时，世界上的其他文明又是怎样的状态呢？首先，我们来看看近东的波斯帝国。

公元前的世界帝国 1——波斯
波斯帝国概况

根据考古学的发掘结果可知，世界上最早的青铜器出土于今土耳其的安纳托利亚高原。美索不达米亚平原横亘于这座高原的南部，这里曾孕育出世界四大古代文明中最先进的美索不达米亚文明，而在安纳托利亚与美索不达米亚西南部的尼罗河流域，还曾出现过繁荣的古埃及文明。尽管地中海的半岛上也曾出现过以雅典为代表的中小文明古国，但其与中国相比，规模太小，这里暂时不作论述。

在中国商朝（前 17 世纪—前 11 世纪）时期，西亚大体上有四个互相竞争的帝国，即亚述帝国、古巴比伦王国、古埃及、赫梯帝国。公元前 9 世纪，亚述帝国发展为统治整个美索不达米亚的帝国。不过，真正的帝国却出现于阿契美尼德王朝（前 558—前 330）统治下的波斯。无论是从国土面积、人口数量，还是从文化的复合性及统治制度的完备性等各个方面来看，波斯都可以说是最早的世界性帝国。

处于全盛期的波斯帝国（前 6 世纪—前 5 世纪）不仅统合了近东既有的文明圈，还将势力扩张至今天的中亚地区。庞大的波斯帝国从地中海绵延至帕米尔高原西部，如果没有北方草原强大的游牧民族斯基泰人和常年积雪的东部高原的阻挡，想必这个帝国还会将疆土扩张到更远的地方。

中国、波斯、罗马时代对照表

年份	中国	波斯	罗马
前 770	东周春秋时代开始		传说时代
前 558		阿契美尼德王朝建立	
前 522	争霸会盟时代	大流士一世即位	
前 510			开始实行共和制
前 449		希波战争中波斯战败	
前 403	三家分晋（战国时代）		
前 330		亚历山大大帝入侵，波斯没落	
前 260	秦赵长平之战		第一次布匿战争（前264—前241），罗马掌控意大利全境
前 221	秦帝国建立		第二次布匿战争（前218—前201），罗马打败汉尼拔同盟军，占领西班牙
前 146			第三次布匿战争（前149—前146）结束，罗马争得地中海霸权
前 133	汉王朝与匈奴部落的冲突开始		

当然，公元前 6 世纪至公元前 5 世纪的国家与今天的国家领土范围大有不同。尽管如此，波斯也是影响力波及五百多万平方公里土地的大帝国。希腊历史学家希罗多德在《历史》第三卷中详细记述，公元前 6 世纪至公元前 4 世纪，横跨欧亚大陆的波斯帝国的影响力所及范围"从印度河流域直至地中海的殖民城市"。大流士一世（约前 558—前 486）将全国划分为二十多个行省，以民族为单位征税。据说不仅小亚细亚和印度，甚至连阿拉伯人都向大流士一世上贡金银。由此，我们大体上可以了解波斯帝国的辽阔广袤。这样看来，面积约为今天中国三分之一的春秋战国时代的舞台仅有波斯帝

国的一半大小。

那么，波斯帝国的人口有多少呢？大体与几个世纪之后出现的罗马帝国的人口数量相当，学者们认为在 3500 万到 7000 万之间。[①] 那么，从人口层面上来看，波斯帝国的人口数量好像也是春秋战国时期人口的两倍。

令人意外的是，建立了如此庞大的世界级帝国的波斯也在公元前 4 世纪末被马其顿王国的领导者亚历山大大帝所灭。然而，亚历山大帝国（是对亚历山大大帝时期的马其顿王国的称呼）不过是暂时掠夺了波斯帝国所创造的成果，帝国的组成要素在之后仍然原封不动地存续着，只是改换了国家名称而已，帝国的核心犹在。因此，尽管可能会引起论争，在本章中笔者还是将亚历山大帝国看作波斯帝国的延续。

波斯帝国与春秋战国的差异 —— 矛盾的强度与连续性

庞大的波斯帝国并不是我们所想象的像大英帝国一样的殖民帝国，而是由众多民族组成的松散联合体。众所周知，亚历山大以重装步兵为主力，用"区区"五万步兵就瓦解了庞大的波斯帝国。彼时，中国正处于战国时代中期，西部的秦国正在形成超越东方列国的军事优势。

与战国时代腥风血雨的战争相比，波斯时代与亚历山大时代发生在西亚的战争简直可以算得上浪漫了。

春秋战国时代，尤其是战国时代，中国发生了其他古文明圈无法想象的大规模战争。溯古而上，从《诗经》的记录来看，公元前 8 世纪之前，周朝与名为猃狁的北方民族作战时，动用了 3000 辆战车。春秋末期，战争的化身 —— 吴王夫差 —— 动辄斩敌数千。当时正值

---

① 伊恩·莫里斯著，《古代帝国的动态：从亚述到拜占庭的国家权力》（牛津大学出版社，2009）。

波斯统一近东这一时期。另外，与亚历山大远征相差不过七十年的战国时代的秦赵长平之战衍生的惨案更是骇人听闻，据记载，长平之战中赵国军队竟然有 40 多万人被秦军坑杀。此数字听起来似乎有夸大的成分。然而，根据最近在长平之战遗址发掘的遗骸来看，某种程度上证明了 40 多万并非夸张的说法。就算不是 40 多万人，哪怕只是 10 万人，在公元前 3 世纪能够发动这么多人参加战争，除了春秋战国时期中国的诸侯国，再也找不出其他的国家了。何况秦赵并非波斯或者亚历山大帝国那样的大型帝国，只是战国七雄中的两员。在阅读本系列丛书的时候，需要时刻考虑到这种动荡的社会环境的影响。

还有一点就是，与当时西方世界相比，春秋战国时期的矛盾体现得更为集中和连续。前文提到的位于近东的四大古代强国（亚述帝国、古巴比伦王国、古埃及、赫梯帝国）都是由不同的民族组成的。最终，波斯征服了近东，亚历山大帝国取代波斯之后，这一区域又被重新分为多个国家。今天也仍然保持着同样的情形，使用不同语言的民族在这一区域组建了多个国家。相反，在春秋战国时期，中国的各诸侯国成员皆将汉字作为记录自己族群故事的唯一手段，最终这些诸侯国被统合为一个帝国。当时中国也有很多民族混杂居住在一起，但经过数百年的争斗之后，留存在中原地区的诸侯国的国民，都自称为"中国人"。横亘在希腊与波斯之间的深渊，却并不存在于一度被称为夷狄的秦（秦戎）与楚（荆蛮）之间。

像这样，因为矛盾巨大又高度集中，既相似又有差异的多个国家在数百年间反复对立与和解，最终被统合为一个帝国的过程是极为复杂而又激烈的。在这种对外关系与对内关系都错综复杂的背景下，春秋战国时期的大型权谋战争片上演了。

波斯能够横扫近东四强国，占领辽阔的土地，首先当然是依靠其强大的军事实力做支撑，但比军事实力更重要的是波斯民族在文化上的强大影响力。居鲁士二世（约前 600—前 529）曾提出"奴隶解放，非暴力统治"的人权宣言，这从侧面印证了波斯是当时世界上最为先进的文明国家。希罗多德曾记述，大流士一世曾率领数十万乃至百万以上的军队攻打希腊，但他的大军却在马拉松被1万名左右的希腊联合军打得惨败。他的儿子薛西斯（前519—前465）甚至未能打败区区5000名斯巴达—希腊联军。波斯在与北方斯基泰人的作战中，也未能像中国的秦或者晋一样成功。大流士王亲自渤碑，碑文为"得马之力量者，为王"，正如这句碑文所表述的那样，早期的波斯人擅长骑马。难道是因为太过富有而不思危了吗？波斯大军在面对一小撮不怕死的敌军时，竟意外地表现出羸弱的一面。

说到底，波斯虽然是富有的大型帝国，但与战国时代中国的各诸侯国不同，并不是一个强悍的国家，同时也不具备在几个世纪之后出现的罗马帝国那样的好战性。由于波斯帝国所辖民族太多，除了征税之外，波斯并不强制这些民族履行其他义务。波斯有充足的金银雇佣佣兵，至于佣兵是印度人还是希腊人，他们并不在意，佣兵的民族并不重要。如果不专门去挑衅，小小的希腊世界似乎也不会威胁到波斯，而正在转化为游牧民族的斯基泰人也没有足够的理由南下。

然而，公元前4世纪末，向来不被波斯放在眼里的马其顿王国的亚历山大大帝带着重装步兵从西部蜂拥而至，仅仅用了十年时间，便掌控了整个波斯帝国。世界最大帝国的命运居然是如此结局，不免让人觉得谢幕太过匆匆。联想到波斯帝国的巨大规模，如此结局简直不可思议。当时的波斯难道也是一只"纸老虎"？亚历山大的军队也是由人组成的，波斯的失败并不能单纯归因于敌人的强大。

如同中国春秋时代基于礼教的秩序被战国时代基于实力的秩序彻底取代一样，波斯帝国是被唯实力论的马其顿军人所摧毁的。大流士三世（？—前330）的将帅们很勇敢，他的希腊佣兵也很勇敢，但在以战斗为职业的亚历山大大帝的军人面前却无能为力。在马其顿军队攻打波斯首都波斯波利斯关隘的战争中，亚历山大的将领托勒密果断采用翻越高山对敌人进行奇袭的战术。为了赢得战争，这支深夜翻山越岭的军队让人联想到如狼似虎的秦国军队。此次袭击之后，波斯人陷入恐慌，波斯帝国像多米诺骨牌一样轰然倒塌。波斯首都波斯波利斯遭到彻底的洗劫和掠夺。

当时，波斯王宫中有包括十二万塔伦特黄金在内的无数财宝，这些黄金相当于 5 世纪雅典帝国三百年的国民收入。[①]

至少在公元前 6 世纪至公元前 4 世纪期间，波斯是世界上最大的帝国。然而，波斯却没有像同时期的中国一样经历帝国内部各诸侯国之间激烈的斗争。尽管春秋末期与战国时代的舞台在规模上小于波斯，但在斗争的强度上却强于波斯好几倍。

公元前的世界帝国 2——罗马

到了公元前 3 世纪，西方又有一股巨大的政治势力登上了历史舞台。在取得布匿战争的胜利之后，罗马跻身世界帝国的行列。罗马帝国在多个方面都能与当时统一中国的秦汉帝国相媲美。尽管罗马帝国的建立与春秋时代有很多不同，甚至在时间上还稍微晚于战国时代，但若将罗马帝国与中国的统一帝国相比较，则大致能够把握战国时代末期中原舞台的规模。

在中国处于战国时代之时，罗马人仍然未能跨出意大利半岛。在公元前 3 世纪末，罗马赢得第二次布匿战争之后，才徐徐步入帝国的行列，而当时中国的中原早已进入帝国时代。

罗马帝国概况

仅从领土大小来看的话，罗马称不上是巨大的帝国。虽然罗马在全盛时期掌控了整个地中海，但地中海的面积小于黄河与长江流域的陆地面积。而且，当时罗马人也称不上是类似亚述或者波斯这

---

① 迈克尔·伍德著，[韩]南京泰译，《亚历山大：侵略者抑或帝王》（中央 M&B，2002）。

种古代文明的继承者，而是文化上的边缘人。当时，意大利半岛的文明确实不像东方一样灿烂，罗马的规模明显较小，可是这个后来居上者远远比波斯帝国好战得多。

实际上，起源于狭窄的意大利半岛的罗马想要继续向周围扩张的话，并不是很容易。向西有大西洋挡住去路，而莱茵河与多瑙河北边的民族也不是向罗马长久臣服的软弱角色。正如恺撒所描述的那样，他们是坚韧的民族。他们就像在中国北部居住的草原战士一样，带有强烈的自由人的韧性，即使在战争中失败，也绝不永久屈服。

同时，在地中海南部，北非的正下方是撒哈拉沙漠，阿拉伯半岛也被沙漠挡住。美索不达米亚平原东部，波斯与亚历山大大帝留下的帝国遗产仍然顽强地存在着。而且当地拥有出色的弓箭手，武装力量比不久之前亚历山大大帝"未战入城"之时强大了很多。正如公元1世纪奥古斯都皇帝的遗言所揭示的那样，罗马向外能够扩张的最大范围是：西至大西洋，南至阿拉伯沙漠，北至莱茵河，东至幼发拉底河。

现在来看一下罗马的人口。爱德华·吉本以克劳狄一世时期的公民权调查（罗马公民有694.5万）为依据，推算出包含儿童与女人的话，罗马的人口为2000万，奴隶的数量与此不相上下。同时，行省的人口是罗马人口的两倍，罗马帝国的总人口竟然高达1.2亿。依据公元14年奥古斯都的人口调查，罗马公民约为500万，若使用吉本所用的方法，可推算出总人口为8000万至9000万。最近的资料显示，罗马人口约为6000万。也有很多学者将当时的东方与西方进行比较，认为从版图大小或者人口方面来看，罗马帝国与中国的汉朝相似。[①]与汉朝统治中原相比，罗马帝国的统治要松散得多。大体上，在两国各自影响力所及的范围内，两国人口数量相当。

[①] 沃尔特·施德尔著，《罗马与中国：比较视野下的古代世界帝国》（牛津大学早期帝国研究系列，2009）。

现在来看看中国方面的情况。古代史的人口问题总是令人伤脑筋，但中国的《汉书》成为解答这个问题极为重要的资料。根据《汉书·地理志》的记载，汉平帝元始二年（公元2年），汉朝103个郡（国）县与直辖地的户数达1220多万，人口将近5960万。这一数字包含了现在越南地区的三郡（日南、交趾、九真）100万人口，还有过去古朝鲜的领土，即乐浪、玄菟等难以被视为汉朝直接统治区域的60万人口。即便如此，仅从记录上来看，当时中国的人口也远超5000万了。如果再加上遗漏未计入的人口，总数量肯定还要更多。这样看来，罗马与汉朝的规模真是非常相似。如果用这种方法推算的话，战国时代末期中国的人口也有3000万。

罗马帝国与战国时代各国的相似性 —— 好战之国

罗马的军队比罗马领土的规模更具威胁性。当然，公元前几个世纪之前，与中国的战国时代相比，罗马的兵力显然是微不足道的。公元前216年，在著名的坎尼会战中，罗马军团遭到了名将汉尼拔的重创。当时，汉尼拔的军团有5万人，罗马军团有8.5万人，此等程度的兵力规模小于战国时代一个诸侯国所能动员的兵力数量。

然而，之后罗马军队迅速膨胀。2世纪，安东尼皇帝时期，罗马常备军约有45万人，都是训练有素的军人。由拥有罗马公民身份的军人及辅助兵组成的一万人以上的军团有三十多个，王牌近卫队守卫罗马，其数量大致可推算出。当然，其中的主力是著名的罗马重装步兵。[1]

时间上远比罗马的全盛期更靠前的战国时代，各国所有国民都是军人，被动员参加战争的人数规模超出我们的想象。实际上，在战国时代末期的统一战争期间，参战士兵在十万人以上的战争是相当多见的。类似"魏国二十万甲兵"或"赵国四十万将士"等记录，

---

① 爱德华·吉本著，[韩] 尹淑仁译，《罗马帝国衰亡史》（民音社，2008）。

哪怕只有记录的几分之一，规模也是不得了的。同时，根据史书《史记》中在时间上与罗马帝国全盛期重叠的汉朝的记载，汉代（前2世纪）的霍去病曾动用14万匹马远征匈奴，回来时只带回了3万匹马。早在战国时代，北方的晋国与赵国就已经与匈奴展开艰难的战争，可以想见战争之规模。在世界史上，这种规模的战争只可能发生在中国的土地上。虽然实力弱一些，但能够与战国时代相提并论的只有时间上比战国时代晚了很多的罗马帝国。

这种规模令人无法想象的残杀为何会发生？在那些杀伐的战场上又上演了怎样的政治故事？阐明这些问题，就是我们旅行的课题。总而言之，从人口数量或领土面积上来看，超越春秋战国的只有波斯。然而，当时像春秋战国时代中原各国那样激烈交战的情形，世界上别无他例，只有后来的罗马达到了相似的水平。

2. 春秋战国的地理背景

从现在开始，我们一起来探索春秋战国时期的空间背景。中国向来以土地辽阔著称。现在的中国幅员辽阔自不待言，地形的复杂程度也难以一一道尽。从低于海平面的地区到世界最高的喜马拉雅山脉，从热带雨林到沙漠地带，中国的版图内全都包含。

不过，春秋战国时期的舞台要远比我们现在所知道的中国小许多。万年积雪覆盖的喜马拉雅山脉或是死亡沙漠塔克拉玛干要等很久才能登上中国历史的舞台。因此，稍稍用心的话，完全能够在头脑中刻画出春秋战国时期的舞台。

需要强调的是，我们正在准备开启远距离的旅行。为了顺利完成这场远距离旅行，首先需要做的是看地图。好像是哪位大历史学家说过吧："界线产生，历史就随之开始了。"遥远的古代界线自然是由山水造就的。因为人无法移动山河，界线之内的自然特点就一直

鄂尔多斯的绿洲

延续了下来。现在，我们来拜谒几位如兄弟般亲密且重要的，带有自然和历史双重属性的主人公。

登场人物 1——黄河及其兄弟们

酒客们应该都能记起李白《将进酒》中的名句"君不见，黄河之水天上来，奔流到海不复回"。就算是仅仅罗列黄河的黄沙浪潮所创造的历史，恐怕也要花费一辈子的时间。事实上，把包括春秋战国时期在内的中国历史说成是黄河的历史也不为过。

其实，黄河这条河流的颜色并不是一开始就像它的名称一样是黄色的。事实上，发源于青藏高原高处的黄河，上游河水清澈而冷冽。发源地的黄河水，人和动物都在饮用。像历史产生之前，太古代的纯粹之境一样，清澈的水流不敌重力，一直向东奔涌而去。随着水流进入风起云涌的历史现场，黄河急剧浑浊。

壶口瀑布 围绕秦晋大峡谷，春秋战国时期的秦、晋这两股旗鼓相当的势力反复展开较量。

从高原奔流而下的水流首先路经甘肃省的省会——兰州。位于黄土丘陵包围的狭长盆地中的兰州是中国西部的大门。此地附近发掘出中国最早的青铜器。因此，黄河的西部与中国文明的开始有着密切的关系。

经过兰州之后，黄河急速向北折流。不知是不是因为突然进入历史舞台，使得黄河感到眩晕，又或是开始思念冰凉清澈的故地，黄河从这个地方向北流入戈壁沙漠。然而，黄河忍受不了沙漠干涸的土地，于是撞向绵长的阴山山脉，最终打开东去的通道。向东流淌了一段距离之后，又遇到吕梁山，山脉呈南北分布，水流无法沿山岭向上流淌，只好再次南下。由此一来，黄河从西、北、东三面包围形成的地带就是河套地区。这一黄河弯曲地带的北边是游牧民族的故乡，通常被称作戎的北方民族（后称匈奴），在与弯曲地带南边的周或晋、秦等的作战及合作中，不断形成自己的民族属性。鄂

从华山俯瞰关中效果图

尔多斯地区既壮阔又富饶。后来，秦国驱赶匈奴，将鄂尔多斯分为两部分，在中间筑起长城。这对北方民族来说是残酷的磨难，是无法恢复的伤痛。

现在，黄河已经又向南流了很远，从鄂尔多斯东部向南流经的这个山谷被称作秦晋大峡谷。峡谷南段是著名的壶口瀑布，水流在此轰隆隆地飞泻而下。围绕此地，春秋战国时期的秦、晋这两股旗鼓相当的势力反复展开较量。两岸遗留至今的众多要塞在默默诉说着当时的战争是多么激烈。

黄河从这里继续向南流，遇到华山。与黄土丘陵不同，高耸入云的华山山体由花岗岩构成，相当坚硬密实。华山在五岳（北岳恒山、西岳华山、中岳嵩山、东岳泰山、南岳衡山）中最为雄伟奇险，酷似秦国粗犷雄壮的气势。水流仍然无法翻越山岭，山岭也无法跨越水流，于是，黄河最终与从西部流淌而来的渭水合流，艰难曲折

崤山的三门峡激流　看到从三门峡大坝上倾泻的像瀑布般湍急的黄河水，甚至会让人产生一丝冰冷的恐惧感。

地向东而行。

在潼关汇入黄河的渭水又有什么来头呢？横穿关中盆地的这股水流形似大蛇。这条蛇的躯干是西安，头部便是潼关与函谷关。这条蛇是胃口极好的蟒蛇，能够吞下比自己大好几倍的野兽。这条蛇总是翘首向东，顺着黄河水流，冲向中原。公元前11世纪，周沿着黄河进入中原；公元前3世纪，秦掌控了中原，索性建立了帝国。这条巨蛇的尾部则是周朝与秦朝的发家之地。周朝兴起于渭水西北部的岐山，秦朝则兴起于比这一区域更靠西的地区。渭水岸边的土地虽不秀丽，却坚韧强健，仿佛在描摹着这两个雄心勃勃的西部民族的神韵。

渭水造就了关中平原。关中平原的确是受到祝福的土地。南边横亘着巍峨的秦岭，东边有黄河天险，渭水则滋养着这片平原。谁能否认这是一片弥漫着帝王气息的土地呢？

黄河边郲的战争遗址　城濮、鄢陵、郲是春秋时代著名的战场。当时，黄河北岸的晋国与想要进军黄河的楚国发生了无数次大大小小的战争。

现在，黄河得渭水之水流，继续向东奔流。虽然受制于华山地形而打开了向东的路径，但东流的路途也不可小觑。狭窄的三门峡挡住了水流的去路。这条狭窄的水道加剧了水流的速度。水流不是流淌的状态，而是像瀑布一样一泻而下。如果看到从三门峡大坝上倾泻的像瀑布般湍急的黄河水，甚至会让人产生一丝冰冷的恐惧。不知是不是在三门峡用力过猛，过了三门峡之后，黄河流淌的速度急剧下降。从此处直到黄海，几乎全是平原地带。不过，黄河甚至还会流向海拔高于平原的地方，这是因为数千年来人类修筑的堤坝制约了黄河的水流。

经三门峡向东流淌不过百里，黄河便与从南方流过来的洛水合流。在洛水与黄河之间有一片我们熟悉的土地，这里有一座城市，名为洛阳。此地曾是东周时期的国都。在这块黄河与洛水之间的低凹的盆地上，众多的古都曾经出现又消失。在历史的中心迁往北京或南京之前，洛阳曾是中原名副其实的政治中心。向东南延伸至淮水与长江的平原上所出产的粮食，被运往西边的洛阳，养活了众多人口。上有黄河，下有洛水，右傍中岳嵩山的洛阳亦是一片王土。

然而，洛阳并没有渭水边的西安那样强大的气场。洛阳地势低洼，湿气重，雾气弥漫。洛阳虽为悠然之地，但有气魄的君主们却并没有多么喜爱洛阳湿漉漉的空气。周朝式微，便从西安迁都洛阳。强大的汉帝国衰落后亦向东迁都至洛阳。矮小柞树覆盖的嵩山不像顶峰遍布百年松柏的华山一样奇伟，而洛阳的历史也未能像西安一样厚重。

将从洛阳流至济南的黄河称为战争之河，亦不为过。为了这一地区，黄河北岸的晋国成为中原势力的霸主之后，与想要进军黄河的楚国发生了无数次大大小小的战争。城濮、鄢陵、邲都是春秋时代著名的战场。到了战国时代，这种现象也丝毫没有改变。从黄河以西东进的秦国也与东方各国争夺这一地区。其实，只要看到黄河边上比人还高的芦苇荡，便会被这片土地的富饶所吸引。

过了这一地区，黄河改向东北方向流去。那片地区的西边是晋国以及其后因三家分晋而产生的魏、赵、韩的领土，北边是燕国，东边是孕育出春秋时代第一位霸主的齐国。流过开阔平原的黄河流到泰山北边之时，相应地，那块土地就变成了令人向往之地。位于黄河南部与泰山北部之间的山丘地带，是姜太公的后裔在春秋战国时期生存与号令之地。流经齐国土地的黄河，水质虽然没有最初出自青藏高原时纯净，但在流淌的途中见证了无数人的故事，在完成历史职责之后，最终流入大海。

登场人物2——长江及其兄弟姐妹

遇到天旱，黄河的水量便会减少很多。好似步履维艰延续的历史一般，黄河的水流似断似续，甚是凄婉，与其相比，南方的长江则显得悠长深远。长江汇聚众多支流，当真是真正的大江。如今在上海看到流向大海的长江，简直无法形容其壮观。

长江流经的宜宾（上图）与重庆（下图）

从武汉流入长江的汉水 汉水是长江最大的支流，楚国历代君王向来无视黄河水神，只向汉水和长江献祭，彰显了称霸南方的雄心壮志。

然而，长江并非本来就是大江。同样是发源自青藏高原、流向东部的长江，经过四川盆地，在重庆与嘉陵江合流之后才成为大江。不过，在通过大江的第一关三峡之前，长江还不是春秋战国时期的主要舞台。三峡左右两边是崇山峻岭，起点与终点处明确地将东西两边划分开，而且水流湍急，很难逆流到蜀地。

流出三峡之后，像洛阳东边那片区域一样，这里也神奇般地出现了舒展的平原。这里被称作荆州，它经常出现在之后的历史中，是楚国的发源地。如果说黄河是一条有头部与躯干的蟒蛇，那长江则好比是一条有很多头与脚的龙。这条龙在平原上驰骋，蜿蜒起伏，留下了很多沼泽地。因此，楚国的土地既宽广又肥沃。

然而，长江这条南方的龙有很多头和脚，与一心向东流的黄河不同。湘江与汉水，洞庭湖与鄱阳湖将这条龙弄得困顿不堪。因为江流众多，长江既是一条统一的江，又是一条分裂的江。这条龙的各个头与脚自作主张，流向各自的方向。长江风光虽然壮阔，但未能集中发挥优势。

流经襄阳城的汉水　襄阳城是被汉水环绕的天然堡垒。

　　长江北边的汉水是长江最大的支流，也是拱卫楚国的水长城。执掌中原的周朝曾一度想跨越汉水直击楚国，但最终以彻底的失败而告终。因此，楚国统治者得以自立为王，与中原国家划江而治。在长江与汉水之间建都的楚国是水上王国。楚国实力薄弱之时，便蜷缩于汉水西边，等到实力有盈余之时，便越过汉水。楚国一有什么动作，黄河南岸的小国们都不敢大声喘息。如果中原的霸主们不建立联合战线的话，如何能够遏制汉水边的这条龙？楚国历代君王向来无视黄河水神，只向汉水和长江献祭，彰显了称霸南方的雄心壮志。

　　再向东奔流数百里，流经大别山之后，长江便成为普通船只无法轻易渡过的大河。长江下游布满沼泽地的这片土地是春秋末期吴越争霸之地。吴王夫差野心勃勃，试图通过运河连接长江与淮河，进而掌控中原。笔者猜想，连接这两大水系的运河兴许是人类历史上最早的运河。长江下游像蜘蛛网一样分布的水系孕育了吴国的争

开封的汴河 运河的水道至今还留存着。

霸梦想。崛起于长江南侧、钱塘江下游的越国一直是吴国争霸路上的拦路虎。这两个国家之间上演了一出又一出像江南水系一样错综复杂的权谋与复仇的对决战。

淮河尽管不是长江的支流，却自有其特殊的意义。在吴国为了攻打楚国，沿淮河水路西进之前，淮河周边区域是中原国家难以觊觎的地区。在水路与陆路交错，沼泽地接二连三的淮河流域，中原的战车变为无用之物。不熟悉用船的中原人就算垂涎淮河流域之地，也只能以称呼当地人为蛮夷以示轻蔑的方式来解解馋。中原人将淮河附近的人称为淮夷，将分布于淮河之北直至山东半岛的对立民族称为东夷。淮河是华南与华北的分界线，同时也起到连接华东与华西的作用。淮河的支流一直蜿蜒流至开封。这条水路后来成为向开封西部供给粮食的通路。战国时代，黄河两侧的秦国与魏国交战，魏国落败后，统治者逃亡至大梁（今开封），淮河就成为大梁政权赖以生存的水系。

登场人物3——太行山脉

如果说黄河是承载历史的长河，那么太行山就是承载历史的高山。在太行山东南麓越过黄河直至秦岭一带，曾生活着北方民族，这些北方民族在春秋战国波谲云诡的战争中被迫逐渐向北方迁移。直到战国时代，在赵国开垦太行山北麓并筑墙建城之前，太行山还是戎、狄等多个民族活动的区域。

太行山脉为何如此重要呢？我们来看一下地理情况。现在北京的正北边全是山地。这些山地向北延伸至兴安岭，向南延伸至黄河。太行山脉在华北平原分割出众多水系，汾河与沁河由此处流向西南方的黄河，形成巨大的峡谷。从太行山的两大峡谷延伸至黄河的土地，以及太行山西麓的平原都是古代晋国之地。尽管是既往之事，但如果晋国当时没有分裂为韩、赵、魏三国，西边的秦国恐怕要放弃统一的梦想了。

在分裂为韩、赵、魏之前，晋国是中原的霸主。从晋文公称霸直至晋国分裂之前，晋国中原霸主的地位未曾改变。众所周知，太行山脉南麓的黄河北岸是中国最早的文明，即夏文明的发源地。就像东进之后掌控中原的秦国一样，夏文明后来也向东迁移，在现今的郑州附近创建了自己的国家。汾河溪谷可谓黄河北岸的关中。溪谷左右高山耸立，在中山国则形成了水流潺潺的广阔盆地。经过沁河溪谷，翻越高山之后，便可到达华北平原。这座受到上天眷顾的高山总是能截挡水流，因而连华北平原日常多见的干旱也能躲避掉。虽然韩、赵、魏依次被秦国打败，但三个国家都曾进行过激烈抵抗，因为他们都是晋的后裔。扎根此地的晋国曾以中原霸主自居，认为自己处于文明的正中心，拥有极强的自尊心。

山谷的北边以及东麓的丘陵地带是中原人与其他民族的混居之地。通常被称作戎狄的这些民族在匈奴帝国建立之前，是中原人势均力敌的对手，他们在战国时代建立了军事实力相当强大的国家。

太行山是中原霸主晋国的镇地宝山，也是被称为戎狄的北方民族的故乡。当三晋之一的韩不得不把沁河溪谷让给秦的时候，同样身为三晋之一的赵并没有无动于衷。然而，卷入这场战争的赵国由此失去了四十多万名壮丁，这也导致三晋势力失去东山再起的实力。

这座山很高，而且在中国北方的山之中，算是水资源丰富的山地了。在潮湿的山谷之间，能看到过去的古道，即唐朝诗人白居易将之与人生相比照的《太行路》。白居易曾用"危险艰难"来吟咏此路。随着这条路的断绝，东西之间的斗争也逐渐走向终止。我们将在本书中探访太行山脉各地。当然，在探访途中不可忘记这座山的地形，该山脉自北向南延伸。

登场人物 4——秦岭

秦岭从青藏高原东部的岷山山脉一直绵延至洛阳南边。在古代，这条山脉是区分南北的巨大分界线，它的主峰太白山高度接近 4000 米。越过秦岭西南的山脉，到达汉中，楚国的防御网汉水便流经此地。从此地再向西南行进，便可到达巴蜀人的所在地，他们创造的青铜器文明仅次于商朝的文明。楚国只要掌握巴蜀地带，下定决心沿长江顺流而下的话，便可进军中原地带。后来，不断向东扩张势力的秦国最终越过险峻的秦岭，与楚国一决雌雄。

秦岭的东南端是楚地。好战的秦国想越过秦岭攻打楚国的话，也并不容易，因而两国的蜜月期维持到了战国时代中期。尽管如此，到了战国时代末期，秦岭最终也未能阻挡秦国向东南扩张的脚步。

秦岭横亘在关中平原南部，有助于秦国维持政治稳定。一旦秦国感到力不从心，南部防守交给秦岭，东部则封锁函谷关即可，实际上也的确如此。秦岭是秦国的屏障。秦岭的最东边是华山与崤山，与今天不同的是，古代的山东是指崤山以东。因而，秦岭不仅是南北的大分界线，同时也是关中与中原的分界线。我们在今后的旅程

秦岭风光

中将会目睹围绕秦岭究竟发生了哪些重大事件。

　　除此之外，春秋战国的历史地理背景中还有无数人物接连登场，我们暂时先记住以上五个对象。这三大河流与两大山脉，是理解春秋战国地理背景的核心所在。随着春秋战国时期的结束，祁连山、天山等崇山峻岭也开始进入历史记录。

3. 那个时代的主人公们

　　解读春秋战国时期的我们是现代人，但实际活跃于历史舞台上的是古代人。他们在某些方面与我们惊人地相似，但在另一些方面又与我们截然不同。

先在这里提醒大家一个需要注意的事项，然后再继续行进。我们可以充分运用现代人的智慧去想象古代社会，但决不可恣意歪曲古代社会的真实情况。历史事实就是事实，不可用想象去更改。如果能够任意更改历史事实的话，那么，与其去读历史，记忆诸多历史事件，不如去读小说。不过，还是有很多记述历史的著作犯了类似的错误，进而将叙述历史的水平拉低至个人萨迦①或民间传说的水平。如此一来，便导致历史叙述变得主次颠倒，因果倒置，杂乱无章。

读历史与读小说不同。为了帮助大家理解，我们来举个例子。假设我们拿着金属、溶剂与催化剂进入实验室。将金属放入某种溶剂中，金属并不溶解，但是放入某种催化剂之后，金属开始溶解。那么，究竟是催化剂溶解了金属，还是溶剂溶解了金属？如果是化学家面对这个问题，肯定会拿出反应式，主张是溶剂溶解了金属，而不是催化剂。然而，对于看到催化剂一加入，金属便开始溶解的普通人来说，他们会认为是催化剂溶解了金属。这里，金属的溶解相当于历史事件，溶剂相当于触发事件的原因，而此时，催化剂只是触发事件的契机而已。读历史就像理解化学反应过程。毋庸赘言，历史中的所谓化学式指的就是原因、事件与契机相结合而成的事实。从这种意义上来讲，在这里不得不说几句批评的话。

原则上来说，以公元前为背景拍摄的历史剧的场面不可能非常华丽。可现实情况却是，剧中的武士们穿着铁制铠甲，帅气地手持马鞭，脚踩马镫子骑到马上，今天在这里，明天在那里，四处征战。将军们在矗立在野地上的刺绣营房中点着蜡烛召开战略会议。看到这些华丽场景的人们会陷入对古代的幻想之中，以为战争就跟游戏一样。

如我们所知，金属马鞍出现于公元后。士兵们的营帐用布搭建？如果真有那么好的营帐，被称为东方最早历史书的《诗经》中

---

① "萨迦"意为"话语"，实际是一种短故事。——译者注

所记载的士兵为何还有那么多怨言？用雪白的布搭建的营帐，是像将军一样有身份的人才能使用的。那如果遭遇雨雪怎么办？这种情况下，如果真的遭遇雨雪，士兵就要做好被冻死的心理准备了。因此，至少在公元前，遇到雨雪天气，一般会停止作战。甚至在那种季节，直接避免进行战争。当时如果像今天一样有上千套任谁登山时都能穿的防水登山服和登山鞋的话，兴许就能打造出一个最强军团了。

《孙子兵法》中如此强调天时与地利的原因是什么？正是因为对古代人来说，天地条件是关乎生死的条件。在下文的叙述中，本书将继续强调这种客观条件的影响力。如果无视这些客观条件，历史同样会变成小说；如果承认这些客观条件，可能会暗自嘀咕，这样干巴巴的怎么读历史。关于这个问题，我们需运用不同于小说的关于历史的想象力，走入相应时代的人物内心。比如读到某个历史人物淋雨的章节，我们会不由自主地感叹："淋了雨，该有多么不舒服啊？"

最近很多人在读的一本书中详细描述了号称"上帝之鞭"的匈奴的某次大进攻，文中出现了匈奴与罗马军团对战时所说的强硬话语，同时还描述了匈奴的机动作战能力。文中过度强调匈奴与罗马的对比，几乎将罗马的敌人描述成野蛮人。这段描述中强调，机动力与野蛮性正是匈奴的武器。那么，这些描述果真是事实吗？匈牙利草原要有多广阔，才能容得下 10 万名以上的匈奴骑兵？假设每名骑兵至少备有 5 匹马的话，那匈牙利草原的草要长到几米高才够马吃。可见，事实并非如此。到达面积约为韩国一半的匈牙利草原之后，匈奴实际上只有 10 万多匹马和 1 万多名骑兵。因而，让欧洲感到惧怕的匈奴至少在越过多瑙河之后，就是"步兵"了。[1]

---

① 鲁迪·保罗·林德纳著，《游牧主义、马和匈奴》，《过去与现在》第 92 期（1981）。

那么，他们是否用野蛮游牧民的凶悍特性降服了罗马呢？当时罗马的军队似乎是同盟军，匈奴也带领了同盟军作战。匈奴首领阿提拉的同盟阵营中混杂了以东哥特人为代表的各民族士兵。无论是南边的罗马，还是北边的匈奴，都动用了所有政治力量来作战。匈奴也自如地运用联盟、朝贡、谈判及战争等手段与对方对决，赢的时候表现得很勇敢，输的时候又很卑怯。他们与我们一样，都是人，并没有那么野蛮，也没有超乎常人的能量。像这样，如果有先入为主的偏见，就会歪曲事实，而这正是诠释历史的陷阱。

因此，读历史最重要的就是正确地理解事实。同时还需要足够的想象力去倾听那些事实、记录或者历史遗物向我们悄悄诉说的故事。与想象力同等重要的是喜爱。读着读着历史，偶尔会与古代人陷入恋爱中。不过，我们即将在旅行中拜谒一些古代人，而令这些古代人折服的正是春秋时代的霸主们。这些霸主是如何折服今天的我们以及他们同时代的古代人的呢？辅佐春秋时代第一位霸主的管仲曾教导齐桓公不要强迫百姓做他们厌恶之事，同时应满足他们的诉求。我们只有领会古代人的内心，并热爱他们，才能理解和诠释古代人真正的故事。

现在，让我们带着这种心态先来见一见故事的真正的主人公。如果能将这些主人公的形象在头脑中大致刻画一番的话，整个过程会变得更加有意思。在接下来的所有故事中，大部分是关于人的。在开启正式的旅行之前，我们先来了解一下这些古代人的衣食住是何种情形，他们喜爱和讨厌什么。了解得越多，我们就越会对古代人产生更多的感情。

我们从东方最久远且最可信的历史书《诗经》中，简单地勾勒那个时代人们生活的轮廓。《诗经》是一部诗歌总集，收集了西周初年至春秋中叶各地方的民间歌谣，以及祭祀等活动所用的雅乐歌词，展现了距今大约 3000 年到 2500 年之间的社会风俗。歌谣是良好的史料，《诗经》正是这种史料。

《诗经》的时代背景是从西周初年一直到春秋中叶，其中承载了我们将要探访的世界的初期形态。我们先将非常琐碎的细节抛在脑后，将心思集中于《诗经》的乐歌，一起来想象出现在我们历史故事时间轴早期的人们是如何生活的。

食 —— 人们吃什么？

人当然是吃饭才能活了。那么，当时的人们主要以何种谷物为主食呢？他们主要吃黍。虽然长江流域有遗迹表明人们在七千多年之前就开始种植水稻，但西北人与中原人似乎主要吃黍。因此，在《诗经》的诗歌中，黍是出现次数最多的谷物。《王风·黍离》中这样歌咏道：

> 彼黍离离，彼稷之苗。（中略）
> 彼黍离离，彼稷之实。

同时，《曹风·下泉》中这样吟咏道：

> 芃芃黍苗，阴雨膏之。

歌谣中虽然既出现大麦，又出现水稻，但还是以黍为主。至于理由，则非常简单，像玉米一样，黍子长到一定高度之后就不需除草，抗寒能力也强。当然，这也并不是说当时的古代人种地不除草。从《小雅·大田》中“以我覃耜，俶载南亩。（中略）不稂不莠。去其螟螣，及其蟊贼，无害我田稚”的词句来看，当时似乎已经实行了在两千多年之后才在欧洲出现的耕作方式。因木头不锋利，所以犁耙应是由石头或者金属制作的。

那么，当时的人们能吃饱？从几百年之后战国时代的资料来看，不发生饥荒的话，一个成年男子能吃到的粮食要稍少于韩国陆军的个人配粮量，所以应该不至于挨饿。然而，如果只吃碳水化合物的话，身体会变弱，尤其是儿童需要多摄入蛋白质。那么，如何补充蛋白质呢？其实，当时已经通过食用大豆补充蛋白质了。我们吟咏《豳风·七月》，便可知当时中原似乎已在多地种植从北方传入的大豆。

六月食郁及薁，七月亨葵及菽。八月剥枣，十月获稻……

即便人体必需的营养成分得到满足，维生素也是不足的。维生素可从蔬菜中获取，当时的古代人把凡是能吃的东西都采摘下来。这种情况与韩国的朝鲜时代没什么不同。综合当时采摘野菜的记录中出现的名称来看，有苍耳、匏瓜、车前草、葛、蕨菜、藜，还有浮萍，野菜种类多到数不清。

茶山丁若镛的次子，《农家月令歌》的著者丁学游先生编纂的《诗名多识》中，光是草的名字就出现了70多个，其中多半可以食用。古代人一有时间就去挖野菜。在当时，野菜也是粮食的一种。

中国的古代人自然也种植和食用蔬菜。他们从泉水中收获水芹菜，在院子中割韭菜，摘黄瓜，还挖小萝卜。古代人种植的蔬菜与现代的新品种相比，长势如何不得而知，但大体上我们所知的蔬菜，古代人当时似乎都能吃到。为了越冬，夏秋时节要努力囤积蔬菜，这项工作似乎不分男女，共同进行。从《唐风·椒聊》吟咏"椒聊之实，蕃衍盈升"来看，花椒在当时常被用作调料。

有谷物与蔬菜可供食用，生活是没有问题了，但仅有这些还不够，还要有水果与肉类。当时人们常吃的果子是大枣和梅子，将它们晾干后，在冬天也可以食用，是不错的粮食。那么，高级蛋白质如何摄取呢？鸡在当时貌似是较为常见的动物。狩猎需要动员很多人力，普通人想要捕食野兽不太容易，但在农闲时节，人们会进行围猎。冬天，为了获取毛皮与肉类，人们会进行大规模的围猎，似乎也收获颇多。外出打猎的人吟咏的幽默诗歌流传至今。我们来听一听《国风·召南》。

> 野有死麇，白茅包之。有女怀春，吉士诱之。
> 林有朴樕，野有死鹿。白茅纯束，有女如玉。
> 舒而脱脱兮！无感我帨兮！无使尨也吠！

从诗歌中玩闹的口气来看，吟咏之人无论如何都不可能是贵族。他提着白茅捆扎的肉来到围着围裙的女人面前进行调笑，从这个情节可以看出，肉在当时就算不像今天的钻戒一样贵重，也跟今天的玉石一样，是能够讨女人欢心的贵重之物。诗歌中收到肉的女人也没有不开心，只要狗儿不汪汪叫就行了。

由于捕食野兽很困难，普通人将鱼当作贵重的菜肴。当然，还有一些无时无刻不在吃鱼喝酒的"君子"。对这些"君子"来说，不知道古代是不是反而比现代更惬意。让我们来听一下《小雅·鱼丽》这首乐歌。

> 鱼丽于罶，鲿鲨。君子有酒，旨且多。
> 鱼丽于罶，鲂鳢。君子有酒，多且旨。
> 鱼丽于罶，鰋鲤。君子有酒，旨且有。

所谓君子，是与小人形成对照的人，有条件用贵重的菜肴下酒，而且是用淡水鱼下酒。那么，庶民尽管没有酒，鱼还是有可能抓得到的。这样的话，古代人是只有通过打猎和捕鱼才能吃到肉类吗？并非如此，当时的人们也养殖牛羊。《小雅·无羊》如此吟咏道：

> 谁谓尔无羊？三百维群。谁谓尔无牛？九十其犉。

这首乐歌中还有看到牛羊归来时"犄角簇集"的表述，同时，还提到养羊多的人拥有多达 300 只，由此可以看出，当时的经济是半农半牧的状态。羊需要在广阔的原野上吃矮草为生，因而在农耕地带养殖数百只羊，是很困难的事情。同时，过得景气的人家还拥有专门的牧童。《史记·货殖列传》中秦国某个富翁的羊多得数不过来，只好以牧羊的山谷为单位去数羊，这说明当时就已经有相当富有的人存在。

衣 —— 人们穿什么？

人一旦解决了吃的问题就开始担心穿的问题。毋庸置疑，这一时期用来做衣服的主要原料是麻。棉花在这一阶段还未在中原得到普及。夏天，人们用葛藤的纤维组织做衣服穿。在穿葛藤做的衣服这方面，无论是贵族还是平民，似乎并无什么差异。当然，贵族喜爱绸缎，自是不必多说。《周南·葛覃》中有如下语句：

> 葛之覃兮，施于中谷，维叶莫莫。是刈是濩，为絺为绤，
> 服之无斁。
> 言告师氏，言告言归。薄污我私，薄浣我衣。害浣害否，
> 归宁父母。

就此诗文中，该女子有管家阿姨这点来看，她并非平民百姓。同时，可以看出这种大户人家的家庭成员在夏天也是经常穿着葛布的，更不用说平民了。那么，那些养尊处优的贵族穿什么呢？他们在冬天穿毛皮衣服，夏天则穿薄绸缎。在乐歌中不断出现"穿着羊皮袄现身的君子（羔羊之革）"以及"在丝绸衣上佩戴玉佩"的人物形象。《王风·大车》中还有"乘坐红色毛毡做车篷的大车慢慢行进（大车哼哼，毳衣如璊）"的记录。可见，当时乘坐的大车的车篷不仅用兽类细毛纺织，而且对织物染色也很重视。

毛皮在冬天是最为走俏的。农民为了获取毛皮，在农闲的时候

去狩猎，捕捉貂和山猫等动物。《论语》中记载，孔子总是披着貂皮外套。同时，从青铜器铭文中记载的毛皮按数十张的规模进行交易的情况来看，毛皮在当时虽然珍贵稀有，但还是买得到的。

住 —— 人们怎么住？

当时，人们居住的地方已从洞穴演变成类似草房的形态。通过实地考察周代遗址可以发现，在土窑内挖柱洞，将柱子竖立并埋于室内。单就土窑来看，其柱子较细，不像我们看到的韩屋那样能够承受大面积屋顶的重量。窑内地面上，铺上莞草以作地铺使用。

《诗经》有《卫风·考槃》一诗，所谓"考槃"，指的是避世隐居。这里的"槃"字是关键所在。从字形来看，此诗中的房屋像托盘一样扁平，显然是窝棚屋。与现今不同，当时普通人居住的房屋的顶棚相当低矮。《大雅·绵》中有如下诗句：

> 古公亶父，陶复陶穴，未有家室。

这首乐歌想要强调的是，自古公亶父（周文王祖父）起，直到几百年之后的时代才建造房屋。随着人们建筑房屋水平的提高，到了春秋战国时期，建造宫殿或者大夫的房屋之时，已开始使用瓦片。同时，宫殿建得也越来越高，说明当时住宅建筑领域在不断进步。不过，根据考古学的研究成果来看，普通人大多住在半地穴式的房屋中，以避免冷风侵袭。

战争、政治以及其他

虽说瘟疫在当时极为恐怖，但最可怕的还是战争。一个家庭中，如果丈夫在战争中死去，就会导致寡妇与孤儿的出现，一人受伤，全家崩溃。

虽然春秋战国是战争的时代，但这并不是因为当时的人们生性残忍造成的。近来，有很多书像描述游戏一样，轻描淡写地叙述当时的战争，认为战争无足轻重，这种书十有八九不值得一读。在笔者看来，如果问100名即将退役的韩国陆军士兵，是否想要延长军旅生活，肯定会有99人回答，哪怕到社会上坐牢，也不想继续。那时的人们也是一样的，我们来看一下《周南·汝坟》便知。

> 遵彼汝坟，伐其条枚。未见君子，惄如调饥。
> 遵彼汝坟，伐其条肄。既见君子，不我遐弃。
> 鲂鱼赪尾，王室如毁。虽则如毁，父母孔迩。

诗文中的女人魂牵梦萦，日夜思念丈夫，最终，丈夫回来了。通过防御工事的烽烟得知王室军情紧急如火，需要服役的丈夫必须返回军队。尽管如此，女人还是纠缠着不想让丈夫离去，称丈夫要赡养父母，不能去战场。试想，此女当时该是多么无奈和痛苦！

《豳风·东山》反映了周公东征归来，一位普通战士返家前的内心感受。此诗生动地描述了战场上的艰苦困顿。

> 我徂东山，慆慆不归。我来自东，零雨其濛。我东曰
> 归，我心西悲。制彼裳衣，勿士行枚。蜎蜎者蠋，烝在桑野。
> 敦彼独宿，亦在车下。

远赴战场，没有像样的营帐，只能露宿在车辕下。该是多么困顿劳苦！《小雅·何草不黄》更是切实地描写了行役在外的征夫生活的艰险辛劳。"何草不黄"可解释为"什么草儿不枯黄"。

> 何草不玄？何人不矜？哀我征夫，独为匪民。
> 匪兕匪虎，率彼旷野。哀我征夫，朝夕不暇。

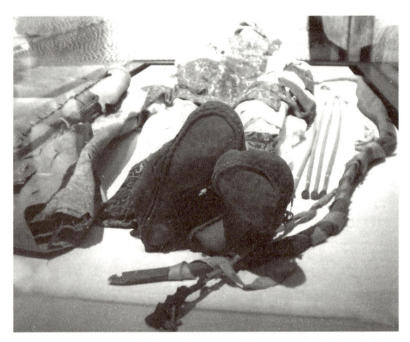

新疆维吾尔自治区出土的武士干尸与复合弓　身材魁梧高大的武士与复合弓躺在一起。（中国国家博物馆收藏）

　　遭受非人待遇的征夫正在野外宿营。野地中有什么在趑来趑去。征夫被惊到，想到"会不会是野牛"，此时又听到有什么在趑来趑去，想到"这次是老虎吗"。征夫就这样熬过夜晚，等待着更为困苦的下一天的到来。劳顿困苦的征夫才真正像正在枯黄萎去的草儿一样。

　　根据《诗经》中的诗歌可以看出，当时士兵们最恐惧的作战对象是名为猃狁的部族。《小雅·六月》与《小雅·采芑》中都出现了关于猃狁的内容。从"方叔涖止，其车三千"这些诗句也可以看出，猃狁比中原任何一个势力都要强大。因此，无论是周朝还是秦朝，都是在与西北少数民族的战斗中，逐渐发展出了比东方诸国更强大的军事实力。

　　最后，再来探讨一个看似小实则很重要的问题。古代的弓箭到底能射多远？笔者在新疆维吾尔自治区墓葬现场仔细观察了与干尸一起展示的弓箭，如此精巧的复合弓令人叹为观止。

从那之后，笔者每次去博物馆都会仔细观察弓箭。对古代的战士而言，弓箭就是他们的命。想要估量古代弓箭的威力，可以从《诗经》中找到线索。《小雅·角弓》中有非常重要的诗句。

骍骍角弓，翩其反矣。

从"角弓"这一名称来看，弓箭是用犄角做的吗？又或者是能够像犄角一样弯曲？无论如何，可以肯定的是，角弓的弹性非常好，只要一松弦，甚至能够反向弯曲。根据后来的史料《周礼·考工记》可知，优良的弓箭与今天我们看到的韩国国弓一样，是用鱼胶将牛角、桑木与筋黏合制作而成的。那么，周朝是用牛角制作弓箭吗？20 世纪 50 年代，在长沙五里牌战国时代墓地中发现了不完整的用牛角制作的弓箭。因而，至少可以说，在战国时代，古代人已开始使用角弓。

为什么要谈到角弓呢？因为角弓的射程非常远。如果古代人真的是按照《考工记》中的标准来制作弓箭的话，那么最远的射程几乎能够达到三百米。当然，并不是所有士兵都能拥有这种弓箭，但至少可以肯定的是，当时中国的弓箭技术与农耕等技术一样，非常先进，是射程只有几十米的公元前欧洲等地的弓箭无法比拟的。从牛角材质的弓箭多被发掘于塔里木盆地的沙漠或者草原推测，这种角弓制造技术很有可能是从边境传入中国的。这种厉害的武器我们也先存入大脑中，那样就能更真切地感受古代战争的气势。

现在，我们大致完成了为开启春秋战国之旅所做的准备工作。接下来我们要踏入鲜活生动的历史现场。

第 2 章

历史的开端与周朝的诞生

1. 历史的开端

在春秋战国时期之前，已经有国家诞生。春秋战国时期诸国是在之前已有的社会政治基础上建立起来的。因此，为了正确理解春秋战国时期的本质，我们有必要先来了解一下其母体商、周两朝的建立过程。

通常在谈论中国历史之时，皆将炎帝、黄帝、尧、舜作为出发点。毋庸讳言，那个时代是存在过的，不过并非我们观念中的国家。人们太爱炎帝与黄帝，以致将历史与神话混淆起来。"坦诚讲，中国不存在科学的历史叙述。大多数普通人将古代的神话或者传说当作正史。这是最大的失误，也是最大的不合理之处。"这并非否认中国文明伟大之处的反动言论，而是中国历史学界泰斗郭沫若所说的话。①

----

① 郭沫若著，《中国古代社会研究》。

从炎帝和黄帝追溯中国文明之起源的话，立刻就会涌出各种问题。无论是与炎帝和黄帝的活动区域相比，还是与作为大禹所建立夏朝中心的中原地区相比，西北或东北地区的青铜器遗址的年代都要更早，这无法解释。那么，这是否意味着中国文明并非由黄帝和尧舜之后的大禹所开创的呢？

虽然无从得知文明最初从哪里产生，但文明的发展显然是交流的结果。因而，假若仅仅花费气力只循着某一种根源深挖的话，是无法得到文明起源的答案的。特别是作为外国人，如果自己毫不思考，原封不动地因袭《史记》和中国传说中出现的历史传承，多少有些难为情。结合上述郭沫若的大声疾呼，再通过殷墟出土的甲骨文发现，当时的汉字还处于没有大一统的状态。那么，那时的人们是如何了解黄帝和炎帝的事情的呢？试着推想一下，可以发现黄帝和炎帝时代的事情都是通过口头流传下来的，可谓真正的"传说"。这种所谓的"传说"时代难以被看作以国家形式存在的时代。关于这个问题，在考古学给出证据之前，我们还是保持沉默吧。

对于国家诞生之前的历史，当然有必要记住。尽管彼时的历史都是与神话混杂在一起的，但其中仍藏有重要的主旨。静下心来想一下，我们能够从中发现有助于理解现代社会的重要线索。因此，关于上古时期传承时代的故事，本章仅做简单介绍，同时，在大致讲述最早登上历史舞台的国家商朝（又称殷朝）之后，将对拉开春秋战国大幕的周朝的诞生过程及其意义进行讲述。

商朝之前的世界 —— 传承时代

在中国古代传说中，最早登场的头号主人公是黄帝。黄帝这个人物是人还是神，难以考证。相传黄帝在阪泉（今河北省某地）打败炎帝，又在涿鹿（今河北省某地，距离阪泉较近）大败蚩尤。据此看来，黄帝所在的部族曾与炎帝以及蚩尤所在的部族发生过大规模的战争。

根据《山海经》的记载，黄帝讨伐东夷，刑天起而反之，却被黄帝砍掉头颅。然而，刑天以双乳为目，肚脐为口，右手执斧，继续作战。刑天为何这么勇猛地战斗？是因为他要守护的东西太多？又或是因为他要反抗黄帝的残暴？

　　为了解答这些问题，我们先来简单地了解一下中国的文化地带。下文中将要介绍的春秋战国时期的几个强国所占据的地带，这些地带曾经都是独特的宗族文化的聚集地。尽管在没有青铜器的时代，黄帝用剑砍断刑天的脖颈等故事是不可能发生的，但仍然可以推测出黄帝与炎帝、蚩尤的大战，记录了新石器时代末期这一文化地带内的部族冲突。刑天的故事讲述了新石器时代生活在某文化地带的部落共同体首领在遭遇其他共同体侵入之时，率领部族勇猛抵抗的过程。

　　从新石器时代到早期国家建立之时，由于山川河流与气候条件的影响，形成了不同的文化地带。我们一般称之为中原地带，也就是起于太行山脉南部，延伸至河南省黄河两岸的地带，是孕育了二里头文化的母文化地带。人们在东北部的辽河地带，发现了与古朝鲜文化存在连续关系的红山文化和夏家店文化，在位于黄河下游的山东发现了龙山文化。人们还在长江下游发现了不逊色于中原文化的良渚文化。同时，长江中游也孕育出不同于中原的文化。中国的文化地带多到无法——列举，我们所需了解的是，这些文化地带之间不仅有很多交流，亦产生过诸多战争。

"夏"字的演变过程

然而，大约自公元前 2000 年起，这些文化地带之间的优劣高低便开始显现。中原二里头文化的夏部落与夏之后的商朝成为压倒其他文化地带的优胜者。甲骨文中的"夏"字被阐释为手持斧头的凶猛人物形象。手持斧头的人物有可能是巫师，也有可能是战士。无论身份是什么，斧头都是压倒普通人的象征。在当时的原始共同体生活中，他们似乎比其他部落更具组织性，也更为残酷。进入青铜时代，这种斧头的制作材料演变为青铜，手持斧头的他们不断扩张自己的势力。二里头遗址中发掘出的青铜器大约是 4000 年前流传下来的，这说明中原的早期文明从那时起就已经开始慢慢脱离原始共同体生活。尧、舜是夏朝以前的人物，而大禹则是夏朝的开国君主。

虽然无法得知夏朝究竟存在了多久，但比较肯定的一点是，公元前 17 世纪，生活在东部的商部落西进灭夏。虽然这方面的记录不够完整，但《尚书》与《史记》之中有相关记载。商为何要灭夏？当时果真爆发了两国对决的战争吗？

首先，我们来看一下《史记》与记载了各类历史典故的《尚书》。现存《尚书》中的《汤誓》虽被后人修改过，但仍然保留了一些线索。

夏王率遏众力，率割夏邑。

这不过是夏桀残暴，商受天命，灭夏而代之的一般论调。夏桀为何会故意破坏自己国家的城邑呢？我们在《尚书》中未能找到答案。然而，《史记》却做了更深入的探索，描绘出一幅栩栩如生的历史画卷。《史记》不仅复原了夏朝的族谱，在关于夏朝被灭的问题上，还编写出了可以比拟一部电视剧的历史记录。根据《史记》的记载，夏朝最后一位君主桀为残暴之人。司马迁之后，曾有人创作《古列女传》等历史小说，在这些小说中，夏桀被描绘成一个与名为妹喜的稀世妖女干尽各种淫秽之事的性变态者。

夏桀究竟是何种人物，我们无法清楚得知，但他败于商汤，被历史明确地记录了下来。兴起于东部的商部落不仅攫取了夏的统治流域（河北省东南部与山东省中部，向西延至华山，向南至河南省伊河附近的山脉，向北至山西省南部），还将自己部落的功绩与实力记录了下来。随着文字记录的产生，国家也开始出现。

商朝建国 —— 古代国家的诞生

商朝取代夏朝，是新兴强盛部落取代衰弱没落部落，这是历史发展的必然。为何商要取代夏，进而掌控中原呢？商部落贪图夏的土地自不必说。考虑到在半农耕半游牧的经济背景下，占有草场的范围是衡量实力的标准，可以看出商朝的用意在于获得黄河流域的重要牧场、渔场以及农耕地带。商朝在成汤时期曾多次迁都，迁都情况类似于随着水草资源而移动的游牧民。

随着征服中原，商朝建立了中国史上最早的、有据可考的国家体系。无论是物质文明，还是理念、统治体系等所有方面，商朝都是周朝的先行者。周朝原封不动地承袭了商朝的国家体系。让我们来简单看一下。

以王为中心，建立多层次的统治体系

王位于统治体系的中心。王主管祭祀，根据情况，也会进行征伐。王之下是氏族的贵族。这些贵族不仅是拥有家畜和统率奴隶的富人，还在战场上充当将军的角色。同时，还有被分为文、武、士的三种官职，毫无疑问，这些官职成为西周之后历朝官僚制度的基础。在王族和奴隶之间，还有征为劳动力和从事农业生产的庶民。此外，虽然商朝主要对国民使用刑法，但还是具备了比较完备的法制体系。

与此同时，这种体制实行世袭制度。传说中的皇帝，如颛顼、尧、舜、禹皆是通过禅让转让权力。由此看来，传说中的时期并不

那么强调每一代的权力，并非像世袭王朝那样。然而，到了商代，世袭体系开始走向固化。这种庞大的世袭体系在之后 3000 年的时间里，一直被承袭下去。

王掌控统治理念的轴心

《淮南子·天文训》记载："颛顼指定向上天祭祀的官吏。"像这样独占祭祀权的人既是祭司长，同时也是王。商王是独占龟壳这种贵重材料的人，同时也是拥有在祭祀中能够满足鬼神要求的经济能力的人。

现在来看，可能会认为祭祀哪是什么大不了的事，但在古代，能够举行祭祀的只有特权者。在自然界的现象还没被弄明白的当时，想象一下，能够倾听神灵指令的人的权限该有多么大啊。这类人就是神灵的代理人。商王在祭祀之时，能够贡上数量巨大的家畜和人，作为献给神灵的"牺牲"。同时，王还独占着传达鬼神话语和启示的权限。独占体制是中央集权化的早期征兆。在之后的 3000 多年里，关于宗庙社稷的祭祀独占权成为王权根深蒂固的象征。联系我们自己，仔细想一下朝鲜王朝的情况可知，只有统治者才有资格为掌管宗庙社稷的神灵献上祭祀。

拥有文字

文字常被视为文明将要出现的征兆。一旦有了文字，人们就可以记录自己的生活。有了记录的话，便可以比较过去与现在，同时也能够逐渐区分出"正确的"与"错误的"。改正错误之处，社会就可以逐渐发展起来。以日历来举例说明一下，从古代开始到今天，日历一直被不断修正。文字记录促使人们将日历制定得更为准确。由此，人类的行动也变得更有计划性。

安阳殷墟出土的甲骨文虽然不够完整，但已具备固定的语法，是汉字的前身。在甲骨文之前，倒是有过多种象形文字。不过，树立起一致连贯的意义体系的人是商朝人。谁都无法否认，紧接甲骨文之后的汉字，成为中国文化的根基。商朝的这种文字，也被周朝原封不动地承袭了下来。

具备庞大的动员体系

在今天也是一样的情况，只要韩国民防委的召集命令一出，相关人员无论地位高低，都要出席。国家的命令带有强制性。国家的终极力量是基于强制武力的动员力。商朝便具备这种体系。在人员动员体系中，最重要的非军队莫属。

甲骨文的记载清楚地表明，商朝具备常态化的动员体系。根据爵位，贵族们拥有相应的军队统帅权。还有类似于大象部队的专业突击队。根据记载，当时的出征人员最多曾达到13000名。中央的军事编制分为三军，每个编制能够动员1万名以上的军人。据说，在攻打位于西北的工方之时，商王武丁进行了长达10年的战争，才取得胜利。工方具体位置在什么地方，没有准确的说法。中国的学者认为其位于内蒙古和山西以及陕西北部。这个国家距离商朝中心地区非常远，由此可以看出，商朝具备能够进行长期远征的动员体系。

商朝的动员能力并不仅仅体现在军队的动员上。河南郑州商城的周长近7公里，城墙根基宽为20米，高达5米。从世界史上看，用泥土整块夯筑的此城绝对为当时最大规模的。建成此城，大致算一下也得消耗约50万立方米泥土。商王拥有能够动员如此大规模人力的体制和权力。直到现今，这里还有穷苦人在城墙上掘洞而居，而等待他们的是即将要到达的当地政府开出的退居命令。像这样，古代人的劳动成果还在造福着21世纪的人的生活。

不仅如此，在国事方面，商朝还能够将其他部族拉入。商朝接受其他部族的进贡。由此看来，在进行了最小限度的开拓（或者征服）之后，毫无疑问，商朝具备了能够动员工匠筑造城市的能力。

偃师商城

以青铜器为基础的物质文明超越前代数倍

到商朝中后期，青铜器开始大规模产出。在青铜器的铸造工艺以及规模方面，商朝当之无愧是世界第一。世界最大的青铜器殷墟的后母戊鼎重达832.84公斤。这其中，青铜的重量不可忽视。

能实现这一切主要是源于王权的强大动员能力。商代从事生产的人主要有农业生产者（众人）、手工业生产者（工人）、畜牧人（养殖牲畜者、牧人）、在家里使唤的下人等，这些人中的大多数为奴隶。其中，作为手工业生产者的工人以及作为农业生产者的众人被大规模动员起来，为建设物质文明做出贡献。从铜矿的采掘到铜的冶炼，铸造青铜器需要数量庞大的劳动力。随着青铜武器的普及，拥有青铜武器之人的垄断控制力急剧膨胀。在建造偃师商城和郑州商城时，当权者的权力相比周边文化地带具有压倒性的优势。

如上所述，在商朝这个古代国家，依靠青铜器武装起来的统治阶级拥有莫大的权力。之后，中国的历朝历代一边沿用商朝的体制，一边对这种体制进行改造和发展。然而，就商这个好战的部族而言，其统治也未能千秋万代地延续下去。随后，兴起于中国西部的周部族，发动了一场规模浩大的战争，最终灭商。果真如历史记录所言，是商朝末代的国王愚蠢而导致亡国的吗？不然的话，商朝灭亡还有什么其他必然的因素吗？

2. 革命与周朝的诞生

去往安阳的路，去往周原的路

去往河南省安阳殷墟的那天，尽管当时已是秋天，但太阳还是无情地直射下来。殷墟是商朝末期的首都遗址。在殷墟入口处，笔者并没有产生想要进去的念头。不过，跨过入口，进入殷墟内部，在3000多年前的坟冢堆中，炎热与白天喝酒遗留的酒气俨然已转变为毛骨悚然的感觉。那天下午，笔者感到一种无法言说的压抑。参观完后，笔者流着冷汗，好不容易才从殷墟走了出来。

甲骨、象牙、巨大的青铜遗物可以说都是值得一看的，但是，殷墟真正的主人公却是这些躺在地下几米的墓穴中的人骨。商朝最后的立足之地简直就是骸骨之城。让笔者感到惊悚以致浑身无力的也正是那些骸骨。

接下来，在去往周朝发源地周原的路上，淅淅沥沥地下起了雨。除却耸立的丘陵与渭水的支流，以及偶尔映入眼帘的黄土丘陵的坚韧风貌与丘陵下面生长着的梧桐树，也没什么特别的景物。"难道这里就是周朝的发源地吗？"这种心情就好像一个人去探寻魂牵梦萦的故乡，到达之后却只看到凄凉破败的景象一样。

位于扶风县和岐山县交界的周原博物馆只在有参观者来访的时候才开门。在笔者磕磕巴巴地读着甲骨文解析，左顾右盼地观察青铜器的时候，发现有位操着浓重陕西口音，穿着雨靴的老人在暗暗打量着笔者。后来得知，老人正是甲骨文专家贺世明先生。在中国，往往在乡间隐居着类似贺先生这样的高人。因为贺先生的出现，小小的博物馆瞬间有了活力。贺先生解读着甲骨文，将周武王称为"伟大的武王"。当今时代不是孔子著述《论语》的时代，"伟大的武王"这样的表达，听起来是不是有些牵强呢？那么，武王究竟有何伟大之处呢？

周灭商 —— 记载留下的故事

周朝建立了今天中国的根基。中国的制度、中国的思想乃至中国的物质文明，无一不是以周朝为参照的。甚至很多本身与周朝毫无关联的东西，为了提高权威性，也会将周朝牵扯进来。孔子曰："吾学周礼。"实际上，就等于宣布中国的文化发源于周朝。

现在来看一下周朝的建立及其历史意义。无论是从理解春秋战国的角度，还是从理解春秋战国之后整个历史的角度来看，都有必要了解周朝的历史。

根据《史记》记载，商朝从开国君主成汤至第三十代国王辛（纣王），共维持了五百多年的时间。不过，在公元前12世纪到公元前11世纪期间，商朝的处境极度恶化。西边的周部落逐渐强大起来，周边部族也不想再继续尊商为宗主国。那么，周部落会以何种借口来攻打商朝呢？古代历史书中，对商朝灭亡的原因没有进行说明，只是单纯强调商朝末代君主纣王是一位暴君。

商朝之罪 1—— 牝鸡司晨，惟家之索

《尚书》对于上古史的记载明显接近于伪造或只是停留在记录传说的阶段。不过，《尚书》所记载的周朝之后的历史，可信的部分还是很多的。《尚书·周书》的《牧誓》篇中，周武王历数商朝之罪如下：

古人有言曰："牝鸡无晨；牝鸡之晨，惟家之索。"今商王受，惟妇言是用，昏弃厥肆祀，弗答；昏弃厥遗王父母弟不迪，乃惟四方之多罪逋逃，是崇是长，是信是使，是以为大夫卿士。俾暴虐于百姓，以奸宄于商邑。

所谓"牝鸡"，是指女人。女人干政为何能成为被征伐的理由呢？以现在的观点来看，不免使人惊讶。那么"昏弃厥肆祀，弗答"又是什么意思呢？商朝是用人作为牲祭品进行祭祀的国家。是商朝无法确保用于祭祀的人和家畜的来源吗？不管如何，周的统治者将不举行祭祀也作为讨伐商朝的理由，也令人感到惊讶。"昏弃厥遗王父母弟不迪"之辞也同样耐人寻味。如何任用人才，难道不应该是别国内部事务吗？

"俾暴虐于百姓"指的是动员都城附近的百姓服劳役，"以奸宄于商邑"意指在商都作奸犯科。这些都成为周武王姬发征伐商朝的理由。

《尚书》中出现的这些话，与其说是列举商朝的罪状，不如说是出征之前武王为了鼓舞士气而说的。他在战前说道："看啊！敌人的首领只会相信女人的话。现在连祭祀都不闻不问。他虽然纠集了一帮人，但这些人中连他的亲戚都没有，又能有多少凝聚力呢？残酷的徭役把百姓剥削得一无所有，地方各城邑也因为缴纳赋税而不堪重负。大家都来追随我吧！"武王用"商朝大势已去，我们定赢"来鼓舞讨伐商朝的同盟军队。

商朝之罪 2——酒池肉林

现在我们再来通过《史记》栩栩如生的记载来了解一下周朝的建国历史。司马迁在《史记》中将商朝末期的君主武乙和其曾孙纣描述得极为荒淫无道。

帝武乙无道，为偶人，谓之天神。与之博，令人为行。

天神不胜，乃僇辱之。为革囊，盛血，仰而射之，命曰"射天"。

不过，武乙怎么会那样亵渎神灵呢？也许当时，神的功力正在逐渐下降。商朝末期确立了父子相承的秩序，到这一时期，男性的地位逐渐增强。国王关心的焦点是生下结实的儿子，安全稳固地继承政权。相关甲骨文之中，有相当多关于"得子乎"或者"未得子乎"的卜辞。果真靠占卜就可以猜得准是否能得子吗？概率是一半一半。他的行动是对说谎的神的报复。

现在让我们来看一下那位臭名昭著的商纣王。《史记》的记载中充满了吓人的故事。如果那些记载属实的话，那纣王显然是一个易性癖和精神变态。

纣王本是一个非常杰出的人物。据传，他可以赤手空拳应对猛兽，聪明到不需要众人的建议。然而，他傲慢无礼，喜酒色，耽于物欲。纣王专宠妲己，只要是妲己的话，纣王必然无条件照行。纣王令乐工作淫荡之曲，命人演奏颓废的音乐，表演色情的舞蹈。纣王压榨百姓，征收沉重的苛捐杂税，填满仓库，在庭院中豢养各种珍禽异兽。据《史记·殷本纪》记载，纣王"大冣乐戏于沙丘，（纣）以酒为池，县（悬）肉为林，使男女裸相逐其间，为长夜之饮"。意为"以酒为池，以肉为林"的"酒池肉林"这个词便由此而来。

商朝之罪 3——监禁、杀戮忠臣

根据《史记》的记载，纣王是一个暴虐的变态和杀人魔。当时，商朝有三公（司马、司徒、司空），分别是日后成为周文王的西伯侯姬昌、九侯和鄂侯。相传九侯的女儿被纣王纳为王妃，因其不喜欢淫乐，而被纣王所杀，九侯则被纣王剁成肉酱，鄂侯为九侯据理力争，也被纣王杀死做成了肉干。比干忠心劝谏，纣怒曰："吾闻圣人心有七窍，信有诸乎？"遂杀比干剖视其心。

看到鄂侯惨遭杀害，西伯侯叹息不已，名叫虎的崇侯见状立刻向纣王打小报告。正如西伯侯（意为西方诸侯之长）这个名字所表达的意义一样，西部周族的势力已经超过了商朝。商纣王听到崇侯谗言，赶紧将西伯侯关入名叫羑里的监狱。《竹书纪年》中记载，西伯侯姬昌的父亲季历曾被商王囚杀。商先是囚杀周之先王，又关押了周现任的首领西伯侯姬昌，商和周实则已成为不共戴天的仇家。

然而，当时西伯侯周围聚集了一批聪明能干的大臣，其中最具代表性的当属姜太公。西伯侯姬昌被商王关入监狱之时，其大臣散宜生、宏夭、姜太公等人立即利用商王贪财的特点，准备了大量的财物进行贿赂，将西伯侯姬昌从监狱救了出来。之后，西伯侯姬昌又将洛水之西的土地献给商朝，表面上臣服于商朝。于是，商王就赐给西伯侯姬昌一把大斧头，让他做西方各诸侯国的诸侯之长，赋予他征伐其他小诸侯国的权限。那么，现在西伯侯姬昌还会静静地待着不动吗？实际上，他不断使小国前来归附，暗地里积极寻找灭商的机会。然而，在正式进行翦商大业之前，西伯侯姬昌却先行死去了。

牧野之战歌 —— 攻打被联盟军孤立的商朝

继承西伯侯姬昌（文王）位置的人正是武王姬发。此时，商朝内部已逐渐瓦解，周在西部蓄积势力，已经做好东征的准备。最终，武王纠集西部各诸侯国，结成盟军，攻打商朝的首都朝歌。据说当时武王的兵力是 300 辆战车、3000 名勇士，还有 45000 名甲兵。与武王作战的商朝纣王的军队有 70 万士兵。商朝的兵力明显被夸大了，我们不必纠结于这些数字。

在开战之前，武王做了激情洋溢的动员演讲。武王一大早就在商朝郊外的牧野举行誓师大会。武王左手举着黄色斧头，右手擎起白色大旗，说道：

"逖矣,西土之人!嗟!我友邦冢君,御事:司徒、司马、司空,亚旅、师氏、千夫长、百夫长,及庸、蜀、羌、髳、微、卢、彭、濮人。称尔戈,比尔干,立尔矛,予其誓。"

武王接着说道:

"勖哉夫子!尚桓桓,如虎如貔、如熊如罴,于商郊。弗御克奔,以役西土。勖哉夫子!尔所弗勖,其于尔躬有戮!"

据说,因为举行了这样的誓师大会,联盟诸侯们的战车达到了4000乘。商纣王立刻派出了迎战军队。不过,姜太公仅用100名突击队员就挫败了商纣王的前锋部队,商纣王的士兵见前锋惨败,纷纷倒戈,归顺了武王军队。

武王乘势亲率主力跟进冲杀,将纣王赶至鹿台。最终,纣王跳入熊熊燃烧的大火之中,自焚而亡。武王并没有就此停手,而是向纣王的尸身上射箭三次,将纣王的头颅割下,悬旗示众。对纣王的爱妃妲己也是射箭三次,亲自将其头颅砍下,悬旗示众。上面全是《尚书》和《史记》记载的内容。

周部族的来历

灭商的周部族到底是何方神圣呢?众所周知,无论是何种政治势力,《史记》总是要将其根源写出。根据《史记》的记载,周部族起源于东方,还对其系谱进行了详细说明。对于《史记》的内容,没有必要全盘相信,也无法全盘相信。

从结论上来讲,周部族是与关中一带的戎族结合的联合势力,他们的文化与华东中原的文化大有不同。"戎"这个字可以派生出由铠甲和戈组成的武器、铠甲、战车以及兵力等含义。在中原人看来,戎意味着军事力量强大的异民族。周部族正是因为与戎联合，才能在军事上压倒中原。

后来的秦国也兴盛于戎的土地上，秦国成功压制了戎。秦国正是在打压戎的过程中强盛起来的。周部族也同样如此。虽然有很多考古学的资料可以参考，但哪怕仅从文献分析的角度，也能够把握周部族发展的脉络。我们来总结一下《史记》的相关叙述。为了便于比较，按数字顺序标记如下。

1-1. 周部族的始祖是后稷（掌管农业的神）。后稷的母亲据传是姜嫄。姜嫄是帝喾的正室夫人。姜嫄在原野上踩了巨人的脚印之后受孕。姜嫄觉得不吉，将出生的婴儿丢弃，但野兽们却自觉守护这个婴孩。

1-2. 这个被遗弃的孩子从小就晓得农耕之道。尧帝听闻之后，将邰给他作为封地，并单独赐其"姬①"姓。

戎　＝　十　＋　十

戎　　　铠甲（甲）　　长矛（戈）

甲骨文"戎"

---

① 古代姓和氏的概念是不同的。因为概念非常复杂，整理起来比较困难，但大致可概括如下：大体上，姓是母系氏族社会遗存的概念，代表母亲的部族。进入父系氏族社会之后，姓的概念仍然具有活力，大致发挥着部族族号的作用。因此，姬、姜、嬴等姓中都有"女"字部。氏则是更为泛化的一个概念，大致反映了父系氏族社会的发展阶段。例如，秦朝的毕万的姓就是"姬"姓，然而，他却被封于魏地，成为魏氏的始祖。后来，姓原有的概念含义变得淡薄，只有氏流传下来，用来代指部族概念。然而，现今关于姓和氏的概念区分则完全不存在了。

1-3. 后稷之子为不窋。后稷死后，夏朝政治衰落，不窋便逃到戎狄之地。他的后人在漆水、沮水、渭水附近从事农耕，并扎下根基。

2-1. 过了几代之后，不窋的后人古公亶父时期遭到獯鬻（猃狁）的攻击和威逼，古公亶父率领族人由豳迁到岐山下的周原（今陕西岐山北），"复修后稷、公刘之业"，推行"务耕织、行地宜"的农业发展政策。

2-2. 古公亶父之妻为太姜。太姜生有三子，即长子太伯，次子虞仲，少子季历。古公亶父将氏族首领之位传给了少子季历。

2-3. 季历的儿子正是文王姬昌。姬昌被商朝封为西伯侯，先后征伐了犬戎、密须以及耆国。

3-1. 文王（姬昌）死后，武王（姬发）即位。武王即位之后，即尊姜太公（太公望吕尚）为师，并请周公辅佐摄政。

3-2. 纣王曾拘禁文王。武王怀着为父亲复仇的心志，带领西部同盟军，征伐商朝。

3-3. 太公望的先祖曾做四岳之官，辅佐夏禹治理水土有大功。其本姓为姜。

以上以《史记》为中心，分三部分整理了周朝的发源、兴起以及征伐商朝的过程。这里首先要注意的一点是姬姓与姜姓之间的关系。周朝始祖后稷之母为姜姓。姜氏是帝喾的正室夫人，为何后稷不知自己的父亲是谁？实际上，关于帝喾的内容，是后人为了提高周朝的权威地位而附会的，当时的社会仍然是父亲角色定位含糊不清的母系氏族社会。因母亲是姜姓，后稷便也为姜姓。君主尧赐姬姓一事，同样也是为了提高周朝的权威性而附会的。不过，古公亶父的夫人也是姜姓。武王的谋士太公又姓什么呢？太公同样也姓姜。从类似这样的记载可知，周部族与姜姓部族是相互联合的。

第二点需要注意的是周部族的迁移历史与政治轨迹。周部族的祖先最初处于政权的核心圈之内，但遭遇政治动乱，不得不迁移到戎狄所在的西部。然而，即使如此，还是遭到了戎狄的威逼，不得不迁移到岐山避难。不过，不知在何时，周部族攻打了犬戎（猃狁），安定了后方，还征伐了东边的耆国，为东征打下了基础。而后突然纠集西部联合军大举向东进发，灭了商朝。

从这两方面隐约可以推测出周部族的来历。同时，也能够得出周部族偏偏要在公元前12世纪左右东进的理由。

历史学家们一度相信《史记》的记录，认为周部族起源于华东地区。然而，1970年之后的考古学成果却佐证了另外一种观点，即周部族的祖先生活在渭水附近，是诸戎中的一支。还有一部分学者认为，公元前1400年之后，气候干旱和沙漠化使得中国北方（包括西北）游牧化与军事集团化加速进行。[1]同时，从陕西渭水流域发掘出的陶器与墓葬种类来看，当时这一带有好几个类型的文化共存。毫无疑问，西部型便是其中一支，也就是戎的文化。陕西省扶风县和岐山县交界的周原遗址附近发掘出的姜戎部族的坟墓便是代表性的例子。关于姜姓戎族的有关记载出现在《左传》中。与古公亶父结婚的正是姜姓戎族人。郭沫若等人更进一步认为，古公亶父的夫人是姜姓部族的女族长。周部族遭到犬戎驱赶，避至岐山，与姜姓戎族联合起来。

公元前1400年至公元前600年期间，以鄂尔多斯为起源地，整个中国北方都出现了北方式的青铜器文明。各民族的迁移也由此开始。相比于农业，这些文化的主人更依赖于畜牧业。[2]这些部族的迁移显然与周部族的迁移有一定的关联。犬戎攻打、驱赶古公亶父，古公亶父避至岐山。然而，通过与姜姓戎人联合，周部族在岐山实

---

[1]　王明珂著，[韩]李庆龙译，《华夏边缘：历史记忆与族群认同》（东北亚历史财团，2008）。

[2]　同上。

西周时代的壶 （岐山县周原博物馆收藏）

周原遗址的漆沮水 周部族的母亲河。

现了大反转。特别是在周朝的建国过程中凸显的姜太公的活跃程度，更是形象地描述了周部族新获得的姜姓戎族的力量。

相关人员最近发现了曾长期与商朝对立作战的鬼方国的遗址，位于陕西省东北部黄河沿岸清涧县李家崖。此遗址是为了防御而建造的完美要塞。公元前1300年前，叫作鬼方的国家为什么要筑起这样的要塞呢？无非是因为当时陕西一带民族迁移与土地争夺战况极度激烈。

现在我们来看看武王的同盟军。显然，蜀是四川省一带的民族，羌是商朝西部畜牧人的泛称，其余的宗族则是与周部族能够进行交通往来的商朝西部与南部的民族。要特别提到的是，羌人不正是商朝人祭祀时用作祭品的人吗？对羌人来说，商朝人绝对是不共戴天的敌人。

这样大概就有了一个脉络。占据西部戎人大迁移顶端的是周部族。他们虽与姜姓戎族联合起来，但为了除去戎的色彩，反而通过农业来确立自身的主体性。同时，为了获取更多的资源，率领联盟军向黄河东部进军。

西部高原上的水滚滚向东流去，这是历史的潮流。建国二百五十年之后，周朝也被戎人向东驱赶。又过了大约五百年，降服戎人的秦部族也大举东进。秦人其实也是在与戎人、周部族等的战争中成长起来的，秦人也就是中原人所说的秦戎。同时，在秦建立大一统帝国之时，名为匈奴的马背上的游牧民又开始从西北向东进。周朝的建国其实不过是自西向东涌动之浪潮中的一股水流。

我们能够揣摩到的史实大概只有这些。周兴起之际，西部地区向中原的迁移趋势正在增强，中原感受到资源被争夺的压力。周在当时的政治夹缝中，与姜戎联合，增强了力量。在这种情况下，商向周施加压力，周部族东进，索性灭掉了商朝。

周朝兴起的原因——革命性

那么，西方的小部族周是如何推翻东方大国商的呢？笔者并不同意古代史书的观点，也并不认为商朝灭亡的原因是纣王的淫乱和暴虐。与此相反，笔者从商朝的国家构造与周朝发起的革命运动来寻找商朝灭亡的原因。首先，我们来看一下历史与传说中的线索。

夏朝桀王的妺喜，商朝纣王的妲己，以及后来出现的周幽王的褒姒，这些女人所处的时代不同，但怎么会那么相似呢？都是极度漂亮，极度邪恶的女人。同时，桀王和纣王，以及后代幽王的形象为何那么相似呢？都是听信女人的话，走上亡国之路，就连他们那暴虐的性格都如出一辙。

从这种结构中，似乎能够推测出史书是按照后代的史实标准对前代的历史进行重构的。其逻辑就是用褒姒的形象描述妲己，又用妲己的形象描述妺喜。同时用周公去复制伊尹，用周武王去复制商汤王！《史记》尽管是对历史史料的整理，但也收集了许多秘史。司马迁是正直的，但他所书写的那些史料却并不一定真实。

从根本上来说，商的灭亡与周的登场之根本原因在于政治和经济，而不是女人。商朝没有但周朝有的东西，正是政治能力的差异所造成的。

人物、事件关系图

时间主题线索 ↓		暴虐的君主——淫乱的后宫	文武兼备的建国君主与年幼羸弱的儿子——忠于先王且辅佐后主的大臣	推理方向 ↑
	夏	桀王——妺喜		
	商	纣王——妲己	汤王与太甲——伊尹	
	周	幽王——褒姒	武王与成王——周公	

西周是从商朝的边缘地区发迹的。公元前 15 世纪左右，商朝人筑起厚厚的城墙建造郑州商城之时，周还是一个毫不起眼的部族。

与郑州雄伟的商城相比，位于如今陕西省岐山县周原遗址的周部族先祖们的宫城简直朴素得可爱。

那么，周能够战胜商朝，奠定春秋战国基础的理由是什么呢？笔者认为，周和商有两方面本质性的差异。其一是从西周时期起，人们才开始从神的世界中走出来，带有"人本中心"世界观的"人"头一次出现在历史的正面。还有一点就是，到了西周时期，真正的"政治"诞生了。除了战争之外，周还懂得如何运用软实力，其顶点是封建制。笔者想把周在历史上建立的两大功绩称为"静悄悄的革命"：一是将神和人的关系分离的人本革命，二是真正将武力与理念相结合的政治革命。

周的人本革命

大概是在商朝末期（前 13 世纪—前 11 世纪）发生了特洛伊战争。人类在地上进行战争，而诸神在为各自所支持的一方进行代理战。荷马写就大型叙事史诗《伊利亚特》之时的公元前 8 世纪，当时西周刚刚落幕，东周时期正要开启。

当特洛伊王子赫克托尔败给雅典娜特别支持的阿喀琉斯之时，人们真切地感受到了命运的残酷。赫克托尔是《伊利亚特》之中最具人性光辉的英雄，是受到妻子和父母珍爱，部下信任以及弟弟敬重的那种人物。然而，正是他的人性光辉，使得他在与诸神的争斗中完全无力。那么，阿喀琉斯又如何呢？他怎么会被胆小鬼帕里斯的箭射中脚踵呢？为何偏偏他的脚踵没有浸入过不死之水，重又被抛入命运的巨掌之中呢？正像这样，公元前 8 世纪的荷马时代，诸神在希腊人的想象之中留下了深刻的烙印。

不过，特洛伊之战的胜负最后却取决于木马。特洛伊人认为木马是神的礼物，希腊人却将士兵藏入木马之中。这便是认识上的差异。人的事情最终还是要由人来决定。神漠不关心，特洛伊最终亡国。东方同样也不例外。

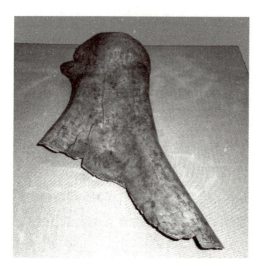

殷墟中的甲骨片 殷墟中发掘的甲骨文记录表明，商朝时期，有很多人被殉葬。

让我们去往商朝看一下。商王的巫师这样问神："何日王去捕鱼会吉利呢？"如果龟壳上面显示不吉的话，显然是不可以去捕鱼的。然而，我们看一下姜太公助周武王翦灭商朝时的举动，便可看出差异。就算占卦不好，姜太公也照样前进。姜太公说道："难道占卦一类的东西能够阻挡军队的前进吗？"姜太公是类似于藏在木马里面的希腊士兵一样的存在。同时，这也是商朝和周朝的根本区别。

对于想要通过做好祭祀来保护国家的人来说，《尚书·周书》说得特别明白："上天只爱有德之人。"其实，上天并不爱诚心侍奉鬼神的人，而是只会厚德有爱之人。在神话世界中，有早已注定的命运，但在历史世界中，却只有人类行为的结果而已。

春秋战国时期是矗立在周朝人本革命的基础之上的。春秋时代中期，楚昭王是受到吴国侵扰甚至失去过国家的倒霉蛋。某次，楚昭王病倒在军中，天空有像鸟一样的红色云霞，围绕着太阳飞翔。昭王向周太史占卜问吉凶，结果是绝命凶卦。太史向楚王进言可将灾祸转移到将相身上，昭王不同意，说道："将相如同寡人的手足，今天把灾祸移到手足身上，难道能够免除寡人的病吗？"孔子听闻此话，感叹曰："楚昭王通大道矣。其不失国，宜哉！"大道是什么呢？不是人的命运，而是人的行动所造就的结果。孔子与昭王之间之所以能够隔空出现这种对话，是因为有周朝发动的人本革命这样的背景。

殷墟中的殉葬骸骨

前文将殷墟称为骸骨的世界。真是一点没错，有缺了头的骸骨；缺手脚的骸骨；有连躺都不能躺，只能半跪着手持长矛守护着主人棺椁的骸骨；有手被绑在身后可能是被活埋之人的骸骨，等等。这些人是为主人殉葬或者是祭祀时用作牺牲的人。当然，用人殉葬和做祭祀牺牲品，并不是只有中国历史上才有的事。韩国历史上也有沈清的故事。根据史书的记载，新罗智证王下令禁止殉葬是 6 世纪初的事情，彼时早已是公元元年很久之后了。

然而，商朝殉葬与用人做祭祀物的可怕之处在于其压倒性的数量。从至今为止发掘的甲骨文的记录来看，从武丁时期到帝辛时期，不过二百年的时间，被用于献牲的人竟然有 7500 名。时间再往前追溯一点，从盘庚迁都殷墟（安阳）到商朝亡国，大约在二百七十年间，被用于献牲的就有 13052 人。[①] 那么，已被发掘的甲骨文占全

---

① 胡厚宣著，《中国奴隶社会的人殉和人祭》，《文物》(1974)。

部甲骨文的多大比例呢？殉葬于坟墓的人又会有多少呢？在殷墟的"亚"字形大墓中，竟一次性发掘出 400 具殉葬遗骨，而成排的数百座小规模坟墓中，每座也发掘出 10 具遗骨。我们看一下下面这些甲骨文的占卜记事。

> "要不要用 50 名羌人给太乙祭祀？"
> "要不要用 5 个人的人头作为献牲？"
> "要不要烧掉女子来祭祀？"
> "是否要用 1000 头牛、1000 个人作为祭祀物来祭奠江河呢？"[①]

殷代的政治据点并非只是在安阳。在山东省发掘的贵族墓地中，也发现了 48 名殉葬人，而且大部分是少女。当时商朝影响力辐射范围内的人口大概有 1000 万，与今天首尔的人口数量差不多。打个比方，想象一下，在首尔有一个人死了，随之有数百人殉葬；举行一次祭祀，多的时候需要杀掉上千人。那是什么样的情形呢？

然而，到周朝之时，用人做祭祀物的情况几乎没有了。到东周时期，殉葬也急剧减少。拒绝人牲，拒绝殉葬的人们都称颂周朝。"周公制礼作乐，天下大服"正是这样的事例。后来，秦穆公让贤人殉葬，遭到了孔子的强烈批判。甚至将人形模样的俑埋入坟墓中也遭到了猛烈批判。"始作俑者，其无后乎"（《孟子·梁惠王》）说的就是这件事。

同时，《左传》中还有这样的记录。公元前 7 世纪，宋襄公（此人碰巧是商朝的后人）欲用人祭祀，司马子鱼说道："古代祭祀时，马、牛、羊、猪、狗、鸡这六种牲畜不能相互替代混用，小的祭祀不用大牺牲，何况敢于用人来祭祀？祭祀是为人求福。百姓是神灵

---

① ［韩］杨东淑著，《甲骨文解读》（书艺文人画出版社，2005）。

的主人；杀人祭祀神灵，谁敢享用呢？想以此来成就霸业，这不是很难吗？能够得到善终就算是很幸运的了。"祭祀不同，所使用的牲畜的大小也不同，这正是周的礼法。周的礼法规定了祭祀的规模，构成了三礼（《礼记》《仪礼》《周礼》）的基干。

从现在的视角来看，所谓《周礼》或是《仪礼》之类，瞧起来不过是像《家庭仪礼准则》一样的规定，但它们其实是历史发展的一个阶段。商朝和周朝显然都是奴隶制国家，但对待奴隶却呈现出本质的不同。历史继续推进，奴隶逐渐进入庶人的行列，最终甚至有人成为国家的宰相。这个时代便是春秋时代。

古代的奴隶制非常恐怖。公元前 18 世纪的《汉谟拉比法典》对奴隶制的实际情况做了毫无保留的描述。"奴隶作为物品，不被赋予人格。放任奴隶逃跑的人也应被处以死刑。"商朝对待奴隶的残酷程度则有过之而无不及。《吕氏春秋》记载商朝有 300 条法律条文，几乎全是刑法。商朝的贵族不仅可以砍掉人牲的头颅，还可以挖出俘虏或者奴隶的心脏。遭受活埋或者殉葬的人也是奴隶。砍掉奴隶的腿，将奴隶残害成独眼龙或是剪掉其生殖器等残害奴隶身体这样的事，是寻常之事。

周的政治革命

还有一点就是政治的诞生。周部族推翻商朝，将同姓族人安插到全国各个据点，建立起同族统治的网络。对于当地既有的氏族势力，则通过赐予爵位的方式拉拢进入自己的势力范围之内。在其最重要的据点关中，设立镐京，作为直辖地管辖，在崤山东边设立洛邑，作为东都。同时，在北边设燕国，在太行山南麓设有后来统合为晋国的多个诸侯国，在黄河中流乃至华北平原一带，则分封像卫这样的同姓诸侯，在遥远的东边则设立鲁国以及开国功臣姜太公的齐国。

当单纯依靠武力无法取胜之时，便寻求使用其他手段建立有利于自己统治的秩序，这是封建统治制度的基本所在。《周礼》构建的复杂体系表现了周朝政治的精细。周朝建立后并非依赖单纯的武力，而是依赖披着"尊王攘夷"意识形态外衣的新形式的力量，也就是今天所说的软实力。周朝的软实力有多么强大，历史已经证明。东迁之后，变得有名无实的周王室仍然存续了五百多年。

周朝人建立的制度、法律、观念等在之后数千年期间皆没有被打破，而且发挥着巨大的影响力。一般来说，这种影响力持续到中国封建制度结束的1911年，但其实也可以说这种影响力在今天的中国仍然存在。自从孔子颂扬周朝文王、武王以及周公之德以来，中国历朝历代的知识分子都对周朝的体制进行肯定。据说，姜太公辅佐武王建立周朝之时，数百诸侯主动前来帮助。之所以能有这样的现象，是因为周朝的政治革命使然。

与此相反，商朝没有周朝所具备的"政治"。商朝的政治缺位表现为国内外的战争和暴力镇压。商朝进行了太多次的战争，整理武丁时期甲骨文的战争记录，便有30次以上，表明当时一直在不停打仗。况且流失的甲骨文篇章又有多少呢？为什么发动这么多次战争呢？是对方先发起攻击，抑或商朝先发起攻击呢？是为了掠夺，抑或单纯是出于防御需要？我们只能再次从甲骨文中寻找答案。

首先，可以确定商朝是当时最好战的国家。在成汤时期，商朝已经通过11次的征伐战争，赢得天下无敌的名声。之后，在征伐土方、羌方、鬼方之时，派遣大规模远征军，人数超过1万人。这是对于小规模掠夺的报复吗？

代表性的历史文献著作《史记》中明确指出，商朝为了获取珍宝而压榨、剥削周边民族。周文王被商朝关在监狱之时，周部族也是向商朝进献了很多宝物，文王才被释放的。甲骨文的纳贡记录则更为写实，有记录写道收取占卜用的龟壳达1000件以上。为了这种初级工具，抓1000只大乌龟，需要投入多么巨大的劳动力？由此看来，商朝的对外经济是掠夺型经济，战争也是在这种掠夺的延长线上发起。我们来看一下下面的记录。① 商朝的劫掠极具组织性，且无休无止。羌人总是被商朝人用作祭祀人牲，我们来看一下商朝人掠取羌人的过程。出现次数最多的卜辞内容是这样的：

（任谁）都可以抓捕羌人吗？还是不可以抓捕羌人呢？

我夺取了羌人的 1000 头家畜。

乙亥日，王在羌人所在地区打猎了。

羌这个字是"羊"字和"人"字组合而成的，意指养羊之人。这些人是商朝西部地区的牧羊人。商朝人像围猎动物一样抓捕这些羌人，可以看出，这些羌人似乎是相当分散的势力。不是派出军队去征伐一个国家，而是像打猎一样去抓捕散落在原野上的牧羊人，这简直就是赤裸裸的劫掠。甲骨文还记载商朝人不仅抓捕羌人，还在羌人生活的区域打猎。对古人来说，原野上的野生动物也是财产，所以这种抓捕羌人的野生动物的行为，也是掠夺的一种。此外，商朝还进行长期的远征。

臣等随大王出征归来。抓获危的首领美，斩首 1570 人，获取的战利品有俘虏 100 人、战车两辆、□□ 180 个、头盔 50 个、箭矢□个。用敌人的首领祭拜大王，用 5 人祭拜祖陵，用美祭拜朝廷。②

除去上面这段内容之外，还有很多其他的征伐记录。暂且先分析一下这段内容。名为土方的势力分布在肥沃的太行山脉的东麓。由此一来，就不得不与商朝处于战争关系中。想象一下，商朝从自

---

① 陈卫澹著，[韩]李奎甲译，《甲骨文导读》（学古房，2002）。

② 折中参考《甲骨文导读》与《甲骨文解读》的解析。

己的早期发源地向北迁移 100 多公里，在迁移过程中显然会与在更为恶劣环境下的畜牧民族发生冲突。

　　商朝人在一次战争中就杀了 1500 多人，抓获 100 名俘虏，还将敌军首领用作祭祀的人牲。在殷墟中发现了看起来是敌军首领的头盖骨，头盖骨上写着"某部族之伯（族长）"。

　　说到底，商朝进行了太多的战争，且这些战争从本质上讲都具有掠夺性质。商朝不断迁都和频繁的掠夺战争也不无关系。《左传》记载商朝末代君王因与东夷的战争耗尽国力，导致亡国，同时商朝

世界最大的青铜祭器——殷墟的后母戊鼎　一个熔炉需有三个人进行作业，仅仅是将铜矿石提炼出来，就需要两个月以上。以后母戊鼎为代表的器物体现了商朝统治者的奢靡，而奢靡也是加速商朝没落的主要原因之一。（安阳市殷墟博物馆收藏）

四面树敌，四面作战的国家不可能长久存续下去。商朝是一个不懂合作共赢的国家。周武王的同盟军，从南北东三面将商朝围住。

纵观整个西周时期和春秋战国时期，所有诸侯国在政治交往过程中的第一原则就是绝对不同时与两个对手作战。战国时代强大的秦国也是灵活使用连横或远交近攻等外交手段保障自己的利益的。东迁之后变得有名无实的东周也是如此，先是依附强大的晋国维持生存，等到春秋战国之际，发表中立宣言，观望局势，保全自己。

与此形成对比，商朝正面交锋的做法简直是莽撞无谋。对手若赢弱，则抓获俘虏；对手如果强大，则进行战争交锋。然而，试图以多杀敌人来恐吓敌人的做法，只会带来反作用。这种做法的结果只会导致周纠集西南方的巴和蜀，西方的羌，南方的庸、彭、濮组成伐商同盟军。

老练的周武王表面向商王上供，背后却在快速制服与商朝结盟的犬戎之后，向东进军。同时，宣称："我以礼治国。归顺我者，无战争。"如此，基于周礼的新千年时代到来了。

商朝的国内政治情况也加速了商的没落。在国家困难的情况下，商朝统治者仍不放弃奢靡的生活方式。出土的文物如实证明了商朝的富有。玉的采掘极其困难，很多情况下需要从西部输入。同时，打磨雕琢玉器肯定需要很多玉器工人。后母戊鼎将近 1 吨重，在铸造的过程中要动用多少劳动力呢？要制作这尊方鼎，首先需要准备3 至 6 吨的铜矿石，并将之碾得粉碎；然后再加入木炭，用风箱加热 10 个小时，从而提炼出铜；接着再用黄土烤铸方鼎的模子。此外，还需要消耗大批量的木材。每生产 1 吨木炭，需要 3 吨木头，而连续烧 10 小时木炭加热又会需要多少木头呢？假设当时标准的熔炉需要三个人来炼制制作这尊鼎所需的材料，那么将所有的铜矿石都提炼出来，则需要两个月以上的时间。同时，如果把采矿与搬运时间也考虑进去的话，所需的劳动时间必然倍增。从河北省的古代矿山铜绿山采掘的矿石，经过一年时间的冶炼，所得也就只有大约 100

吨的铜，由此可以看出，采矿显然比冶炼更为困难。假设矿山就在20公里远的附近，那也是驮行李的动物奔跑一天的路程。更何况，铜矿多位于遥远的长江中流的丘陵地带。在典型的奴隶制社会中，如果从事这种非生产性劳动的人太多的话，会引起叛乱。除此之外，商朝人还宰杀数百甚至数千头家畜用于祭祀。无论如何，商朝的消费都是过度了。

同时，商朝还是残酷的，无端暴虐，并不是政治。《尚书》记载，在周武王伐纣的牧野之战中，商朝的前锋军倒戈了。"前途倒戈"，即反向握长矛，或是将矛头反向对着对手的意思。对于这一记录，后人有许多猜测。郭沫若甚至推测，这些人是俘虏或者奴隶士兵。当时部队的先锋是否是奴隶，虽无法确定，但可能性还是很大的。

甲骨文中有关于奴隶逃跑的记录，如果只有区区一两名奴隶出逃的话，肯定不会进行占卜。甲骨文的占卜记录中有很多是类似"要把出逃的奴隶抓回来吗"这样的内容。显然，商朝的奴隶不会占卜之法，同时也不会进行记录。在商朝武丁时代，甚至有奴隶们在仓库纵火的记录。按照《甲骨文合集》中的解释，意思如下：

　　　　夜间，奴隶们在仓库的三个地方纵了火。

奴隶们发动这样的暴动是很困难的。奴隶是没有武器之人，或者是受了体刑之人。如果连这种人都发动叛乱的话，国家就要灭亡了。如韩非子所言，如果商朝没有内乱的话，周部落是无法攻击商朝的。现在，周朝的根据地陕西省的人口加在一起，也不到商朝大本营河南省一带的三分之一。商朝才真正是占据了中原的黄金地带。然而，没有政治方略的支撑，仅靠掠夺，国家无法继续支撑的局面也到来了。

最后，再提一点。因为《尚书》的记载，商朝的领土规模被过度夸大了。实际上，与周朝相比的话，商朝只是一个小地方的部族中心国家而已。崤山以西是通常被称作戎或者羌的民族。同时，土方、工方等敌对势力的存在，表明商朝的影响力未能伸入太行山脉的另一边。山东和淮河流域有东夷与商朝对立。南方的荆蛮也与商是敌对关系，商朝很难直接对它们进行政治管辖。

商朝就算是版图较大，也应看作后来战国时代占据一方的诸侯国的规模。这种规模的国家，如果出现过度强取豪夺，必然会走向灭亡。因为彼时商朝仍然停留在原始的掠夺性的政治理念中，而周边多个民族已通过技术革命得到了发展，商朝很难再有能力去统治这些民族。

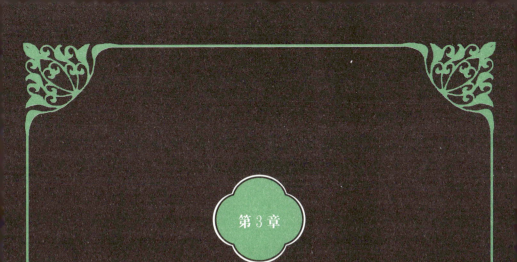

第 3 章

封建体制的建立与宗法秩序的动摇

1. 建立体制

周朝在牧野之战取得的胜利是"政治"的胜利。现在到了分享胜利果实的时候了。这个果实是巨大的。因此，如若分配不当，则会引起纷争。此时，通晓政治之道的周朝创建了非常现实的体制。首先通过《周易》和《周礼》的概念来了解一下周的政治哲学。看看《周易》的八卦图。《周易》的重要概念明显体现出周朝统治者们的理念。

这里包含当时国土管理的基本哲学。以圆为中心，南北天地形成对立，湖与山，水与火，风与雷，分别保持相对平衡。《周易》所有的卦都分为阴阳两种概念，无论如何组合，都很少会出现走向极端的情形。《周易》的世界指的是什么呢？四方是有边界的，势力也是有边界的。

《周易》的世界反映在《周礼》中。《周礼》的世界观糅合了春夏秋冬的时间与天地的空间。《周礼》的官制描述了以周为宗主国的世界。近处为实际力量掌控之处，远处则只有象征性的力量波及。

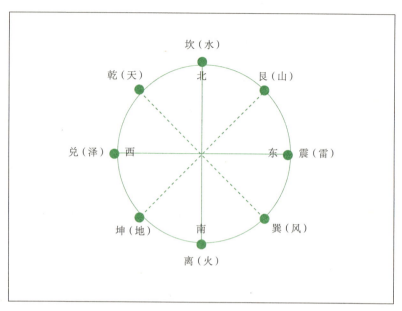

周易八卦图 各种组合都排斥极端，承认局限性。

《周礼》和《周易》所主张的细微的均衡世界，反映了当时统治层的思想。

那么，具体来说，究竟该如何分配战利品呢？当然信息未必准确，但《逸周书·世俘》的记录对大战的结果做出如下描述。

> 武王遂征四方，凡憝国九十有九国，馘磨亿有十万七千七百七十有九，俘人三亿万有二百三十。凡服国六百五十有二。

译文为：武王向四方征讨，计攻灭九十九国，杀敌一十七万七千七百七十九人，生俘三十万又二百三十人，总计征服六百五十二国。

就算具体的数字无法全信，也足以表明当时战后商朝的京畿地带已化为焦土。虽然商朝的京畿地带已被焦土化，但若要独吞商朝

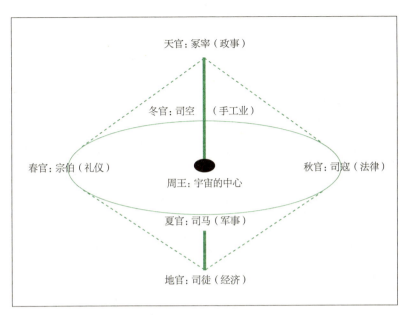

天官：冢宰（政事）

冬官：司空　（手工业）

春官：宗伯（礼仪）

周王：宇宙的中心

秋官：司寇（法律）

夏官：司马（军事）

地官：司徒（经济）

《周礼》的概念图　时空以王为中心相结合。

和东方势力留下的遗产，周部族的消化能力还太小了。带有能够消化整个中原的消化酶的巨蛇还要到千年之后才能出现。

战利品的分配 —— 封建制

正如承认力量有限一样，周朝管理国土的策略非常具有现实性。同时，这种现实的策略还披着一层像模像样的政治性的修饰外衣。周朝管理国土的政策核心正是所谓的分封制。

周朝全盘吸收了商朝留下的遗产，只是改换名称，直接为己所用。周朝沿用了商朝留下的历法，吸取了商朝的祭祀制度。周朝以"仪礼"的形式，将商朝的祭祀发展得更为精巧。商朝的中央官制与军制也全都为周朝所沿用。值得注意的是，王统率三军的传统军队编制是由商朝首创的。"三"这个微妙的数字成为之后所有军队遵照的样本。战时，中军、左军与右军组成包围敌军的队形；无战事时，三军首领起到互相牵制的作用。

现在该来消化新获取的国土了。综合考虑与政治中心的距离、战略需要以及民族构成等要素，周朝调整了策略。周的分封经过多个环节才完成，分封的区域具体有：①周朝中心所在的京畿地带与东方据点；②前朝（商朝）的核心地区一带；③因距离远而很难直接统治的地区。按照这些诸侯国的大小以及其与周王室的关系，这些国君分别按等级被封为公、侯、伯、子、男的爵位。为了理解春秋战国时期复杂的外交政治关系，需要记住西周分封制的大致情况。

首先，来看京畿地带与周的东方据点洛阳周围的情况。周的首都镐京（西安）是京畿地带，其周围没有分封大的诸侯国。后来兴建的东都洛邑（洛阳）的周围封了虞、虢等小诸侯国，作为拱卫东都的藩篱。这些小诸侯国虽然是与周朝关系很近的姻亲，但规模皆威胁不到周王室。

其次，在原先商朝的根据地，分封了武王信得过的三位兄弟，形成包围朝歌的态势，监视商朝的遗民。因此，管、蔡、卫三国被称为"三监"。

现在来看遥远的方国。首先不可不提的是姜太公的齐国。表面上看起来，好像是因为姜太公是建国功臣，因而给了他国土辽阔的齐国，实际上是将他封到了离周王室最远的地方。周的兴起是姬姓和姜姓联合的结果。革命成功后，姜姓可能成为周的威胁。除了齐国之外，还有申、许、纪等姜姓，姜姓紧排在姬姓后，拥有第二多的诸侯国。大体上，姜姓移住到东南方向，似乎承担了开拓新疆土的任务。

隔着泰山，与齐国相望的鲁国，是为牵制齐国而设立的诸侯国。鲁国是周朝实权人物周公的领地。在商朝的发源地商丘安置商朝的王孙，设立宋国。然后，在太行山脉南端设立同姓诸侯国，名为唐国。唐后来改名为晋，成为春秋时代的强国。北边有邢、燕等山戎部族与中原接壤。他们被分封在最北边，充当周朝北方的驻防者。

尽管《史记》记载，武王与成王被赐封吴国和楚国爵位，将两国纳为诸侯国，实际周朝封的爵位只发挥了名义上的作用。楚从一开始就自称为王，吴到春秋后期才开始与中原国家交流。

除去周朝的本姓姬姓与其同盟姜姓之外，得封爵位最多的是后来秦朝人的祖先嬴姓。嬴姓的领地全都在陕西省境内，周将秦的祖先用作打压戎的力量。嬴姓是战士。

共存的秩序 —— 宗法制

周的社会秩序通常被称作宗法制。名义上，社会成员的身份组成有中国的主人 —— 天子、被允许支配地方的诸侯、土豪及辅佐王室或诸侯的卿大夫、下等贵族 —— 士人、从事一般农业生产的庶民，以及从事除农业以外的生产活动或给贵族打杂或从事特殊职业的奴隶。

宗法制严格的身份秩序不是源于周朝强大的实力，而是由于其局限性所决定的。随着周的局限性逐渐凸显，宗法秩序就会开始瓦解。自春秋时代起，诸侯开始公然反对周朝的宗法秩序，通过武力取得了地方统治权。最终到了战国时代，诸侯完全从周朝独立，士人阶层威胁到卿大夫的特权，甚至庶人和奴隶也能跻身上流阶层。由此，中国一跃成为瓦解了身份社会的古代文明中最先进的文明。

宗法制是上下互不侵犯的共存体制。宗法制是以"国人"与"野人"的二元支配体制为基础的。居住在城邑的国人阶层，指的是卿大夫及其家属，以及拥有姓的人（百姓）。氏族身份明确的这些人执行战斗任务，或者参与政策的执行。距离城邑不远的地方，居住着郊人。比郊人居住区域更外围的田野中，居住着野人，他们是农民或者牧民。

在地方行政中心设立邑，作为一种防御基地，同时也发挥着卿大夫采邑的作用。若采邑规模扩大，诸侯可牵制卿大夫；反之，卿大夫以自己的氏族根据地采邑为基础，能够威胁诸侯的权力。在春秋末期与战国时代的过渡期，几乎在所有的诸侯国都出现了卿大夫与诸侯的倾轧争斗。这种倾轧争斗如果无法有效解决，当事诸侯国最终只能沦为西方秦国的猎物。

2. 周公安定体制

所有的革命家都会不安。周朝的东进是赌上周部族命运的革命。打下革命根基的文王一向小心谨慎。"战战兢兢"这个词就是由此而产生的，意为如履薄冰，总是小心谨慎。比起父亲文王，武王果断多了，但他也时常不安。《史记》通过对话的形式，将当时武王的心情，完完整整地展现出来。武王回到周境内之后，仍然夜不能寐。对此，堪称革命的完成者武王的弟弟周公与武王有如下一段问答。

> 周公旦即王所，曰："曷为不寐？"王曰："告女：维天不飨殷，自发未生于今六十年，麋鹿在牧，蜚鸿满野。天不享殷，乃今有成。维天建殷，其登名民三百六十夫，不显亦不宾灭，以至今。我未定天保，何暇寐！"
>
> 王曰："定天保，依天室，悉求夫恶，贬从殷王受。日夜劳来定我西土。我维显服，及德方明。自洛汭延于伊汭，居易毋固，其有夏之居。我南望三涂，北望岳鄙，顾詹有河，粤詹洛、伊，毋远天室。"

这段对话正是有名的成语"天保未定"的背景。武王远远比文王更具攻击性。他为得天命而采取的行动是在东方再设一个都城，以压制商朝的势力。

然而，武王年事已高。在灭商之后没过几年，武王将自己的幼子托付给弟弟周公之后就去世了。年幼的成王即位了，实权却是由周公在掌握。年幼的成王刚一即位，就发生了武王生前所忧虑的事情。公元前 1040 年，以反对周公摄政为借口，被分封到商朝旧地监视商朝遗民的管叔、蔡叔等人，伙同商朝王孙武庚发动叛乱。

在古代社会，幼王与叔父之间的对决是最常出现的权力斗争的形态。周公若能摄政，那其他的王叔又有什么理由不能呢？因此，在商朝旧地站稳脚跟的管叔和蔡叔等王叔发动了叛乱。周公为了镇压这次叛乱，足足花了三年的时间，远远比推翻商朝的战争还要漫长和艰难。最终，周公取得胜利，管叔被处死，蔡叔被放逐。战争一结束，周公马上再次实行大规模的分封，大力扩张领土。周公继续向东推进，将淮水北部直至山东半岛的少数民族也收服了。

3. 外政的局限性

西周的安稳没能长久持续下去。在与其他诸侯国的交往中，一旦露出家底，立刻就会遭受欺侮。西周初期的昭王就做了露出家底的举动。

公元前 985 年，周昭王试图征伐南方的荆楚（楚国）。依傍汉水与长江水流的楚国既与中原对峙，也是一个独立的文化地带。昭王第一次远征楚国取得大胜。然而，兴许是因为被胜利冲昏了头脑，第二次远征的结果是悲惨的。楚国是能够支配水的地方。根据后代的记录，周昭王渡汉水时，艄公给了他用胶粘的船只。到了江水中央，胶溶解，船解体，全军覆没。昭王也一起落水而死。昭王之死是春秋战国时期到来的第一个征兆，说明周天子也会死于诸侯之手。

昭王的儿子穆王似乎有着亚历山大大帝一样的性情，喜好毫无缘由地征伐远方。然而问题是其实力要差亚历山大大帝一大截。据记载，穆王到五十岁才登上王位，而且在位时间竟长达五十五年。穆王的目标是西北。

犬戎部落刚一不缴纳贡物，穆王立即就下定决心进行征伐。《国语》生动地描述了当时的情形。穆王刚下决心要征伐犬戎，祭公就向其进谏言：

> 不可。先王耀德不观兵。夫兵，戢而时动，动则威；观则玩，玩则无震。（中略）
>
> 夫先王之制：邦内甸服，邦外侯服，侯、卫宾服，夷、蛮要服，戎、狄荒服。甸服者祭，侯服者祀，宾服者享，要服者贡，荒服者王①。日祭、月祀、时享、岁贡、终王，先王之训也。（中略）
>
> 今自大毕、伯士之终也，犬戎氏以其职来王。天子曰："予必以不享征之，且观之兵。"其无乃废先王之训，而王几顿乎！

然而，想要说服顽固的老人有如对牛弹琴。军事远征是建国的基础，但大肆进行军事远征也是亡国之道。文王和武王忍辱负重数十年，最终通过决定性的一战推翻商朝，同时在灭商之后，仍然战战兢兢，他们的后代这么快就忘记了吗？

北方的戎狄只要认可周朝就可以了。这是当时的现实，也是国际力学关系使然。然而，穆王认不清现实，非要发动战争。结果只得到了犬戎进贡的4只白狼、4只白鹿回来。

史书记载，从此之后，窥破周朝实力的荒服地区的诸侯再也不

---

① "荒服者王"多被解释为朝见天子，实际意思比较模糊。诸侯当然都要朝见天子，具体则是指有大事之时来朝见天子。后面的"今自大毕、伯士之终也，犬戎氏以其职来王"，表明犬戎在有职位继承等大问题时会来朝见天子。

来朝见了。当时，给穆王驾驶马车的人是造父，他是秦的先祖。这个典故更加明确地证实了相关推测，即秦发挥着周朝近卫兵的作用。

4. 内政的局限性

穆王死后，戎族的势力日渐强大。同时，楚国也在不断地兼并南方。不只是戎与楚的势力变得更加强大，各个诸侯国的独立性也在增强。在这种情况下，公元前877年，曾在历史上留下恶名的厉王登上王位。

厉王有着自己独特的"手段"。他让野人纳税，增加王室的收入，还试图压制国人的舆论。不过，随着厉王贪欲愈来愈重，国人开始谴责他。所谓国人，严格上讲，都是有姓之人，即都是有氏族背景之人，他们的舆论很难被无视。面对国人的不满，厉王不仅没有改正，反而采取了压制的政策。厉王从卫国招来巫师，让其监视国人。巫师如果告发被监视的国人，厉王就立即将被告发者处死。在厉王这种暴政和舆论镇压的背后，其实存在的是钱的问题。

厉王起用了荣夷公，此人从某种意义上来说是个理财专家。为了理解财政问题，可以暂时先去18世纪末法国大革命前夜看一下。路易十六时期，王室财政已经每年出现约20%的赤字，原因自然在于王室的奢侈以及无端介入超出实力的战争。想要填补赤字，只有少花钱或者多收钱两种方法。无论什么时代，国家的支出都具有惯性，因而为政者们大体上都会采取多收钱的方法。路易十六起用了一批理财专家，想要增加税收，此时贵族们不乐意了。贵族们迅速跑到国王那里，煽动国王向平民多收税。因此，生活变得艰难的平民们发动了法国大革命。周朝的情况也与此类似。

厉王所使用的方法是直接控制城邑之外的山林湖泽，不准国人进入谋生。实行这种政策，对王权并不集中的周朝来说，还为时尚早。大臣们对厉王提出警告。穆王的遗臣芮良父直接批评道：

> 今王学专利，其可乎？匹夫专利，犹谓之盗，王而行之，
> 其归鲜矣。

说得更具体点，意思就是"不让国人谋利，天子要自己独占吗？"
周朝认为楚国的熊渠自称为王是不当的行为，所以用武力威胁。
公元前845年，周朝远征淮水地区，没取得什么成果。这样下来，
财政问题是不可能解决的。最终，召公代表舆论谏言：

> 防民之口，甚于防川；川雍而溃，伤人必多。民亦如之。
> 是故为川者，决之使导；为民者，宣之使言。

然而，厉王却听不进去。公元前841年，无法忍受厉王暴政的
国人发动暴动。据说参与暴动的人还有管理匠人的官吏、武士等，
可见那是一场参与者众多的暴动。厉王是有多么仓皇，竟然抛下子
女，匆忙逃到彘地。暴动之中，太子藏到了召公家里。因而，召公
保护太子，与周公（周公旦的后人）暂时代行王政，史称"周召共
和"（共和行政）。

太子成年后，召公与周公拥立其为王，并还政于王，即周宣王。
宣王虽然勤勉，但未能解决父辈留下的问题。战争造成的财政危机，
仍然在拖他的后腿。

宣王继位后，与父辈的敌人淮夷和戎继续作战。然而，战争越
多，就意味着越有可能失败，终于宣王大败给姜戎。战争失败，损
兵折将，必然要补充兵力或是保障财政支撑。宣王试图通过人口调
查来确保税源。《国语》的记载将周朝当时所处的境况、王室与贵族
乃至诸侯国之间微妙的矛盾，如实呈现了出来。仲山父谏言如下：

民不可料也！夫古者不料民而知其少多，司民协孤终，司商协民姓，司徒协旅，司寇协奸，牧协职，工协革，场协入，廪协出，是则少多、死生、出入、往来者皆可知也。于是乎又审之以事，王治农于籍，搜于农隙，耨获亦于籍，狝于既烝，狩于毕时，是皆习民数者也，又何料焉？

同时，他还说了更为重要的话：

不谓其少而大料之，是示少而恶事也。临政示少，诸侯避之。

因此，周王查点人口正显示了周朝的衰弱，周朝处于直接统治贵族有困难、直接统治国民也有困难的境地。周朝内部正在崩溃。能够彰显威望的财源日渐枯竭却无力填补。在这种背景下，西周最后一任国主周幽王即位了。

5. 褒姒的出现

史书在描述西周的没落过程时，又找出一只替罪羊，一个名为褒姒的女人。这个"妖媚"女人的出身有些荒唐。据传，此女是龙的唾液变成的黑色蜥蜴，钻入后宫一个侍女裙子中，侍女受孕而生的。侍女很害怕，将生下的孩子丢弃，褒国人将其养大，取名为褒姒。周幽王宠爱褒姒，不惜废掉了原有太子，立褒姒的儿子伯服为太子。

褒姒是褒国的女子。不过，原太子的母亲是姜姓诸侯国申侯的女儿。如前所述，周朝是靠与姜姓的联合而发家的，周幽王居然废黜了姜姓诸侯国出身的女子所生的太子，甚至废掉了皇后（申侯之女）。如此一来，申侯立刻进行反击。他与犬戎联合攻打周朝，处死了周幽王。申侯原本通过与戎族联姻，发挥着巩固周王室与戎族关系的作用。遭到周幽王背叛之后，申侯也不甘示弱，立刻带领戎族前来攻打。

关于周幽王和褒姒，还有一个荒唐的传说。幽王非常宠爱褒姒，但褒姒生性冷淡不爱笑。某天，幽王失手点燃烽火，诸侯们急忙赶来相助，却发现没有战事，褒姒见状哈哈大笑。于是，周幽王为博褒姒一笑，屡次点燃报警的烽火。于是，当周幽王得知犬戎大举进攻后，便点燃烽火向诸侯示警求援，诸侯以为又是骗局而无人前往。这个故事虽然听起来像是好事者捏造的，但有一点却是事实，即当西周灭亡之时，的确没有诸侯国前去帮助西周王室。

此时，不顾危险，站出来与戎进行作战的是周王室的近卫军——秦襄公的部队。秦襄公果断站在周王室一边，护卫周王室东迁。由此，秦开始插足中原事务。此时，西周时代到此结束了。

第 4 章

东周 —— 拉开春秋时代的帷幕

幽王一死，申侯就将原来的太子扶上王位，此人即为周平王。为了躲避犬戎的进攻，平王一即位，就向东边的洛邑（洛阳）迁都。这样，周朝抛弃了自己原有的根据地，仅成为名义上的宗主国。从此之后，齐、楚、晋、秦等诸侯国的国力大大超越周王室，这些诸侯国活跃的时代，也就是所谓的春秋时代，开始了。

1. 郑桓公准确判断政治形势

《国语·郑语》对后来天下形势的变化展现出了惊人的洞察力。在此，我们将补充上《史记》中的内容，聆听桓公与史伯的对话。"史伯"的"史"是掌管历法与历史的太史，"伯"是首领的意思，综合起来，"史伯"就是掌管历史的部门领导。

在政局动荡之时，敏锐的领导人会提前把握事态，并做出相应的准备，郑桓公的杰出之处正在于此。最终，郑桓公的这种洞察力为郑国在春秋初期成为众诸侯国中的领先者打下了基础。

郑桓公在周王朝东迁之前，即周宣王时代，就在郑国获得了封地。当时的郑国在如今的陕西省，那里是周王朝的根据地。

郑桓公在治人方面天赋异禀，在周幽王时代曾担任司徒。司徒的职责是管理国家的财政，是实际上的掌权者。在《周礼》中，司徒被称为"地官"，也就是负责管理土地的官职。大司徒是司徒的首领，负责掌管天下所有土地的划定、分配，促进生产活动。郑桓公在统治之时，深得百姓的爱戴，正是因为这种久经考验的实务能力，他才被提拔为司徒。因此，天子之国的财务总负责人"司徒"和掌管历史的"史伯"之间的对话富有深刻的洞察力。在混乱之际，富有眼光的领导人曾这样追问历史。当时，在周幽王时代，政局越来越混乱。

　　郑桓公问道："周王室多灾多难，我担心灾难落在我身上，到哪里才能逃避一死呢？"

　　史伯回答说："周王室将要衰败，戎、狄肯定会昌盛起来，因此不能制御（偪①）他们。在周都洛邑（洛阳），南面有楚蛮、申、吕、应、邓、陈、蔡、随、唐；北面有卫、燕、狄、鲜虞、潞、洛、泉、徐、蒲；西面有虞、虢、晋、隗、霍、杨、魏、芮；东面有齐、鲁、曹、宋、滕、薛、邹、莒。但是这些国家都不是周王的同姓支族的诸侯国，而都是蛮、夷、戎、狄之类的民族。既然不是亲属，就是凶顽之民，不能到那里去。"

　　《国语》中的这段重要文字在《史记》中并没有记载。根据司马迁时代的"中国观念"，他也许会认为这段记载有些过分。怎么能够将那么多的国家都看作君主潜在的敌人呢？但是，正如我们在可信度最高的记载中所看到的那样，周王朝的太史不仅没有将晋、燕等各个国家看作同姓亲族国家，反而将他们看作异族。他还把在周王室身边辅佐的虞国、虢国的君主也认为是不能相信的人。

　　今天，从郑桓公的立场来看，已经孤立无援的周王朝授予他司徒之位让他感到非常不安。当时的实际情况是，几乎东、南、西、北所有的同姓、异姓诸侯都已经不再承认周王朝为实际上的宗主国。

---

① "偪"本来的意思是"制御"，但很多中国译本中将其译为"接近"。本书中指的是进入他人领地生活，因而更宜取"制御"之意。

下面谈话继续。

史伯说道："在济水、洛水、黄河、颍水之间怎么样？这一地带都是封为子、男爵位的国家，其中虢国（东虢）和邻国最大。虢叔（虢国君主）凭仗着地势，邻仲（邻国君主）依恃着险要，他们都有骄傲奢侈、疏忽怠慢的思想，而且很贪婪。您如果因为周王室遭难的缘故，想把妻子、财物寄放到那里，他们不敢不答应。周王室混乱而衰败，这些人骄侈贪婪，必然会背叛您。那么，您只需带领成周（洛邑）的军队攻打他们，就没有不赢的道理。"

想要逃离行将覆灭的周王室的郑桓公和周的太史，他们之间的对话从头到尾，与其说是充满政治智慧，不如说是一种阴谋。他们没有能力跟已经站住脚、根基稳固的诸侯国抢夺地盘，所以就谋划挤入国力相对薄弱的诸侯国。然后，再找借口灭掉接收他们的人，从而将这些地盘据为己有。下面谈话继续。

郑桓公问道："南方没有合适的地方吗？"

史伯答道："荆的君主（楚王）熊严有四个儿子。长子霜、次子雪、三子堪以及幼子徇。三子堪为避难逃到了濮地，成为蛮族。因此，徇继承了楚国王位，大夫卫氏想立堪，发动政变却没有成功，这是上天的指示。同时，楚国君主比其父还要聪明。我听说，上天指定的王位继承者传位十代也不会被篡位。其子孙一定会开疆拓土，这样的国家是无法制驭的。"

郑桓公又问道："那么，谢地西边的九州如何呢？"

史伯答道："那个地方的百姓贪婪残忍，不可近之。"

最终，郑桓公接受了史伯的建议，移住到虢叔和郐仲的领地，他的儿子郑武公把这两个国家都灭了，将郑国百姓安置在这些土地上。

笔者曾全面考察过曾经郑国所在的新郑，实际上没有什么要塞，只有几条细流环绕着国都而已。下雨天，从郑州去往新郑的路上，行人和汽车混杂在一起，上演着一幅交通拥堵的景象。当时，郑国的国土上也总是出现交通堵塞的现象。春秋时代霸主的都城皆位于险山阔水环绕之地，或者是在能够纵览八方的宽阔丘陵地带，当时郑国所能占据的要冲之地已经不存在了。郑国移住的地方是四通八达的交通要冲之地，因此，在国力强盛之时，这种土地是不错的。然而，一旦国力衰弱，郑国的土地就变为苦难之地了。齐、晋、秦、楚等国强盛之后，郑国一会儿去攀附这个国家，一会儿又去攀附那个国家，艰难地维系着命运。位于所有势力交叉路口的国家便会落得如此命运，然而在当时，却又是无可奈何的选择。最后，周朝的太史又是如何预言之后的政局的呢？他们的对话还在继续。

"周朝最终会衰亡吗？"
"会有始无终吗？"
"若周衰，姬姓诸侯中谁会兴起呢？"
"武王的后人应国与韩国不会兴起。难道不会是晋国吗？晋国处于险要之地，周围只有小国环绕，再加上晋国君主的德行较佳，应该会得到上天的指示。"
"那么，姜姓与嬴姓中，谁会兴起呢？"
"齐侯（齐国君主）与秦仲（秦国君主）会兴起。"

实际上，以成周（洛邑）为中心分为四个势力群，它们之中的代表会兴起壮大，这种分析是卓越超群的。北边的晋、南边的楚、西边的秦以及东边的齐正是其中的翘楚。位于黄河左岸以及华山与崤山西侧的秦国受封于周朝旧地，从而跻身诸侯国的行列，秦国一边平定西方，一边做着东进的准备；位于黄河右下方，占据太行山山谷的晋国已发展为中原的中心；以汉水为屏障，背依长江的楚国迅速统合了广阔的南方。同时，在东方，姜太公的后裔一边收取海中出产的物产，一边开垦华北平原，打造了春秋时代最为富有的国家。这四个国家的动态，决定了其他国家的命运。

现在规则改变了。周朝必然会灭亡，已经是既成事实，小国们要在这四个强国中站队。尤其到了春秋末期和战国时代，秩序再次发生改变，力量成为证明存在的唯一手段。

2. 诸侯拉弓射天子

春秋的火种播撒于春秋之前，战国的火种也播撒于战国之前，只不过都缺少一个点燃新秩序火种的先行者罢了。虽然这种说法有些过激，但是硬要这么来讲的话，最初于周王室中崭露头角的郑国无疑是压死周王室余威的最后一根稻草。

郑桓公打下了郑国的坚实国基，其子郑武公和其孙郑庄公则继承了桓公的功业，做起了周天子的卿士。特别是郑庄公，可谓极具政治才能之英杰，胸中怀有成为诸侯霸主的雄心。不过，当时作为天子的周平王也并不是软弱可欺之辈。周平王历经了颠沛流离的东迁，受尽了苦难才得以延续周王朝的气数，可见其见识和判断力也并非凡流。郑庄公势力的日益壮大对于周平王来说并非益事，最终周平王决定拉拢其他诸侯国来牵制郑国，这是过去周王们在应对一方诸侯势力过大时所常采取的方法。自然，郑国对此也进行了反制，由此郑国和周王室便展开了一场争斗。

周平王崩逝后，桓王继位，周人想把政权交移到虢公的手上。然而郑国并没有因此作罢，郑庄公的宠臣祭足率领着郑国军队进入了周王室的领地，将那儿的谷物收割一空，然后班师回国，这等于是对周王室的一种示威。然而事态并没有因此而稳定下来，最终周王室和郑国的矛盾越来越尖锐。周桓王撤销了郑国君主的爵位，而郑国也不再参加对周王室的朝觐，于是这个矛盾不得不以战争的方式来解决了。《左传》中对当时的紧张氛围做了极为生动的描写。

公元前 707 年，周桓王联合陈、蔡、卫三国大军讨伐郑国。桓王带领中军，虢公林父带领右军，蔡、卫的军队附属于他。周公黑肩则带领左军，陈国的军队附属于他。对此，郑国的子元洞若观火，一语道穿虚实：

> 陈乱，民莫有斗心，若先犯之，必奔。王卒顾之，必乱。
> 蔡、卫不枝，固将先奔，既而萃于王卒，可以集事。

这便是先攻软肋的战术。郑庄公采纳了子元的意见，首先以战车部队与步兵为方阵的右翼军攻打陈国军队。果不其然，陈军溃败而逃，联合军陷入内讧。不过即使在这种情况下，周桓王依然认真督军作战，郑国的祝聃见状，竟"敢于"向周天子拉弓放箭，射出的箭射中了周桓王的肩膀。周桓王虽肩膀中箭，却依然未停止战斗，于是祝聃向郑庄公请命出击，其想法是干脆将周天子活捉回来。不过，郑庄公犹豫了。

> 君子不欲多上人，况敢陵天子乎？苟自救也，社稷无陨，
> 多矣。

因此，周桓王得以幸免于被俘虏的命运。当然，箭射天子和放走天子这两件事是矛盾的，不过这便是当时郑国不可触碰的红线，也是春秋这一时代不可触碰的红线。如郑国这样的小国，即使能够活捉天子，也没有办法控制之后的局面。

然而，这次事件却导致勉强维系住的周天子的威严跌到谷底。目睹这一切的其他诸侯国得出的结论显然是清晰明白的，即无论是周朝的宗主权还是诸侯们的联军，都是不可信的，只有具备实力才能保住自己的国家。现在来看一下春秋时代的强者们所处的环境如何。

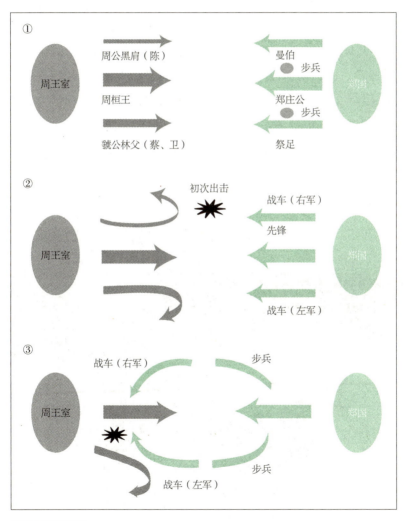

郑周之战示意图

3. 南方的潜龙腾动

　　南方的楚国当然也不会善罢甘休。如前所述，楚国在周成王时期在名义上勉强被封为子爵，但楚国不断兼并周边小国，势力不断壮大。当时中原的诸侯们视楚国为蛮夷，贬称楚国君主为楚子。楚武王熊通对此不满，要求周王室提高自己的爵位，但遭到了拒绝。

　　公元前704年，南方的霸主楚武王召集诸侯国集合，但随国没来。于是，一直伺机向汉水之东扩张的楚国攻打了随国。随国是姬姓诸侯，是周朝在南方的藩篱。从楚国的立场来看，必须打破这个藩篱，才能向东和向北扩张。楚国前来攻打之际，随国的君主勇敢地与楚国进行正面交锋，但结果惨败。对于拒绝给楚王熊通提高爵位的周王室，《史记》中记载了楚武王表达愤懑不满的内容。

曾侯乙墓的尊盘　出土此尊盘的随县遗址原为随国辖域，后被纳入楚国。此尊盘系使用远比中原的铸造法精巧得多的失蜡法铸造。（湖北省博物馆收藏）

蛮夷们都服从于我国，即使这样，周王室还是不给我提高爵位，那么，我便自己给自己加爵。

这样说之后，楚国君主便自称为王。时值公元前704年，楚国接连击败后方的巴国等诸侯国，兼并汉水一带的国家。终于，楚国得以越过汉水，迅速兼并东边的弱小国家。南方诸国虽想合力抗楚，但无力抗衡。从《左传》中可以看出当时楚国的大将是多么气势汹汹。当时遭到楚国攻击的陨欲与随、绞、州、蓼等国家联合之时，官居莫敖[①]（楚国官名）的屈瑕感到担忧。此时，负责战争的斗廉马上说了如下的话：

郧人军其郊，必不诫，且日虞四邑之至也。君次于郊郢，以御四邑。我以锐师宵加于郧，郧有虞心而恃其城，莫有斗志。若败郧师，四邑必离。

即便如此，屈瑕仍然不放心，继续发问，他们的对话继续。

莫敖曰："盍请济师于王？"
对曰："师克在和，不在众。商、周之不敌，君之所闻也。成军以出，又何济焉？"
莫敖曰："卜之？"
对曰："卜以决疑，不疑何卜？"

这样说之后，斗廉毫不迟疑地击溃陨国，胁迫试图援助陨国的四国，与四国结盟后归来。楚王与斗廉这种充满自信的态度，反映了当时楚国国内雄心勃勃的氛围。

---

① "敖"字在词尾，在楚国表示首领的意思。用于君主的名字之后，也用于不称王的君主称号之后。

楚国在南方的势力变得太过强大，致使周边小国密谋想要除掉楚王。《左传》中有这样的记录。此事发生于齐桓公起用管仲之前的公元前688年。楚文王在去攻打申国的路上，顺道去了趟邓国。邓国祁侯说楚王是自己的外甥，给予了接待。此时，邓国的骓甥、聃甥、养甥谏言杀掉楚王。

> 三甥曰："亡邓国者，必此人也。若不早图，后君噬齐。其及图之乎！图之，此为时矣。"
>
> 邓侯曰："人将不食吾余。"
>
> 对曰："若不从三臣，抑社稷实不血食，而君焉取余？"

然而，祁侯没有接受这个提议。果不出所料，在击垮申国之后，楚文王在返程的路上攻打了邓国，并在10年之后灭了邓国。

邓国臣子们谋划铲除楚王的方法固然缺乏基本的信义，但楚王使用的手段同样没有信义。楚国的登场表明斗争规则的改变。之前，中原的诸侯国将楚国视为异类的存在，而楚国也并不尊重中原的国家。因此，之后出现的楚国与中原国家之间的战斗要远比中原国家之间的战斗残酷得多。

4. 西方的秦国打下强国基础

我们来看一下当时西方的秦国处于何种境况之中。如前所述，秦这个部族的真实来历非常模糊。一些学者以考古学成果为依据，认为秦显然是戎族的一支；还有一些学者主要依据文献，认为秦是商朝的属民，后来移居到西部。[①]实际上，无论考古学多么发达，也

---

① 王学理、梁云著，《秦文化》（文物出版社），第4章。

不管有多少新资料出现，秦的族属问题都很难考证。

如同周朝与姜戎结下深层关系一样，秦国的先民显然也与周边民族结下过很多血缘关系。秦部族的血液中明显流淌着包括戎族在内的诸多民族的血液。在如此杂糅的背景下，就算整体上说秦早期的文化与戎族文化相似，也无法得知早期秦的族属。如同韩国人与中国人完全不同，但韩国人却借用中国的文字一样，根据具体历史条件的不同，文化是完全有可能被借用的。同时，从概念上来说，血缘与民族是不同的。在游牧文化中，被占领民族借用占领民族之名的情况非常多。比较可信的是公元前2世纪之后的记录，比如"匈奴强，诸部族皆以匈奴自称"或者"东胡强，则以东胡自称"等记录无比之多。因此，至于秦人自己是如何想的，我们无从得知，这个问题也无法轻易得解。但即便如此，仍能以文献与考古学成果为基础，推导出几项结论。

第一，春秋时代之前，秦的先民们发挥着近似于周王室近卫军的作用。周王室灵活发挥秦部族的作用，以牵制诸戎，给了秦部族军队。同时，在周王室被迫东迁之际，秦襄公发挥了护卫军的作用。由此看来，秦部族显然曾发挥过充当周的近卫队的作用。

第二，春秋时代之前，秦是属于戎族文化圈且以畜牧经济为主的集团。现有的秦遗物几乎都与戎族的遗物相似。实际上，春秋时代其他国家曾称秦为秦戎（此称呼见于楚地方的古墓铭文，《管子》中亦曾出现过）。《史记》更是一口咬定秦的先祖中潏是戎族胥轩的儿子。[1] 就算不知当时秦的族属为何，但有一点是明确的，即当时人们认为秦是戎族。文献与历史遗存皆将秦的先祖与马和家畜联系到一起。甚至传说秦的先祖曾在帮助汤王攻打夏朝之际，负责驾驶板车。当然，尽管当时没有板车的可能性很大，但这个记录所蕴含的

---

[1] 申侯乃言孝王曰："昔我先郦山之女，为戎胥轩妻，生中潏，以亲故归周，保西垂，西垂以其故和睦。今我复与大骆妻，生适子成。"——《史记·秦本纪》

信息量却巨大。这至少说明，秦是与板车传播路线有关的民族。之所以会出现这样的记载，明显是因为秦部族将自己与马联系到一起。秦的先祖秦非子得到封地的理由也在于善于饲养家畜。

第三，至少在周王室东迁之前，秦开始将自己的身份与戎族区分开来。他们认为，将身份置于中原，有助于部族获取利益。最终，秦襄公积极对抗戎族，以此为代价，得到了周朝的封地。秦部族之所以这样做，是因为他们认为自己就是中原文明的一员。秦部族得到周王室旧地，继续不断攻打诸戎。在周东迁之前，秦也是战斗在与戎作战的最前线。他们身负开拓戎族土地的任务，同时又是拱卫中原文明的西部前线。历史上，有着"野蛮人"血液的人们，为了"文明人"而成为阻挡同类"野蛮人"藩篱的事例非常多。具有代表性的如塞尔柱人。他们原是游牧民族，但在定居之后，反而与游牧民及基督教势力对抗，以伊斯兰文明的守护者自居。秦的行动与塞尔柱人非常相似。

总之，秦曾在戎族中成长，在初期曾是畜牧部族，然而，随着其依附周王朝并开始攻击戎族，渐渐变得与戎族不同。周被迫东迁之时，秦取而代之，得到周王室的旧地，完全与戎族区分开来。不过，秦仍然带有与中原其他国家不同的风气，这种风气一直延续到战国时代，使得秦与楚，乃至中原五国（齐、燕、韩、魏、赵）区分开来。

现在，通过《史记》的内容来看一看秦这个部族是如何成长和发展壮大的。在东方齐国的桓公出现之前，秦也在积极蓄积国力。最终，这些国家不可避免地要一决胜负。除去传说时代，《史记》的记载可整理如下。

秦的先祖柏翳擅长驯服鸟兽，舜赐姓嬴。柏翳生二子，长子成为鸟俗氏先祖，二儿子若木成为费氏先祖。若木的后人世代生活在西戎地区，他后人中一位名叫造父的因善于驾车得到周穆王的宠幸。又过了几代，造父的后人有大骆者。大骆有子，名为非子，特别擅长饲养马和家畜，周孝王于是想让非子饲养家畜，还想让其当大骆的继承人。

这个名为非子的人，是秦部族实际上的祖先。从相关记载可以确定秦的祖先不是农民。周朝建立之后，东方的所有国家都是农业强国，但秦却从一开始就与这些国家不同。根据考古学资料可知，这个部族是用马来祭祀的畜牧部族。不过，周孝王想把非子用作忠仆，因此想让非子做大骆的继承人，但申侯不满。如前所述，申侯将自己的女儿嫁给大骆，已生下嫡子。周朝想要把自己的外孙从大骆继承人的位置上拉下来，申侯自然不能忍。因此，申侯对周孝王进行了严重警告。

那么，非子怎么办呢？孝王无法无视申侯的警告，把非子封到秦地，称之为秦嬴。这个秦嬴的曾孙正是秦仲。从秦仲时期开始，秦实际上就开始了与戎的喋血战争。秦仲自己也在对戎族的战斗中殉命。秦仲的长子即秦庄公，周成王给了秦庄公7000名勇士，令其狙击西戎。秦庄公带领军队驱退西戎，周王室便给了他犬丘这块封地。秦庄公的儿子们也依然继续与戎作战。长子世父被戎掳为俘虏，后返回，他的弟弟秦襄公则与西戎与申侯的联合军作战。

这样看来，秦其实曾是周王室忠实的近卫军。然而，他们也并不是毫无算计。就算是下沉的船，也不可能没有宝物。秦的策略是在船沉之前捞取一些宝物。依靠这个策略，秦襄公在周王室东迁之时为其奋战，最终理直气壮地拥有了诸侯之位。向东逃亡的周平王对秦襄公许下诱人的承诺："西戎侵夺岐山与丰邑。秦若击退西戎，就把那块地给秦。"

坚信这一许诺的秦襄公在与戎的战斗中死于岐山脚下，在他之后的秦国君主们继续与戎作战。借用周王室的军队攻打戎的秦国，现在已打下基业，并逐渐占据了周王室旧地。他们每得到一处土地就立即设县，终于填补了周王室原先在西方旧地的空位，连周的小诸侯国也给灭掉了，现在关中已成为秦的地界。秦平定关中之时，正是齐桓公在东方称霸之际。

齐桓公在东方打造霸主的秩序之时，秦把全部精力都放在了内政上。若与戎的战争失败，秦的君主也会殒命，战争的激烈程度可想而知。被周王室特殊化的这一武力集团的战斗能力实在可以称得上勇猛。在战争方面，秦即使与东方的大国较量也毫不逊色。同时，托戎文化的福，秦未被编入东方的礼教秩序中，而是打下了独立生存发展的基础。在齐桓公和管仲登场之前，西方秦的形势就是这样。

5. 太行山之虎的觉醒

太行山下晋国的形势又是怎样的呢？

晋国最早的国君虞为周武王之子，受封于唐国（今山西省翼城）。虞虽然没有立过大功，但他是武王之后继位者成王的兄弟，与成王的关系应该很好。在虞初获封时，唐国的价值并不明显。但随着政局的改变，太行山下一带逐渐成了风水宝地。山腰处辽阔的牧场、山林，以及沿着山谷从西南延伸至黄河的广阔平原，为晋国奠定了坚实的经济基础。更为重要的是，南北绵延的太行山成了最好的御敌屏障，当国力衰弱时，只要守住一方就可以高枕无忧；当国力昌盛时，则可一鼓作气扩张至黄河。

晋国在中原政治中崭露头角的契机是周平王东迁的时候。当时在支持周王室的诸侯国中晋文侯和郑武公实力最为强大。晋文侯的名字为仇，其弟的名字为成师。之所以会有这样奇怪的名字，是因为晋文侯的父亲穆侯在文侯出生时，于战争中大败，为报仇雪耻所以给儿子取名为仇；而穆侯的二儿子是其大捷时出生的，所以取名为成师。大夫师服对此曾说过：

> 异哉，君之名子也！夫名以制义，义以出礼，礼以体政，
> 政以正民。（中略）今君命大子曰仇，弟曰成师，始兆乱矣，
> 兄其替乎？

后来，晋文侯将国都附近的曲沃封给了其弟桓叔。但曲沃比国都翼城要大，而且桓叔在曲沃也赢得了民心。《史记》中记载，桓叔"晋国之众皆附焉"。对此大夫师服也曾说过：

> 吾闻国家之立也，本大而末小，是以能固。（中略）本
> 既弱矣，其能久乎？

像这样，晋国依循宗法制度而维持的封建秩序逐渐开始出现了裂痕。之后，历史的发展也正如师服所预言的那样，曲沃的桓叔之孙晋武公的势力日益壮大，并最终对晋国的国都发起了攻击。此时也正是齐国桓公称霸之际。晋武公统一了整个晋国，并以晋国君主自居，因此后来晋国历任继位者均是晋武公的后代。

晋国保留了武公这种通过政变来谋夺政权的余风，试图靠武力来统治其他国家的野心一直都在。另外，晋国在挟制有名无实的周天子以积累声望方面也占据着有利位置，很自然，继管仲和齐桓公治下的齐国之后，晋国成了第二大霸主。另外，晋国地处黄河之畔，对阻止西边的秦国向中原扩张也发挥了很大作用，因此直到进入战国时代，晋国分裂为韩、魏、赵三国之后，秦国才得以向东边扩张。

巧的是齐桓公出场的时期，春秋时代四个强国各自都在形成基本的统一国家的形态。楚国公然否定周朝的宗主权，秦国通过在关中与戎狄的战斗而发展壮大，晋国也上下一心。从下一章开始就可以见到春秋时代出现的第一位霸主了。基本上，在齐、楚、晋与秦四强的局势下，其他国家只能像走钢丝一样左右摇摆，或者是自强以成为强者。最终，真正的春秋时代到来了。

第 5 章

管仲的出现

1. 管仲其人

我们故事的第一个主人公便是管仲。活跃于公元前 7 世纪的这个人，从其生活的时代，一直到今天，他被诸多人谈论过。有些人竭力称赞他，有些人则贬低他。然而，就算贬低管仲的人，也仍然有认可他的地方。他们认可的便是管仲开创了全新的模式。有些人排斥管仲创建的模式，有些人则认可管仲的模式。无论好坏，不可置疑的事实是，管仲更换了过去的旧模式。管仲的创举中，有成功的部分，当然也有失败的部分，但都是革命性的。

管仲是非常有人格魅力的人。他既厚脸皮又讲究廉耻，既有强大的执行力，又有一颗柔软的心。对自己有清醒的认知，既骄慢，同时又会反省自己的行为。春秋时代，全权代君主行使权力是极度危险的事情，在这些人之中，能够保全性命的人几乎没有。然而，从始至终一直保持高姿态的管仲却能安享天年。同时，管仲也是二把手们的梦想。因此，不知是不是这个原因，使得诸葛亮也把自己比作管仲。到底是管仲的哪个方面造就了这样的结果呢？

从行为哲学方面来看，管仲与约晚于其三百年出现的亚里士多德相似。管仲认为，知而不行，那么其知识就是不完整的。另外，他还认为无法实践的事情，干脆说都不要说。言行一致便是管仲的哲学。然而，就管仲而言，其思想还包含柏拉图的理念。只是管仲认为这种理念不应该停留在形而上学上，而应通过实践来实现。

笔者仔细考察了有关管仲的古迹，得出两个结论。一是管仲从根本上来讲是心性善良的人，另外一点就是管仲自始至终都是"野人"，也就是乡巴佬，这点是事实。荀子借用孔子的话，说管仲不是辅佐天子的有教养之人，而是不懂礼数（没有教养）的"野人"。管仲不是小人，但却是野人。在古代，所谓野人，指的是城邑之外的人，即不是贵族的意思。然而，越不是扎根城邑的人，反而越能够导演一出霸业的戏剧。想要成为大人物，必然需要杰出的野性吗？虽然与荀子所言的内涵不同，但对于逐渐丧失野性的现代人来说，"野人"这个词听起来是不是相当有魅力呢。

暂时还是先把笔墨用来描述管仲其人。因为管仲不是胡乱折腾的荒唐之人，因此，只要理解管仲其人，就能够把握他的行动模式。

孔子从多个角度审视了管仲。选取《论语》中的几则评论来看一下。

子曰："管仲之器小哉！"
或曰："管仲俭乎？"
曰："管氏有三归，官事不摄，焉得俭？"
"然则管仲知礼乎？"
曰："邦君树塞门，管氏亦树塞门；邦君为两君之好，有反坫，管氏亦有反坫。管氏而知礼，孰不知礼？"

在孔子看来，管仲是不懂礼之人。所谓礼，指的是臣子之礼，也就是周礼。历史书中也说管仲的财富与君主相当，管仲也并非俭朴之人。孔子认为，不知礼的人不可称之为大器，更不能说称之为懂道者了。如果孔子的评价只有这些的话，那么孔子就只是一个平凡人了。孔子的评价是多方面的，其中还有这样的内容。

> 子路曰："桓公杀公子纠，召忽死之，管仲不死。"曰："未仁乎？"
>
> 子曰："桓公九合诸侯，不以兵车，管仲之力也。如其仁！如其仁！"

然而，子贡无法接受这样的说法。

> 子贡曰："管仲非仁者与？桓公杀公子纠，不能死，又相之。"子曰："管仲相桓公，霸诸侯，一匡天下，民到于今受其赐。微管仲，吾其被发左衽矣。岂若匹夫匹妇之为谅也，自经于沟渎而莫之知也。"

还有下面的记载。

> 问管仲。曰："人也。夺伯氏骈邑三百，饭疏食，没齿无怨言。"

孔子眼中的管仲是怎样的人呢？孔子视礼为目标，极度重视礼，但管仲却只将礼看作工具。不以礼为根本的人，无法成为孔子所说的真正的有教养之人。然而，管仲虽然在礼上不够严格，但根本上却是具备仁[①]的人。孔子也认可这一点。孔子也说管仲是具备仁的，与礼相比，孔子眼中的仁又是什么呢？

[①] 孔子时代，仁是与礼明显区分的概念，有其本来带有的原始意味，但到孟子与荀子时代，仁与礼的区分逐渐模糊，礼更进一步还被理解为法。孔子时代的原始儒家将仁理解为"性情之善"，并且强调这一点。

人而不仁，如礼何？人而不仁，如乐何？

——《论语·八佾》

　　这里所讲的"仁"，分明是"本性善良"之意。在孔子看来，管仲其人虽然是不懂礼教之人，但根本上是善良之人。因此，他以反问的形式强调："子路、子贡啊，谁能像管仲一样有仁义之德呢？谁说一定要和朋友一起死，才是仁德呢？谁说一定要抛弃官职遁隐深山，才是仁德呢？得官职而谋事，谋事而行仁德，不也是很好的吗？"

　　孔子认为，管仲是守护"中国"之人，作为为政者，公平到既不加害人也不遭报复的程度。一言以蔽之，就是懂做事之道之人。司马迁在《史记·管晏列传》中也如此补充道："管仲富贵得可以跟国君相比，拥有建筑豪华的台阁和摆放礼器的土台，齐国人却不认为他奢侈僭越。"施加惩罚，受罚之人也不会怨恨，财产富可敌国也不遭嫉妒。能达到这种程度的人，到底是怎样的人呢？现在来听一下孟子的话。

　　孟子同样将管仲视为"小器"。同时，管仲是孟子王道思想中蕴含的黑暗一样的存在。孟子哀叹道："有着那样杰出的能力，为什么不去实践王道，而去实践霸道呢？"《孟子·公孙丑》篇中充满这样的哀叹。

　　　公孙丑问曰："夫子当路于齐，管仲、晏子之功，可复许乎？"

　　　孟子曰："子诚齐人也，知管仲、晏子而已矣。或问乎曾西曰：'吾子与子路孰贤？'曾西蹴然曰：'吾先子之所畏也。'曰：'然则吾子与管仲孰贤？'曾西艴然不悦，曰：'尔何曾比予于管仲？管仲得君，如彼其专也，行乎国政，如彼其久也，功烈如彼其卑也，尔何曾比予于是？'"（中略）

　　　"孔子曰：'德之流行，速于置邮而传命。'当今之时，万乘之国行仁政，民之悦之，犹解倒悬也。"

孟子问道："管仲得如此信任，为何不实行王道，反而去实行霸道呢？若实行王道，那么今天（孟子生活的时代）这样的战国时代是不是就不会出现了。"因此，他又说道：

> 五霸者，三王之罪人也。今之诸侯，五霸之罪人也。
>
> ——《孟子·告子》

孟子是伟大的思想家和战略家，他极度嫌恶战国时代惨烈的战争。然而，因为孟子不是伟大的历史学家，所以他无法意识到管仲所处时代的局限性。即便如此，孟子仍然认为管仲是有道义之人，而现在的诸侯连道义都没有了，这就令人十分遗憾了。

紧接着，荀子也对管仲进行了评价。荀子多次承认管仲是辅国之才。不过，荀子也与孟子一样感到可惜，他借用孔子的话说道：

> 管仲之为人，力功不力义，力知不力仁，野人也，不可以为天子大夫。
>
> ——《荀子·大略》

与孟子相比，荀子对管仲进行了更为历史性的分析。荀子评价的核心是管仲没能成为"天子的大夫"。所谓天子的大夫，应该管束诸侯，不应让诸侯的力量超过天子，只有这样，才可维持天子的地位。周礼严格区分天子与诸侯，这种人应该完全接受周礼的规定。做不到这些的人即是周礼之外的人，也就是"野人"。因此，管仲是"乡野之人"。

笔者则从两方面来看管仲。一是"管仲其人仁"，二是管仲"带有野人的气质（不懂礼）"。儒学明显是人本主义的学问，因此将保全人的性命视为至善。孔子是创立人该学问的第一人，他彻底否定殉葬或是用人祭祀等古代非人道的习俗；孟子则更进一步，阐述民本与革命思想；荀子则在儒家思想中融入法家思想，铺下儒学走向现实的政治之道。此三人所言，都有一定的道理。

然而，这三人都在为管仲增光添彩。特别是在孔子的思想中，深深渗入了管仲的思想。孔子所言的"衣食足则知荣辱"原封不动地照搬了管仲所言的"衣食足则知荣辱"。同时，孟子所言的"在关口只检查而不收税，在市场只管理而不收税，对农夫适用助法，不收其他杂税，经济就会好起来"，以及"盛世之时，不妨碍百姓接近山林与川泽"；慨叹因为没有物价政策，导致"丰年时狗也吃人粮，凶年只能饿死人"。孟子的这一系列阐述儒家基本经济观点的话，也都是照搬了管仲的话。孟子所处的齐国之经济思想，几乎全部出自管仲。管仲是中国最早建构经济学的人，也许可能还是世界上最早理解财政学核心理念的人。但凡是关于经济方面的内容，孔子、孟子或是荀子，全都照搬了管仲的思想。

管仲从"野人"的视角来看世界。管仲认为予百姓所需即是政治。同时，这种政治的核心是经济。管仲的思想自始至终立足于经济学，而且这种经济学还不是今天的狭隘的经济学，而是有着庞大体系的政治经济学。与儒学思想相比，管仲的思想更为彻底地理解了经济最底部的根基。现在从经济学的视角来仔细探讨管仲的行动为何是善的，还有他的野人本性如何促使他成就了大业，同时，也就会慢慢理解孔子、孟子以及荀子对管仲抱有的爱憎之情了。

2. 边陲的男子汉

管仲出生于今天安徽省的颍上。西周时期，这一地区生活着名为淮夷的少数民族。然而，随着春秋时代的到来，淮夷逐渐被赶到东边，此地区被小国蔡国占据。春秋时代该地一度进入吴国版图，到了战国时代则成为楚国的领土，因此，那里必然不是齐国的领土。那么，管仲是如何去了齐国的呢？关于管仲的出生，颍上流传着这样的故事。①

管仲的母亲谷氏出嫁九年仍未得子女，好不容易怀孕。所怀之子出生于戊午年、戊午月、戊午日、戊午时，正好是5月5日正午。面对得来不易的金贵之子，家人找了算命先生来给孩子看四柱八字。算命先生看了之后说："这个孩子占了五个午，不是龙便是虎，将来必成大器。"当时正值播种的芒种时期，于是就按照节气给孩子取乳名为"芒种"。因为芒种忙，乱打场，吃喝的东西丰富，所以取了这个名字。

邻居鲍家的鲍叔牙比管仲大两岁，与管仲在同一个先生门下学习。孩子长到无法继续使用乳名的年纪，父母跟先生讲了孩子的出生经历，请先生为孩子取个正式的名字。于是，先生说："出生时占了五个午，大吉。既然姓为管（掌管、掌控），那字就定为'仲'（仲与种同音）吧，希望他将来成为掌管天下进行播种的百姓的大人物。名则定为夷吾（五个午）吧。"

当然，流传的故事中关于管仲名与字的解释，可信度不高。从常识上来讲，应是管仲在管氏家族同辈中排行第二（仲），因而名为"仲"；鲍叔牙在鲍氏家族同辈中排第三（叔），因而名为"叔牙"。

然而，故事的余下部分却有重要的含意。在一般百姓看来，管仲是关照食物生产者的人。"关照食物生产者的人"这个称号的来历缘于管仲的经济思想基本上符合基层人们的想法和观念。同时，这个称号也反映了在农业经济时代，农民对管仲的态度。笔者踏访临淄管仲纪念馆之际，碰巧看到当地农民在管仲石像下晾晒玉米。黄色的玉米粒与重视谷物的管仲的形象相当和谐。

---

① 陈庆照等著，《管仲生年考》，《齐文化新论》（宋玉顺主编，中国文史出版社，2007）。

接下来，是关于鲍叔牙的说明。正如史书中所描述的那样，鲍叔牙从幼时就很关照管仲。因此，传说与史书中的内容都表明鲍叔牙也是颍上人。那么，管仲与鲍叔牙当然就是同乡了。《管子·匡君大匡》中记载了管仲与召忽讨论鲍叔牙出仕的情形。据此，与管仲共同谋事而先行死去的召忽也极有可能是管仲的同乡。管仲、鲍叔牙以及召忽这一群南方人是缘何进入到齐国的政治中心地带的呢？这个问题我们慢慢来探讨。通过《史记·管晏列传》中管仲的回忆，我们先来看一下管仲的青年时代，他的青年时代有鲍叔牙的陪伴。

　　　吾始困时，尝与鲍叔贾，分财利多自与，鲍叔不以我为贪，知我贫也。

管仲年轻时贫困，他解决贫困的方法是选择从商。古代的商人（商贾）与今天有所不同。商人最初是给祭祀提供祭物的。从日后管

位于临淄的管仲纪念馆前面的管仲铜像

仲与鲍叔牙成为齐国公子的老师来看，这些人或许可能是从事向政府租借物品的工作。境况稍微好点的鲍叔牙就这样和管仲一起开始了社会生活。管仲还说了下面的话。

> 吾尝为鲍叔谋事而更穷困，鲍叔不以我为愚，知时有
> 利不利也。

大体上，"谋事"这个词一般不用于普通的事情，而是用于政治事宜。也许管仲为了让鲍叔牙进入政界而谋事，结果反而让鲍叔牙的处境更加困窘。管仲怀着不想增加鲍叔牙负担的心思谋事，结果没有成功。管仲还经历了怎样的考验呢？

> 吾尝三仕三见逐于君，鲍叔不以我为不肖，知我不遭
> 时也。

三次指多次，多次做官但多次都遭君主免职，其实是无能的意思，但是鲍叔牙还是到最后都坚信管仲。那么，管仲因何三次想出仕都以失败告终呢？这与管仲的出身有一定的关联。在春秋初期，想要出人头地的话，需要有好的出身。出身不好的人想要走仕途从一开始就是很难的事情。普通人到这种关头可能都已经放弃了。然而，管仲为了出人头地，再次进行了挑战。管仲是勇敢的斗士。到这里，情况已经糟糕到不能更糟糕了。可管仲的坎坷还在继续。

> 吾尝三战三走，鲍叔不以我为怯，知我有老母也。

春秋时代战争中，军队被打败的情况下是这样论功过的：与敌军战死的人是有功者。就算是撤退，最后撤退的人即使无功，也不是耻辱。因此，《论语》中孔子谈到孟之反最后撤退之事时，称赞道：

"孟之反真是义士啊。"相反，在前方最先逃跑的人就是罪人。那管仲就是罪人。管仲可能认为，在战争中夸耀武力而死的行为是愚蠢的。即便如此，鲍叔牙也都包容、理解管仲的这一切。

正是经商未得利，谋事失败，出仕失败以及战争失败的经历将管仲打磨成懂得人间疾苦的政治家。在管仲看来，老百姓们过得困苦，并不是个人的错误所致。同时，管仲还体验了有才之人不被任用的现实。此外，他还认识到在战争中逃跑有着战争之外的原因。管仲的思想就是这样慢慢形成和丰富起来的。"如果物资流通不被阻碍，商业怎么可能会不繁荣呢？如果不任人唯亲，而是任人唯功，人才怎么可能不被任用呢？如果解决了战争中死伤者的后顾之忧，士兵们怎么可能没有勇气而临阵脱逃呢？"人心都是相似的，都渴望富贵安逸，这些欲求如果得不到满足，有谁不反感呢？因此，管仲的基本思想就是满足欲求。如果说"为了独占有限的物产而去压制普通人的欲求"是当时之主流思想的话，那么"增加物产以满足普通人的欲求"则是管仲的想法。管仲就是这样一个从基层出发的经济学者。

那么，现在再来想一下。齐国君主到底指望管仲和鲍叔牙发挥怎样的作用呢？他们的真实身份是什么？《管子·匡君大匡》中有如下重要的对话。逐字逐句推敲，便可理解这段对话。

　　齐僖公生公子诸儿、公子纠、公子小白。使鲍叔傅小白，鲍叔辞，称疾不出。管仲与召忽往见之，曰："何故不出？"
　　鲍叔曰："先人有言曰，'知子莫若父，知臣莫若君。'今君知臣不肖也，是以使贱臣傅小白也。贱臣知弃矣。"
　　召忽曰："子固辞，无出，吾权任子以死亡，必免子。"
　　鲍叔曰："子如是，何不免之有乎？"
　　管仲曰："不可。持社稷宗庙者，不让事，不广闲。将有国者未可知也。子其出乎。"

召忽曰："不可。吾三人者之于齐国也，譬之犹鼎之有足也，去一焉，则必不立矣。"

《管子》中记录事实的部分，作为历史书有很大的价值，论述部分由于是多人共著，缺乏一贯性。这个对话应该被增删了很多，但作为对历史事实的记录，可信度还是相当高的。《管子》这部著作中，接在《大匡》之后还有《小匡》，《小匡》的叙述与《国语》有很多重叠的部分。由此看来，《大匡》显然也是以某种记录为依据而作的。如果这个对话是事实的话，我们便可以得到非常多的信息。也就是说，鲍叔牙、管仲以及召忽是被齐国君主聘用的统治专家顾问团中的成员，是来自遥远边陲的一个集体。我们来推理一下看看。

公子小白的父亲齐僖公于公元前 698 年去世，那么，这个对话至少是公元前 698 年之前发生的。管仲开始管理政事的年份是公元前 685 年，因而管仲至少在僖公去世前，即管理政事前十三年已经进入齐国，其同乡鲍叔牙当时虽然处于统治阶级的最末端，但至少有着官职。不是任何人都可以做公子的老师的，因而鲍叔牙显然是个相当博学的人。依据接下来的对话可知，当时管仲和召忽已经在侍奉公子纠。总之就是说，管仲与鲍叔牙在很久之前就来到齐国，虽然没有取得大的官职，但一直在朝廷周边。进而，僖公认为鲍叔牙可担当大任，让他做公子小白的老师。然而，鲍叔牙认为少公子小白可能没有机会继承僖公的王位，同时召忽和管仲已经在侍奉公子纠，他担心三人之间出现分裂，所以推辞做公子小白老师的机会。

随后，召忽说道："在齐国，我们三人中任缺一个人，其他人都无法自立，因而鲍叔牙不可侍奉小白。"那么，如果管仲和鲍叔牙是同乡的话，召忽也有很大可能是他们的同乡。因此，召忽认为缺少哪一个人，其他人都会陷入危机之中。就算不是同乡，召忽也是管仲与鲍叔牙的紧密合作者。也就是说，这三人是一个命运共同体。

现在，情况清晰明了了。当时齐国的大族是高氏和国氏。占据上卿地位的这些大姓贵族的权限实际上非常了得。管仲、鲍叔牙以及后来的隰朋等将齐桓公推上霸主地位的大臣们皆非贵族出身。从当时的情形来看，僖公是把以管仲为代表的外来集团培植为直系臣子的。后来的齐桓公也是完全信任管仲所代表的实力派智囊团，让他们代替大姓贵族全面负责统治事务。从记载来看，管仲的出现是宣告周朝身份秩序瓦解的第一个征兆。同时，管仲的出现也预告了孔子所代表的诸子百家实力派流浪者的出现。

管仲是滚到齐国的石头，因而在当地毫无根基。同时，因为管仲不是出身于名门望族，所以也无法得荫庇之便。管仲、鲍叔牙以及召忽是靠信义与实力而集结到一起的书生集团，这些人主张只按功过论赏罚，试图开启一个更先进的时代。尽管，在管仲死后，齐国重又落入大姓贵族手中，但就算把管仲的尝试说成是春秋时代第一个官僚制改革也不为过。实际上，管仲施行的政策是多样的，他的言行也张扬着个性。想到管仲，不可只想到其富贵的晚年。管仲在青年时期四处奔波，坚守只相信实力的信念，壮年期，他在权力斗争的旋涡中切身体会了现实政治的杀伐恐怖，正是这样的青年期和壮年期成就了他富贵的晚年。

原本就不是大族的管仲家族，在管仲死后，立刻远离了权力中心，但管仲留下的遗产却是巨大的。之后，春秋时代的多个君主都开始寻找像管仲这样的实力派人才，并且丝毫不计较人才的出身。最具代表性的是，从奴隶身份一跃成为秦国宰相的百里奚。

正如孟子所言，管仲不是王道的构筑者。然而，正是管仲，帮助中国历史上之后出现的历代帝国打下了理念基础，他用巨大的锤头敲打了宗法制的头颅。周礼主张实行彻底的宗法制度，体现了对人类生命的尊重，同样，激烈的富国强兵的竞争也要求把人从宗法制度的束缚下解脱出来。

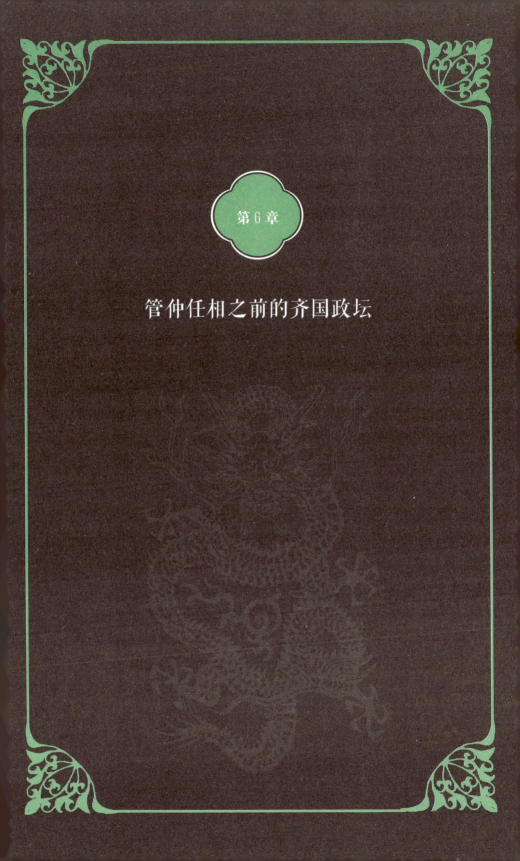

第 6 章

管仲任相之前的齐国政坛

1. 姜太公的荣光在减退

司马迁曾做出如下感慨：

> 我曾游览过齐国。从泰山到琅琊山，从北边到大海，两千里的土地肥沃绵延。当地人豁达开朗，内敛而又有智慧，这是他们的天性。姜太公的神圣打下了建国的基调，齐桓公的阔大之势，得天下诸侯而霸之，这一切难道不都是理所当然的吗？真是泱泱大国的风貌啊！

笔者在很久之前也曾游览过齐国故地。乘坐列车奔驰在泰山北边的平原上，看着彩霞往西方飘逝，看着大海上的日出。泰山矗立在一望无际的平原上，显示出齐国的庞大气象，这显然不是一个弱国。泰山的松林绿到发黑，象征着齐国的富庶。位于临淄的姜太公与管仲陵墓彰显着富有革命性的宰相们的风骨，于是我们便能推测出为何这片土地上曾经出现了很多大名鼎鼎的宰相。五胡十六国时

姜太公墓

临淄的姜太公铜像

刻有国号"齐"词源的活版　（齐文化博物馆收藏）

期以"勇猛仗义，清高孤傲"著称的前秦宰相王猛越过齐国大地，统一了整个华北地区，他果真是继承了姜太公的风骨。唐太宗的左膀右臂——房玄龄，知进退，行事果断且能成事，无愧为这片土地上的管仲后人。齐国人杰地灵，是杰出宰相辈出之地。

"故圣人之处国者，必于不倾之地，而择地形之肥饶者。乡山，左右经水若泽。内为落渠之写，因大川而注焉。（圣人建造都城，一定都选在平稳平坦，有肥饶土地，物产丰饶的地方。靠着山，左右有河流或湖泽，可以提供川流不息的水源。城内修砌完备的沟渠排水，随地流入大河。）"（《管子·度地》）齐国都城临淄位于雄伟的泰山脚下广阔的平原上。临淄所在的地方，向南是泰山边缘绵延的小山丘，向北是一直延伸至大海的平原。淄河与乌河两股水流环绕城邑，东西畅通的大道能够实现飞速运输，传递着平原的物资。这个地方在春秋战国时期就是人口最多的都城。坚如磐石的泥土夯筑砌成的城墙以及设计巧妙、布局合理、功能完善的庞大的排水系统，谁看了会感受不到齐国的富有呢？临淄古城里，晏子陵墓像晏子生前的形象一样端正整齐，殉马坑中躺着的数百匹马呈现出正在嘶吼的样子，好像当场就要腾跃似的。兵法大家孙武出生于这片土地上，施展千变万化智谋的孙膑当然也曾活跃于此地。显然，齐国位于气势巍然之地。

然而，姜太公的荣光却未能持续太久。被授权平定四方的"伟大的"姜太公，其后代却良莠不齐。难道是因为姜太公的威望太高了吗？为了生存而用战斗精神武装自己的秦国，为了成为中原强国而急功冒进的晋国，胸怀称霸中原大志而急速东进的楚国，这几个国家中，没有哪一个国家的君主不是一代雄杰。都说瘦死的骆驼比马大，但不知为何，齐国的混乱局面却日益严重。细究起来，问题还是存在于统治中心。

姜太公的玄孙齐哀公不辰（一作不臣）真是经历了令人难以置信的荒唐命运。同处山东地区的纪国君主向周夷王进谗言陷害齐哀公。纪国同是姜姓诸侯国。同一个姜姓谗害自己同族，看来真是恶亲不如远邻。历史记载中并没有叙述齐哀公做错了什么事。当时周夷王被诸侯推上了天子的位置，他并不是多么了不起的人物。然而，正是这个周夷王将齐哀公在鼎中烹煮处死。《史记》委婉地用"周烹哀公"这样的字眼予以记载，但《竹书纪年》却以"王致诸侯，烹齐哀公于鼎"，具体地记述了那一耻辱的瞬间。周朝怎能对姜太公的玄孙施加这样的刑罚呢？齐国人不会忘记这一奇耻大辱。

在这一事件之后，齐国宫室还是难以安定下来。这听起来令人有些迷茫，还是先来整理一下当时的乱象吧。齐哀公死后，胡公被立，但很快被其同胞兄弟山处死，然后献公被立。献公执政未久亦死，其子武公即位。武公在位二十六年，死后，其子厉公继位。然而，这个厉公却太暴虐，导致人们想拥立胡公之子。因此，两派之间发生争斗，混战之中厉公死，胡公之子亦死。无奈之下，只好立厉公之子，也就是文公。文公继位后把杀死自己父亲厉公的 70 人全都处死了。

齐国宫室的政治如此混乱，以至于到了难以一一记住的程度。在这种背景下，齐国终于再次得到了安定的机会。之所以这样说，是因为文公的孙子、成公的儿子庄公在位执政长达六十四年。有实力的君主如果能长寿的话，国家也会跟着安定下来。庄公顺利地传位给儿子僖公。像这样，由于继承者问题产生的宫室分裂大体上是先告一段落了。

齐国在当时急剧变化的外部环境形势中逐渐确立了自己特有的地位。齐僖公在位的公元前 8 世纪末，主导中原政局的是郑庄公。郑国虽非大国，但因距宗主国周朝极近，拥有借周天子名义压制其他国家的政治能量。当时，郑国为了压制宿敌宋国，需要齐国的支持。这就是春秋初期所谓的远交近攻政策。对于这一切，齐国皆慎重对待。

公元前 707 年，周桓公认为郑庄公太过专横，带领蔡、卫、陈

临淄古城排水渠 由此可以窥见春秋战国时期最大的城市临淄的规模。

临淄古城城墙 墙体薄而精巧。

位于临淄古城的殉马坑　躺在此地的数百匹马似乎当场就要嘶吼一样，气势撼人。

的军队讨伐郑国，最后却被打败，负伤而退。这样一来，本就勉强维持的周王室的权威更是一落千丈，跌入谷底。此时，齐国没有盲目出头。如此，郑国和齐国的蜜月期得以维持了一段时间。

然而，此事发生不过几年之后，郑庄公就去世了。在长达四十三年的时间里，将中原政治操控于股掌之间的这个"小国的大君主"一死，周边国家对郑国的积怨便像野火一样爆发了。最终，郑国周围的小国全都背叛了郑国。楚国乘机气势汹汹地向东北袭来。

如上所述，当时东方大国齐国的周边形势就是这样的。现在能够左右中原（周王室附近）政局的人物已经消失了。同时，楚国不断打破中原各个弱小国家的防御网，继续向东北袭来。从性质上来讲，楚国是一个与中原国家有着很大不同的国家，中原各国需要一个能够与楚国抗衡的大国。正因如此，中原各国此时隐隐希望齐国能够发挥这种作用。然而，能够发挥这种作用的齐僖公也因为年事已高，去世了。不过，可能是目睹局势变化的齐僖公独具慧眼，他在去世之前做了一项重要的决定。他担心长子可能无法守护好齐国君主之位，将二子与幼子托付给鲍叔牙与召忽所在的"管仲集团"。

郑庄公死后没几年，齐僖公也殒命了。齐僖公的长子继位，他就是齐襄公，登上君位的齐襄公只需做好一件事便可，就是端正敦实地抓好齐国的政治。然而，正是受到先君信任的这位齐襄公，却成了齐国前所未有的乱伦者与无能之辈。齐僖公将二子托付给善于研判形势的管仲，将三子托付给正义刚直的鲍叔牙，是不是提前预测到了这种情况呢？

《左传》中记载，齐襄公即位之后，鲍叔牙立即带着齐僖公的幼子小白向东南方向的莒国逃难。文中记载："现任君主骄横傲慢地治理国家，百姓将来肯定会发生动乱。"与此相反，管仲和召忽先是发动了试图废黜齐襄公的政变，失败之后才逃到了西南方向的鲁国。如此看来，鲍叔牙真是极有先见之明的。然而，《史记》并没有分辨这些事发生的先后顺序，只是记录了这些人提前出逃去避难了。

那么，齐襄公到底是怎样的人呢？实际上，祖父齐庄公与父亲齐僖公长期执政所努力恢复的国力，对齐襄公来说，反倒成为一种毒素。一个众所周知的道理是：利剑在优秀的卫士手中，能够保护人的安全；反之，若落入无赖恶人手中，则会危害人。此时，事端从齐国内外同时滋生。

齐襄公继位两年之际，齐国与鲁国发生了边界纷争。齐国军队先发动了入侵的战争，实力薄弱的鲁国不得不被动地进行应对。虽然春秋时代诸侯国之间发生战争属常见之事，但这些战争都是在各种道德外衣下进行的。灵活运用这种道德外衣，才能结交同盟，赢取实利。要想使用这种策略，首先应从表面上夸耀自己有着比对手更好的德行。如果齐襄公比鲁国君主更具德行的话，那么这种纷争早就应该平安无事地了结了。然而，齐襄公偏偏不是一个有德行的人，而是一个性情暴虐且难以控制情欲之人。

2. 乱伦的下场

　　鲁桓公娶齐国公主为正室夫人，不过这个女人从一开始就与其兄齐襄公保持着一种特殊的关系，她的名字叫作文姜。鲁桓公十八年、齐襄公四年，鲁桓公去拜访内兄襄公。实力弱的诸侯去拜访实力强的诸侯是一种外交手段。鲁桓公想偕夫人姜氏一同前往，也有可能是姜氏自己想去。这时候，鲁国的申缯进谏，曰：

　　　　女有家，男有室，无相渎也，谓之有礼。易此，必败。

　　《左传》中的这几句话，字里行间的意味非常丰富。申缯为什么这么诚恳地进谏呢？《史记》中认定齐襄公与文姜这对兄妹本是私通的关系，申缯不可能没有听到过风声。因此，为了防止惹起事端，申缯极力阻止鲁桓公带文姜一同前往齐国，但文姜最后还是同鲁桓公一起去了齐国。鲁桓公不是一个能够准确把握事态的人，文姜一到齐国，马上就与其兄通奸。这对兄妹是多么肆无忌惮啊，鲁桓公最终也知道了他们的奸情。这种时候，弱国君主就变得更加悲惨了，尤其当其所面对的是对鲁国虎视眈眈的齐襄公之时。作为一个弱国君主，鲁桓公做不了什么，只能斥责妻子的行径。可是，文姜马上就跑到其兄兼情人齐襄公那里去告状。
　　普通人的话，这种时候肯定会羞愧得连连谢罪道歉。然而，这对男女可真不是一般人，而是极度邪淫之人，文姜和齐襄公干脆打算杀人灭口，他们的手段既毒辣又狡猾，伺机进行所谓的"完美犯罪"。齐襄公设宴灌醉鲁桓公之后，令大力士公子彭生假装扶鲁桓公上车，期间趁机折断鲁桓公的肋骨。也许因为彭生本来就是很强壮的大力士，导致鲁桓公没发出声音就当场死掉了。鲁桓公死得多么冤枉！然而，鲁国的历史书《左传》没有用狼狈之辞直接书写自己国家的君主遭遇他杀，而只是记载桓公在车中去世。站在鲁国人的立场上来看，这的确是荒唐至极。国力孱弱，无法抗议，只能想办法寻找替罪羊。因此，鲁国人告诉齐国说：

寡君畏君之威，不敢宁居，来修旧好，礼成而不反，无所归咎，恶于诸侯。请以彭生除之。

因此，齐襄公杀死了无辜的彭生，以息事宁人。彭生有什么罪呢？古人说过，与恶人为伍，会搭上自己的身家性命。因为，恶人原本就没有信义。

鲁国新君鲁庄公继位，鲁国人不愿意原谅将君主害死的文姜，文姜为了躲避来自鲁国人的压力，藏身于齐国。实际上，鲁国和齐国此时已经成为仇人。然而，当时齐国的力量不可无视。周王室的公主嫁到齐国，齐襄公七年（前691），齐襄公拉上鲁国军队一起攻打卫国。同年，纪国君主的弟弟割让纪国土地，前来臣服，两年之后，纪国君主把所有国土让与向齐国臣服的弟弟，离开了纪国。纪国的先君曾谗害齐哀公，现在面对强大的齐国，如不降服，别无活路。这样，东方各国开始畏惧齐国的武力，齐襄公在对外用武的同时，继续与文姜保持私通关系。从小诸侯国的立场来看，齐国君主是个无赖，但同时又拥有着它们无法抗衡的强大力量。

不过，齐襄公最终下场十分悲惨。他走上穷途末路那年，正拉着鲁国一起攻打郕国。郕国位于鲁国国都曲阜的正北方。齐国利用鲁国来攻打这样的国家，就鲁国来说，该是多么的讨厌啊。最后，当郕国向齐国投降之际，鲁庄公的弟弟仲庆父劝其借机攻打远离齐国大本营的齐国军队。鲁庄公忍而曰：

不可。我实不德，齐师何罪？罪我之由。《夏书》曰："皋陶迈种德，德，乃降。"姑务修德以待时乎。

从鲁庄公的立场来看，杀死自己父亲的仇人在每每有战事之时，都厚颜无耻地来借用和差使鲁国军队，而自己却只能忍耐，也是憋屈。但从上面的引文可以看出，鲁庄公已经预测到齐襄公为非作歹的时日不多了。

齐襄公树敌甚多。不懂信义之人，本来敌人就多。首先，齐襄公与堂兄弟公孙无知关系不好。齐襄公的父亲齐僖公爱惜侄子公孙无知，将其与当时的太子，也就是后来的襄公同等对待，齐襄公看不惯，继位之后，立即降了公孙无知的待遇。因此，公孙无知对齐襄公怀恨在心。对齐襄公怀恨在心的还有其他人，他们就是被派去戍边守境的连称与管至父。原本，齐襄公许诺他们戍边满一年即另派军队替换他们，但过了一年，齐襄公只给他们换了马匹，并没有派遣军队去接替他们。

现在事端要开始出现了。既有准备杀死齐襄公取而代之的宫室子弟公孙无知，又有带领军队戍边守境的将领，他们俨然已谋划好一切。正巧，连称有个堂妹在齐襄公的后宫，不受齐襄公的宠爱。因此，连称便诱使她打探齐襄公的情况，告诉她说："好好打探齐襄公的动态。举事成功的话，就能让你当上正夫人。"

在记录最为悠久的《左传》中，记载了下面这个有些荒唐的故事。

冬十二月，齐侯游于姑棼，遂田于贝丘。见大豕，从者曰："公子彭生也。"公怒曰："彭生敢见！"射之，豕人立而啼。公惧，坠于车，伤足丧屦。

尽管这个故事听起来有些荒唐，但若重新阐释的话，也有可能是事实。打猎信息是连称堂妹提供给连称的，连称和公孙无知等人借着这个机会谋划了一番，因而出现了有人披着野猪皮一类的东西来吓唬襄公的事情。

无论如何，齐襄公平安地过了田猎这一关。然而，齐襄公此人过于暴虐。齐襄公惊吓之余丢了鞋子，责令侍从费①去找鞋子，费没有找到。于是，齐襄公就用鞭子抽打费，打得他皮开肉绽。《史记》中对此具体描述过，说是足足抽打了300鞭。公孙无知等人得知齐襄公摔伤的消息，立即向宫中奔袭。途中遇到侍从费。费尽管只是齐襄公的一个侍从，但不可思议的是，他竟是个品格高尚之人。费怀着想要救齐襄公的心思，迅速机智地对无知等人说道："我怎会抵抗你们，暂且不要进去惊动宫中，惊动宫中就不易攻进去了。"

费让无知等人查验自己背后遭齐襄公打出的鞭伤，并让他们在宫外等候，自己先进宫去。费进宫后，立即将齐襄公藏到门后。然后费带领宫中侍卫们反击连称等人，但寡不敌众。历史记录详细叙述了当时的惨烈情况。费死于大门内，石之纷如死于台阶下。名叫孟阳的人代替齐襄公躺在床上，很快也被杀死。看到孟阳的连称等人发现不是齐襄公之后，继续寻找齐襄公，一眼就看到门下边齐襄公露出的脚。于是，齐襄公就这样被对手抓住并杀死了。《左传》将侍从的名字甚至死的位置都记录了下来，显示出其记录是极其详尽的。《左传》虽然是阶级社会的产物，但是对于有义气之人，并不划分等级。这就是《左传》蕴含的真正力量。为了保护恶人而死的侍从们，就这样通过《左传》在历史上留下了自己的名字。

齐襄公这种乱伦败类死了之后，终于轮到齐桓公与管仲出场了。

---

① 《史记》中写作"茀"，《管子》与《左传》都写作"费"。在后面的章节中也会有不少类似的情况，本文将择用年代更为久远的记录，不再一一标出。

第 7 章

管仲任相

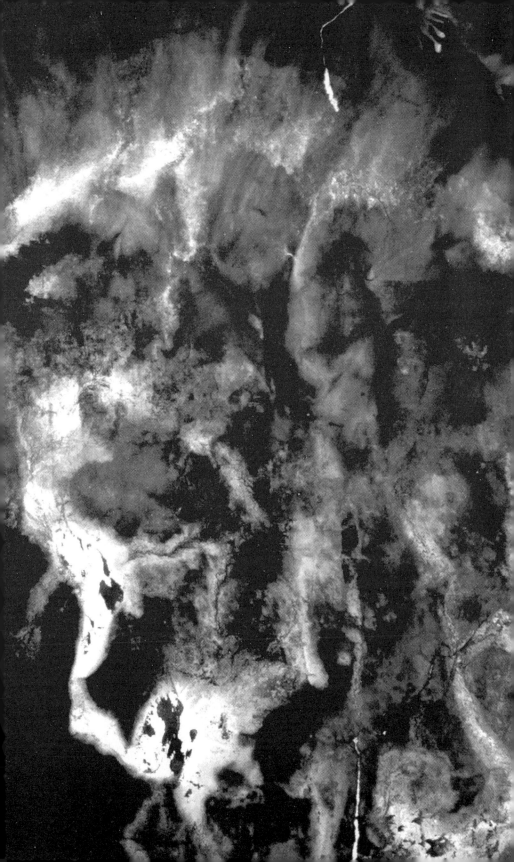

在公孙无知发动军事政变之前，鲍叔牙已经带着公子小白逃出齐国了。政变爆发的当时，管仲是怎么想的呢？发生这种政变，若在原地待着不动的话，就难以保全性命。所以，首先要想办法躲开这种祸乱才是。那么，躲到哪里去好呢？若逃错方向的话，有可能会刚出狼窝又进了虎穴。因此，需要快速、准确地做出抉择。

危难关头，管仲选择去鲁国避难。鲁庄公和齐襄公是不共戴天的仇人。逃到鲁国可以借助鲁国的力量东山再起。此时，只能孤注一掷了。管仲确实是押上了所有的筹码。管仲和召忽带着公子纠，头也不回地往鲁国奔去。其间，公孙无知自立为齐国君主。

齐国长子已死，现在齐国的嫡孙是二公子纠。鲁国收留公子纠，对自己没有任何损失。在这种危难关头帮公子纠一把，若能逃脱齐国的险境，重新谋划将来，是很合算的事情。正如预期的一样，鲁国高兴地迎接了管仲一行。管仲一伙人就这样成功逃离了齐国。

之后的故事陆续上演，相关资料的内容稍有不同。在这个事件的叙述上，《左传》《国语》《史记》和《管子》既有相似之处，又有着微妙的差异，各有长短。《左传》简洁，《史记》准确，《国语》含蓄，《管子》富有戏剧性。本文以这四种资料为基础，按照盖然性对故事进行重构。

1. 管仲举事失败

尽管公孙无知登上了齐襄公的国君之位，但混乱并没有停止。公孙无知似乎也有很多仇家，他在春天去雍林游乐之时，被当地人杀害。头一年冬天发动政变，第二年春天就被杀死，无知连做诸侯的滋味都没能好好体味就丧命了。杀死公孙无知的人叫雍廪。"雍林"与"雍廪"的"雍"都是指地区，当时都城的西门被叫作雍门，"廪"意指仓库，"雍廪"可推测为西门附近管理仓库的人。据说，那个地方的人很早之前就与公孙无知有仇。具体有什么仇，史书中没有记录。单从公孙无知杀死齐襄公的过程来看，公孙无知本人似乎也不是什么善类。雍廪杀死公孙无知之后，首先向齐国大夫报告说：

> 无知弑襄公自立，臣谨行诛。唯大夫更立公子之当立者，唯命是听。

当时齐国大夫中的实权派是高氏和国氏，其中的代表人物是高

149

傒和国懿仲。公子小白从小就与高傒交好。因为这个缘故，高傒和国懿仲决心召回流亡莒国的公子小白。

他们抢先召回小白的话，兄弟长幼序列上占优势的公子纠又有什么办法呢？有可能最后是白忙一场。小白一旦即位，万事休矣。管仲此时焦躁不安，心情难以平复。小白若即位，鲁国也会错过拥立亲鲁的齐侯的绝好机会。因此，在齐国内部有内应的小白从莒国飞速驱车赶回齐国，与此同时，鲁国也派兵护送公子纠赶回齐国。先不论其他，最先返回齐国的人肯定有利。管仲试图一边让公子纠赶回齐国，一边带兵阻遏公子小白返齐的通道。管仲的性格是一旦开始，就要保证万无一失。管仲埋伏于莒国通往齐国的道路上，拉弓射向小白，弓箭命中了，小白倒下，管仲高喊快哉。管仲心想，现在自己服侍的公子纠只要返回齐国当上齐君就可以了。

然而，如何是好呢？管仲的箭矢只射中了小白的衣带钩。

这个情节太富有戏剧性了，听起来荒唐得令人难以置信，但如果这则历史典故是事实的话，那么，这个看起来毫无用处且累赘的春秋时代的青铜饰物倒改变了历史。

遭到突袭的小白迅速倒下装死，拉上温车的帐幕，径直飞速向齐国行进。管仲也派人将已杀死小白的消息飞速报给鲁国。因而，鲁国误认为大功即成，便放慢了赶往齐国的速度。公子小白先一步

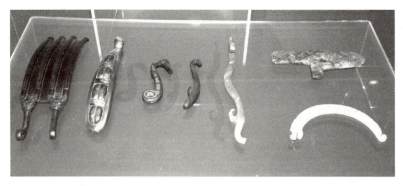

战国时代的衣带钩

到达齐国，高傒和国懿仲将他拥立为国君，此人就是后来春秋时代的第一任霸主齐桓公。

到齐国为时已晚的公子纠被齐国军队挡住，不得不调转脚步。鲁庄公此时只有扼腕叹息的份儿，公子纠和管仲也后悔得直跺脚。然而，像管仲这样事事主动的人物不可能就此止步。若不快快动手，齐桓公不可能任由继位顺序优于自己的公子纠活在世上。当年秋天，管仲和鲁庄公再次发动战事。他们仍然想要攻打局势不稳的齐国，以拥立公子纠为齐国国君。然而，齐国已经做好万全的准备。齐国是一个大国，一旦做好准备，小国鲁国便很难与之抗衡，结果鲁国军队大败。兵败之后，鲁庄公连自己的温车也丢弃了，只能勉强乘上驿站的车舆逃出，可以想见当时的战事是多么激烈。就这样，管仲两次举事都失败了。齐桓公若非圣人君子，管仲显然就会被召回处死。

2. 鲍叔牙救管仲

一开始，齐桓公想把公子纠和管仲、召忽全部处死。此时，鲍叔牙赶紧谏言。

"不可杀。只有任用管仲和召忽，才能安定社稷。"

桓公答道："管仲和召忽是我的仇人。况且管仲不还是拉弓射我之人吗？"

听到此话，鲍叔牙说道："那时候，管仲只是在为自己的主公竭尽全力。主公若赦免他的罪过，他一定会像对之前的主公那样，对主公尽忠的。"

鲍叔牙继续说道："臣只是主公手下的一个笨拙之臣。主公施恩于我，使我能够免于遭受寒冷与饥饿，这对我来说是最大的恩惠。然而，若要彻底安定国家的话，我却无能为力。能够治理国家的人是管夷吾。与管夷吾相比，我有五点不如他：宽厚仁慈，能安抚百姓，我不如他；治理国家，能抓住根本，我不如他；忠信可结于百姓，我不如他；能为天下制定礼仪和规范，我不如他；能统领军队，使百姓勇气倍增，我亦不如他。"

桓公是胸怀大抱负的人物。他把鲍叔牙的话仔细思考了一番。鲍叔牙接着谏言道：

"主公若只想治理齐国，有我和高傒也就够了；但主公若想成就霸王之业，必须依靠管夷吾。夷吾居住在哪国，哪国就会富强，不可失去这个人才。"

鲍叔牙诚恳的话语改变了桓公的心意，于是桓公再次问道："那好。那能够把管仲带过来吗？"

"请让鲁国送还管仲。"

"鲁国的施伯是有权谋之人，如若让鲁国送还管仲，他会答应吗？如果他知道我们想要任用管仲的话，肯定不会送还。"

于是，鲍叔牙出马了，他说道："我亲自前去处理此事。"

因此，鲍叔牙带领军队去了鲁国。战败的鲁庄公不知如何是好。只能乖乖接受齐国的逼迫。鲍叔牙对鲁庄公说道：

对我们君主犯下大罪之人现在在贵国。纠是我们君主的亲兄弟，我们君主不忍亲手处死他，希望大王能代为处理。同时，管仲是我们君主的仇人，我将把他带回去处治。

鲁国作为战败国，面对这种威胁，不知如何应对。因此，鲁庄公向施伯问此事，施伯答道：

> 那些人根本不是想要杀死管仲。他们是盘算着把管仲带回去管理政事。管仲是天下的奇才，他所在的国家必定能够号令天下。管仲若去齐国为政，早晚会成为我国的忧患。管仲若不能为我们所用，不如杀了他之后，把尸体给齐国。

施伯不愧是鲁国顶尖的谋臣。他从管仲亡命到鲁国开始，一直到管仲为拥立纠而有条不紊地行事，已经看透了管仲的为人。同时，鲍叔牙不正是管仲的至交吗？现在，鲍叔牙与施伯之间开始了斗智斗勇。鲁庄公接受了施伯的建议。然而，在鲁庄公试图杀死管仲的关键时刻，鲍叔牙看穿了鲁国的打算。像鲍叔牙这样重情义的人宁愿自己丢掉官职，也绝不会看着朋友去死。鲍叔牙慌里慌张赶紧去找鲁庄公，并说道：

> 我们君主想要亲自处死管仲。如果不能把管仲活着带回去，在君臣面前将他杀死的话，我们便是没有完成我们君主的命令。我请求大王，请让我把管仲活着带回去。

现在，鲁庄公也不得不罢手了。最终，鲁庄公杀死了公子纠，生擒了管仲与召忽，将二人移交给鲍叔牙。

《管子》中记录了管仲与召忽之间富有戏剧性的对话。

> 管仲对召忽说："你害怕吗？"
>
> 召忽说："怕什么？我已经下定了决心。我们到了齐国，他们会让你当齐国的左相，也会给我官职，让我在你旁边相助。但是，若为杀我主公的人服务，是对我的再次侮辱。

你作生臣，我作死臣好了。我召忽既已明知将得万乘大国的政务（万乘之政：与天子大臣一样的政务）而自死，公子纠可说有死事的忠臣了；你活着助君主称霸诸侯，公子纠可说有扬名万里的生臣了。你努力吧，生死对我们来说各尽其分了。"

召忽那样说着，一进入齐境，就自绝而死了。

召忽曾说过，鲍叔牙、管仲和自己就像一鼎三足一样，只要少一足，鼎就会翻。他们三个人都是从外地流落到齐国的人。三人之间，是比兄弟还亲的关系。管仲只能呆呆看着与自己诀别的朋友。活下来的管仲顺从地接受了捆绑。管仲也猜到鲍叔牙不会杀自己。然而，召忽的死却成为他心中永远的负担。因此，他独自告白：

    公子纠死，召忽要做纠的死臣，亦自决而死，而我成为被囚之躯。人们都骂我是不知廉耻之人，只有鲍叔牙没有骂我。那是因为，相比于为小节而死，我更担心死了就无法建功扬名了。

这里再强调一遍，管仲是个乡野之人。管仲从一开始就没有想过要按周朝臣子之礼法追随公子纠而死。人们可能会嘲笑这种乡野式的务实，但管仲并不会因为他们的评价而动摇。不是还有鲍叔牙吗？赤子之心不为任何人所理解的话，男人会感到冤屈。然而，但凡世界上有一个理解自己内心的人，那么就可以在孤独中东山再起。

捆绑了管仲的鲍叔牙放声痛哭，演了一出好像自己不忍心杀死朋友的戏码。对鲍叔牙来说，现在朋友活下来了。别无他事，只剩下大展宏图了。

3. 齐桓公三熏三沐见管仲

管仲抵达齐国时，齐桓公为迎接管仲已沐浴了三次，香薰了三次。这正是三熏三沐典故的由来。那么，齐桓公为何会对管仲行如此大礼呢？难道有周文王得姜太公之心？还是有刘备为请诸葛亮三顾茅庐的心境？无水之龙不如蚂蚁群，无识才者有才如无才。这犹如旷世奇才之人也要有识其才者才能出世。赏识管仲之才者正是鲍叔牙。

鲍叔牙向齐桓公提出了非常大胆的建议："管仲之才胜于高俣，宰相非管仲莫属。"

齐桓公仔细思考之后，听从了鲍叔牙的意见。

这一记录虽简短却蕴含了许多哲理。高俣不仅是拥立齐桓公的人，也是齐国最显赫的贵族。绝不是可以轻易招惹的人物。众所周知，历史上的齐桓公再强，与国氏、高氏共治齐国也是不争的事实。可是，怎能选用阶下囚管仲，而不选用高俣做宰相呢？

当时，重用管仲是会引发严重后果或很多麻烦的一件事。但是，齐桓公和鲍叔牙皆非寻常之人。正如鲍叔牙所言，仅仅治理齐国，自己或高俣就足矣。若要处理好贵族间的关系，只要实施较为均衡之策即可。可是，若欲成为霸主，应该怎么办呢？所谓霸主，就是在这些诸侯国中取得领导地位的盟主。随着周朝王权日益衰弱，楚国不断兼并周围小国，齐国必须尽快行动。其核心问题就是要强化公权。到战国时代，各国都开始实行压制贵族，强化公权的政策。鲍叔牙早于战国时代的改革家看清了这一发展趋势的本质。为了牵制大姓贵族，强化公权，必须任命管仲为宰相。另外，如果在国内选用与公权有竞争关系的大夫，在国外将不利于树立公权的权威。

鲍叔牙极富洞察力。步入战国时代，秦国不断离间各诸侯国与大夫间的关系，妨碍对方诸侯国的权力集中。鲍叔牙现在正带领军队奔向鲁国。他必须带回管仲并推举他为宰相。如果不这样做的话，他自身的安全也将受到威胁。

那么，齐桓公又是一个怎样的人物呢？齐桓公十分爱酒，也爱美色，爱打猎和音乐。他是一个好冲动，好名望之人。一言以蔽之，就是并非可靠稳重之人。可是，他却是一个极富潜力的人。他的潜力何在呢？

在中国历史上，通常可将人才分为帝王之才和将相之才。将相并不具备帝王之才，帝王也不会兼具将相之才。帝王能任人即可。其余的事，都由将相完成。帝王只要提供将相能尽全力、施展才华的条件即可；喜欢酒却深知酒之危害，就能任用人才。即使好冲动，能接受别人的规劝即可；好追逐虚名，能任人唯贤即可。齐桓公正是这种帝王之才。

齐桓公用人不疑，疑人不用。他深知鲍叔牙的为人，没有鲍叔牙，可能也无齐桓公。在同甘共苦之中，深知鲍叔牙为人的齐桓公，对其所言深信不疑。鲍叔牙所言"管仲是天下奇才，得管仲即得天下"。在这种情况下，作为一国之君，就要有孤注一掷的魄力。"好啊！那就任命管仲为宰相吧！"因而，本为阶下囚的管仲一飞冲天成为齐国宰相。那么，阶下囚管仲的心中，又有哪些得天下的良策呢？

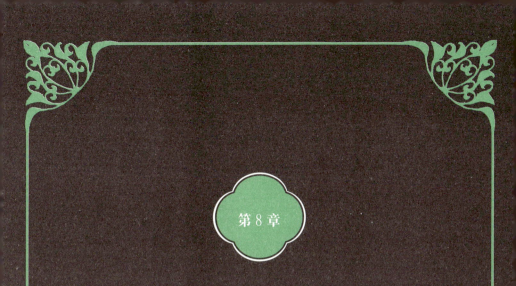

第 8 章

宏大的方略——经济立国

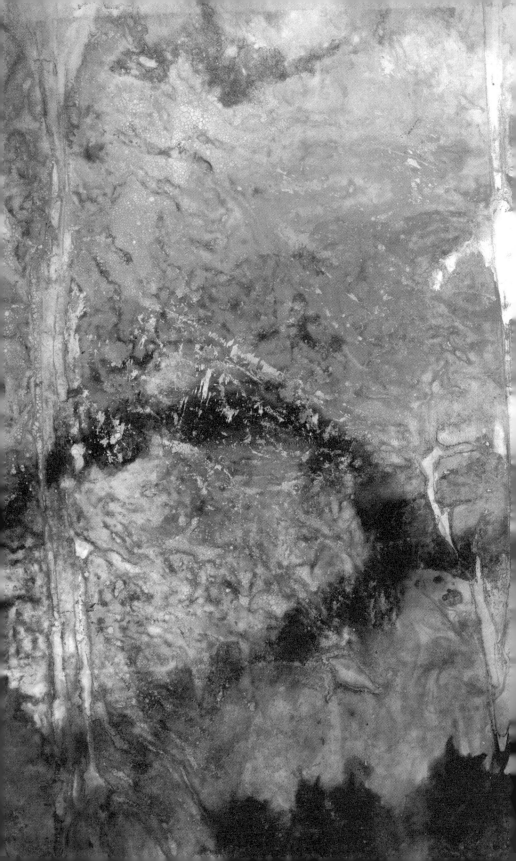

管仲就这样站到了桓公面前。桓公像饥渴之人寻水一样，急切地渴望听到管仲的治国之策。

　　先缓口气，我们先来谈论一些原则性的问题[1]。无数人都渴望成功的人生，而且急着想知道使用何种方法才能成功。很多人想成为领导者，也想知道成为领导者之道。这种方法或道路，是否真的存在呢？想要寻得答案，人们应该听一听管仲的话。

　　解读管仲的话大致有两种方法。一种是从历史的脉络中理解其言论的真正含意；还有一种就是从个体的立场出发，去解读他的生活方式。管仲的言论也的确在强调这两个方面。

------

[1]　此部分主要参考《国语》《管子》和《周礼》，其他诸子百家的著作作为补充。《国语》作为历史叙述可信度非常高的资料，与《左传》一起被誉为照亮春秋时代的两大历史著作。问题在于《管子》与《周礼》。《管子》显然是战国时代多人共著的作品，因此，很难区分哪些部分真正是管仲说过的话。这本浩繁巨著的叙述内容甚至有自相矛盾的部分。从此著作中区分出管仲所说的话，实在是一件苦差事。笔者希望能使管仲"这个人"活过来。因此，在引用《管子》的内容时，会率先引用与管仲实际行动相符合或者能够在《国语》以及其他竹简等资料中确认的内容。进行这种辨别工作时，笔者从《管子新探》中得到了很多帮助。

　　正如顾颉刚所指出的那样，《周礼》也极有可能出自齐国。众所周知，《周礼》出现于汉代，但并不是完全荒唐的书。钟鼎文中出现的官职与《周礼》中记载的官职名称大体相符。《周礼》就算不是周朝时被创作的史书，也肯定是对周朝历史造诣颇深的人所著述的。《周礼》如同恐龙的脚印，我们可以通过这种脚印去推测恐龙的重量与模样。虽然只能得出类似于"脚印深的话，则动物重；脚趾甲长的话，则为肉食动物"等粗糙的推论，但重量、食性等核心内容都可以推测出来。

从历史脉络中解读管仲的言论，笔者可以给予一定的帮助。然而，若想理解管仲的生活方式，读者诸君则需要让自己成为齐桓公。无论管仲是多么伟大的人才，若不是齐桓公的赏识，他也不会有机会名垂青史。只有齐桓公能任用管仲。如果不努力成为齐桓公，那么听管仲的话，就只是相当于增长了知识而已。问问伟大的跑步选手，"想要跑好步，应该怎么做？"大部分选手肯定会回答："首先去跑步吧。"

阅读管仲所提出的方略，人们会感到诧异。会说：这些难道不是我们所有人都能想到的吗？他的言论既没有战略家孙膑那样别出心裁，也没有孟子的优雅与华丽，显得既粗糙又实在。

佛祖最初参悟之时，人们都聚过来聆听佛法。已经参悟之人的温和表情中似乎有着人生的正确答案。显然，人们认为佛祖是有什么新奇的方法。然而，那条道上并没有什么新奇之法，只是有着一些常识性的东西而已。因此，佛祖教诲众人曰："尔等不要执迷于快乐抑或苦行。只修八正道便可。"

佛祖并没有让众人走新奇之路（极端之路），而是指引众人走中间宽而正的大道。管仲所言也类似。然而，管仲与齐桓公的第一次对话有着重大的历史意义，它是一个信号，从本质上将春秋时代带到了一个与前一个时期有质的不同的社会。中国历史上往往认为管仲是通过彻底的谋算来成就霸业之人，但实际上，管仲是真正有同情心的人。管仲是懂得勾画整个社会蓝图的政治家兼法学家，而且归根结底，他是一位经济学家。让我们以《国语》的记录为中心，

....

来聆听他们的对话吧。如此一来，大家也许能够对管仲产生不同的
认识。

1. 管仲论述仁治与法治之根本

性急的齐桓公在沐浴斋戒之后，请来管仲，当场询问治国方略。

　　昔吾先君襄公筑台以为高位，田狩毕弋，不听国政，卑圣侮士，而唯女是崇。九妃、六嫔，陈妾数百，食必粱肉，衣必文绣。戎士冻馁，戎车待游车之裂，戎士待陈妾之余。优笑在前，贤材在后。是以国家不日引，不月长。恐宗庙之不扫除，社稷之不血食，敢问为此若何？

　　齐桓公果然是开门见山，立刻这样问道："国将难保。有什么办法避免吗？"当时齐桓公的心情是迫切的。他虽然历经磨难登上君位，却无法保障国家的命运。同时，他的话也是坦率的。有些老油条一样的为政者，总是故弄玄虚，表里不一，肚子里藏满阴谋，而齐桓公不是这样的人。有些人认为这种老油条才是适合从政之人，对此，这些人应当好好研读一番齐桓公。于是，管仲也坦诚地做出回答。

昔吾先王昭王、穆王，世法文、武远绩以成名，何群叟，
比校民之有道者，设象以为民纪，式权以相应，比缀以度，
薄本肇末，劝之以赏赐，纠之以刑罚，班序颠毛，以为民纪统。

管仲所说的涉及两方面内容。首先是令天下荐举人才，表明为
政的根本。同时，明确法令，向百姓们阐明行为的准则。管仲被后
世的人们尊为法家的泰斗，原因也正在于此。不过，管仲的思想与
战国时代狭隘的法家思想截然不同。管仲从根本上是主张仁治的。
他曾说过，只要明确告诉百姓行为准则即可。对于这一点，《管子》
中表述为"让百姓明白做什么定然会犯死罪，做什么能够得利"。管
仲认为准确告知百姓行为准则，是统治的根本所在。那么，改革自
然也要在这个基础之上开始实行。接下来，管仲对为政之道的论述
进入了分论部分。

2. 治国的根本在于保障民生

从基本上看，管仲的政略带有经济学性质的色彩。这正是管仲
与当时其他政治家的核心差异。俗话说，想要好好看热闹，首先至
少应该把坐垫铺好。管仲认为，统治的基础在于抓好民生的基础。
百姓们找到自己赖以生存的职业，才能实行政策，也才能承担起相
应的责任。

桓公又问道：

"想要那样的话，应该怎么做呢？"

管仲作为经济学家的面貌，从此刻开始完全展现出来了。管仲
答道：

昔者，圣王之治天下也，参其国而伍其鄙，定民之居，
成民之事，陵为之终，而慎用其六柄①焉。

当时中央和地方是完全分离的体制。当时的国，是指诸侯居住
的地方，同时还居住着军人（士）、商人和工匠。严格来讲，统治者
们（诸侯、卿、大夫、士）聚集在一处生活，过着贵族的生活，为
国家制作器具且使其流通的工匠与商人们也生活在同一个地方。当
时，从事实际生产的农民没有服军役的义务，他们只需要向国家缴
纳一定量的粮食即可。春秋时代的国家体制与统治权辐射到所有百
姓的战国时代的国家体制有所不同。

《国语》中出现的这段对话既简洁又优雅。后来编纂的《管子》
等著作中出现的句子不仅不准确，而且还任意更改顺序，把齐桓公与
管仲塑造成了轻浮之人。《国语》中桓公是这样问的："那么，怎样才
能让百姓各就其业呢？"从这里来看，齐桓公显然是先询问了如何
让百姓各就其业的问题。然而，《管子·匡君小匡》篇中却写成桓公
先问道："何为六柄？"作为天下的诸侯，桓公不可能不知道六种权
力，而且若是放着天下的人才不去关心，先去问为政末端的法律手段
的话，会显得小家子气。笔者认为，齐桓公不可能像《管子》中记述
的那样问。之后的历史记录，也就是《国语》中的记录，显然更符合
历史事实，因而，此处以《国语》为准。就如何使百姓各就其业的方
法，管仲认为应该为百姓划分居住区域，同时制定分工体制。

四民（即士农工商）者，勿使杂处，杂处则其言咙，
其事易。

---

① 据《管子》，所谓"六柄"，指的是生之、杀之、富之、贫之、贵之、贱
之等法家统治手段。

这里所讲的士尽管指的是贵族，但他们发挥的主要是军人的作用。在古代，无论东方还是西方，军人都是贵族。希腊和罗马，也同样如此。因为他们承担着各种社会活动中最有难度的战争，因而，他们理所当然地认为自己身份高贵。

齐桓公接下来继续问道："那么，怎样来安排士、农、工、商的住地呢？"

现在管仲的产业理论登场了，他强调把各种职业专业化。这与《周礼》强调身份秩序有着微妙的差异，反而与亚当·斯密《国富论》中有名的分工论更为相像。不过，从原则上来看，管仲的理论比亚当·斯密的分工论更具完备性。

> 昔圣王之处士也，使就闲燕；处工，就官府；处商，就市井；处农，就田野。
>
> 令夫士，群萃而州处，闲燕则父与父言义，子与子言孝，其事君者言敬，其幼者言弟。少而习焉，其心安焉，不见异物而迁焉。是故其父兄之教不肃而成，其子弟之学不劳而能。夫是，故士之子恒为士。

看到上面的对话，可能马上就会令人产生疑问。士人本就是贵族，怎么还会有见异思迁之说呢？难道是说士人也可以成为工人或者农民吗？那种可能性并不大。不过，需要留意的是，管仲曾一度从商。此外，贵族们在拥有地方采邑的同时，还在逐渐兼并扩张土地，这一点也需要被密切注意。西周晚期的一些青铜器铭文中就出现过土地已经被公然买卖的记录，春秋时代的情况则有过之而无不及。贵族们热衷于兼并地方的土地，而不是保卫国土，这样国家就会变得衰弱。这些人只顾着增加财产，而疏忽了作为自己本职工作的国防。同时，他们为了获取经济利益，极有可能插手商业或者离开都城，类似这种现象是管仲所畏惧的。

接着，管仲用同样的语气说道：

令夫工，群萃而州处，审其四时，辩其功苦，权节其用，论比协材，旦暮从事，施于四方，以饬其子弟，相语以事，相示以巧，相陈以功。少而习焉，其心安焉，不见异物而迁焉。是故其父兄之教不肃而成，其子弟之学不劳而能。夫是，故工之子恒为工。

如上所述，春秋时代的工匠并不是商朝时期的奴隶一类的人。奴隶没有人身自由，又岂敢去想着做其他事情呢？当时的工匠阶层是已经摆脱奴隶身份的生产者。自管仲为政时期起，过了约二百年之后，中国出现了名为墨子的杰出思想家，而墨子就是木匠出身。工匠身份多数情况下是世代相承的，显然墨子的出身至少与工匠具有某种关联。

因此，管仲所说的并不是管理奴隶。管仲为了提高生产力，提出了类似于今天的集群政策。让知识分子或者军人与同类人竞争，以增加知识和培养斗志；让技术者们互相交流技术，以提高生产力。如果各自对自己所从事的工作满意的话，就不会见异思迁了。这与战国时代商鞅等法家的思想处在不同的层面。商鞅等人认为，只有压制百姓的欲望，才能使国家富强。然而，管仲却认为应该满足百姓的欲望，才能使国家强盛。

现在，管仲开始谈论商业了，其要义与谈论工匠相同。让商人们集中居住于市场，了解四季的市场需求，把商品输往四方。让他们向自己的子弟传授商品价格的订立与经商之道，这样，商人的后代也就一直是商人了。

最后，管仲谈论了农业。管仲极度尊重农民们的劳动。

令夫农，群萃而州处，察其四时，权节其用，耒、耜、耞、芟，及寒，击草除田，以待时耕；及耕，深耕而疾耰之，以待时雨；时雨既至，挟其枪、刈、耨、镈，以旦暮从事于田野。脱衣就功，首戴茅蒲，身衣被襫，霑体涂足，暴其发肤，尽其四支之敏，以从事于田野。少而习焉，其心安焉，不见异物而迁焉。是故其父兄之教不肃而成，其子弟之学不劳而能。夫是，故农之子恒为农，野处而不昵。其秀民之能为士者，必足赖也。有司见而不以告，其罪五。有司已于事而竣。

现在，我们可以明白管仲的意图了。管仲就像文学作品的描述一样，极力称赞农民的辛勤劳动。他认为从农民中选拔有能力者入仕，一定足以信赖。这些在田野中劳动的人身体强壮，品性淳朴。实际上，管仲想任用的人才也正是这种人。

管仲的话与伊斯兰大力士伊本·赫勒敦的主张相似。伊本·赫勒敦说："生活在田野的人比生活在城市的人更善良，更勇敢。"管仲本来也是居住于田野之人，所以他高度评价生活在国都之外的人们的品性。赫勒敦引用穆罕默德的话说："所有婴孩出生时都是同样的自然状态。是他们的父母将他们改造为犹太教徒、基督教徒或是不信教的人。"[1]管仲也说过这样的话，他认为保护具有优良传统的农民，从中选出优秀者任用，能够使国家兴盛。在管仲看来，没有天生的贵族。从历史记录来看，春秋时代想要从农民中选用优秀人才的为政者，管仲显然是第一人。管仲是最具先驱理念的为政者，他认为人的特点是由社会要素所决定的。

管仲所提出的经济理论纲领在后来得到诸多发展，发展的结果便是《管子·轻重篇》。尽管《轻重篇》并不完全是管仲在现实中说

---

[1] 伊本·赫勒敦著，[韩]金虎东译，《历史绪论》。

过的话，但却是由管仲的话派生出来的。毕竟当时其他为政者的所谓的经济理论，全部内容只有不干扰农时，提高粮食生产量而已。管仲主张通过分工与集群模式，同时提高知识界（士）、农业（农）、工业（工）、商业（商）的生产力。在以农业为主的前提下，也应把工业和商业发展作为国家的基石。这种主张在当时是经济理论的一大转变。其背后含有管仲式的"劳动价值理论"。管仲把劳动生产力看成是衡量国力的尺度。管仲的理论主张以农业为本，同时也不轻视工业与商业。工业是发展生产力的工具，商业是调整物价的工具。

20世纪90年代，"亚洲威胁论"抬头之际，诺贝尔经济学奖得主保罗·克鲁格曼坚决拥护美国，主张衡量经济力的唯一尺度是劳动生产力。也就是说，在劳动生产力得不到提升的情况下，所谓的经济增长，只是假象而已。管仲的言论也与此类似，他认为通过分工与集群的方式，士农工商能够各自超越自然条件的限制，提高劳动生产力。《史记·货殖列传序》记载："故齐冠带衣履天下。"这句话的意思是齐国女工的劳动生产力水平为全天下最高。管仲所说的强国之术就是提高劳动生产力。

之所以说管仲的分工理论比亚当·斯密的更具完备性，有如下理由。亚当·斯密认为分工能够提高生产量，但却会使生产者受累。例如，在生产针之时，一天到晚磨针的人，会因为持续的重复劳动而伤到身体，特别是年幼的人如果长时间从事这种劳动的话，会受到很大伤害。这是现代分工的致命缺陷。

不过，管仲提倡的分工却与亚当·斯密所说的不同。例如，工匠从小就开始熟悉工艺的整个工序，继而会因此感到"心安"，认为从事工艺生产是天下最好的职业，即所谓的天职。那么，他为何不会选择其他职业呢？因为他认为从事工艺生产既舒服又愉快。这与每天磨针的工业社会的劳动者有所不同。虽然这种观点可能带有时代的局限性，但管仲提出生产者能够安于自己所从事的生产是分工的关键，这在当时已经是非常卓越的见解了。管仲堪称中国最早的经济学家，他提出的最早的经济理论，就算与现代的理论相比较，也毫不逊色。

管仲认为，国力的核心在于经济，管理的核心在于责任。因而，管仲接着便提出将全国分为 21 个乡，齐桓公爽快地答应了。管仲于是把全国划分为 21 个乡，其中，士人的乡有 15 个，工匠和商人的乡有 6 个。齐桓公掌管 5 个士人的乡，国懿仲和高傒各掌管 5 个士人的乡。将国事按照三种制度进行管理，设三种官僚分别掌管国政、工艺与商业。设三宰主管群臣，设三族主管工匠，设三乡主管市场，设三虞主管川泽，设三衡主管山林。

管仲想要做的是明确责任与权限。只有责任与权限明确了，才有可能根据实绩进行管理。把位于城中的士人分为 15 个乡，并把这 15 个乡分别让君主与两位卿掌管，目的在于明确管理者的直辖地。君主与左卿和右卿掌管的士人构成了三军，这些人在作战时对自己的部队负责任。同时，川泽和林野是国家的财产，对于掌管这些财产的人也同样实行责任与权限分明的制度。这样，责任与权限分明的中央体制就形成了。

3. 实行军政合一

管仲还实行军政合一，减少行政资源的浪费，加强中央集权。

首先来看一下军事制度。春秋时代的战争，基本上都是战车战。战车部队由三支军队组成，分别是君主掌管的中军和卿负责的左右军。交战双方三对三安排对阵，以此来找寻对方的薄弱之处。其中最典型的例子就是郑国大战周天子盟军，当时，郑庄公首先选择进攻由一群乌合之众——陈国军队组成的左军，进而取得了战争的胜利。如果清楚地任命了三军各统帅，那么，自然而然便可追究战争过程中的责任。管仲主张的就是将三军的统治权与一般的行政权相

临淄中国古车博物馆展出的车战图

结合。军政合一这一体制成了后来在中国存续两千五百余年的行政及军事组织核心。这是中国式的加强中央集权的政策。

就这样，管仲在全国组建三军。齐桓公统领中军，上卿国氏与高氏各统领左右军。三军将士五户为一轨，十轨为一里，四里为一连，十连为一乡。所以，如果一户出一名壮丁的话，一个乡便可以保证有 2000 名壮丁可参军，成为军人。各军包括五个乡，则每军可有一万人编入军队。

军队编制分为伍、小戎、卒、旅，管仲将军队与行政组织编在了一起。五人为一伍，一里五十人为小戎，一连二百人为一卒，一乡两千人编为一旅。管仲指出，这五个编制凑在一起便成为一军。管仲说道：

> 春以蒐振旅，秋以狝治兵。是故卒伍整于里，军旅整
> 于郊。内教既成，令勿使迁徙。伍之人祭祀同福，死丧同
> 恤，祸灾共之。人与人相畴，家与家相畴，世同居，少同

游。故夜战声相闻，足以不乖；昼战目相见，足以相识。其
欢欣足以相死。居同乐，行同和，死同哀。是故守则同固，
战则同强。君有此士也三万人，以方行于天下，以诛无道，
以屏周室，天下大国之君莫之能御。

从管仲的话中我们可以确认战车战的基本编制——三军。《周
礼·夏官司马》中这一部分稍有夸张之嫌，而且它还是在管仲时代
之后出现的文献，所以只能说是尚可参考。据《周礼》记载，天子
统领六军，大诸侯国掌管三军，小诸侯国则掌管两军或者一军。一
军由 12500 名士兵组成。即便是在西周时期，周天子也不可能统领六
军这么庞大的兵力。如前所述，一户出一名士兵的话，周朝都城附近
至少必须有 6 万户军人家庭。而一户按五口人来算的话，则居民总数
为 30 万。就当时的情况来看，都城周围不可能聚集 30 万民众。据记
载，战国时代最大的都城是齐国的临淄，居民共有 65000 千名。天子
统领的六军要么指的是天子与诸侯的盟军，要么就是夸张之辞。笔者
认为，从《周礼》的内容与《国语》中管仲所说的内容极其相似这一
点来看，《周礼》很有可能是以管仲制定的齐国的军事制度为依据所
作的。齐国将周朝的制度进一步具体化，并传播开来。也就是说，真
正将三军制度与行政单位相结合的人正是管仲。

管仲所说的军人，都是由邻里乡亲组成的。他认为，军队的士
气和凝聚力是强兵的关键所在。前面提到过的伊本·赫勒敦也说过
和管仲相同的话，"连带意识下团结而成的军队更加强大。"管仲强
调的正是这种连带意识。

管仲的主张被其他诸侯国原样照搬。春秋时代第二个霸主——
晋文公，变本加厉，时间上大致是管仲去世之时。晋文公不仅将国
人，甚至将"野人"也编入军队。另外，战国时代的改革家们，对
管仲的制度稍作修改后，干脆将征兵的对象扩大到全国。因此，不
仅是都城内，甚至全国的壮丁都成为军人，战国时代到来了。

管仲的这一制度是推行霸权的基础，影响深远。以孟子为首的后世儒家学者们所哀痛的正是这一点。管仲使腥风血雨的战国时代初露端倪。这些学者的主张也是有一定道理的。实际上，管仲的改革相当于埋了一颗定时炸弹。管仲践行"尊王攘夷"，试图以齐国为中心，建立稳定的封建统治秩序。但是，之后的战国时代并没有按照他所设想的那样发展。战争日益激烈，而他所向往的和平与稳定，则如梅雨时节的阳光般短暂。正如我们不能因为诺贝尔发明了火药便谴责他一样，也不能因为管仲留下了战争的隐患便批判他。

　　在管仲看来，军事与行政分离会造成资源浪费。狩猎即军队训练，行政管理组织便是军事编制。邻居们在一个小队共同劳作，村长即为小队长。这样一来便可以节约成本，提高效率。

4. 管仲的核心思想

　　在讨论管仲地方统治的问题之前，首先让我们通过《管子·牧民》来了解一下管仲思想的真谛。管仲所说的治国根本是让百姓各尽其能，各得其所，鼓励各行各业的生产，其核心就是首先让百姓获得生活的富足感。《牧民》的核心为"四顺"，即"四种必须遵从的纲领"。由于此部分与管仲的思想高度契合，部分学者认为这是管仲独创的理论。《牧民》的篇首如下：

　　　　仓廪实而知礼节，衣食足而知荣辱。

　　这是说经济问题是国家治理的根本。贫穷的人是无论如何也治理不好的，他们忙于生计，无暇关注其他。为政者的基本任务就是要让百姓生活富足，这种主张在"四顺"中得到了进一步阐释。

民恶忧劳，我佚乐之；

民恶贫贱，我富贵之；

民恶危坠，我存安之；

民恶灭绝，我生育之。

　　实际上这就是管仲思想的真谛，与管仲之前所说的让士农工商各得其所的内容是一脉相承的。所有从事农、工、商等生产的人都希望财富充足，免除徭役之苦，而且他们都渴望远离战争的深渊。既生而为人，就都有保全自己的欲求。管仲认为，君主只有满足百姓的这些要求，才能够贯彻自己的意志。管仲的理论虽然还无法与今天的民主主义相提并论，但却也是非常实际的民本主义思想。

　　前文我们曾经提到过，管仲是一个非常善良的人。尤其是他曾说过，让百姓自足是君主的责任，这是非常实际的，比后代儒家的煌煌之言更具说服力。孟子曾说："若民，则无恒产，因无恒心。"这种看法虽然也是师从管仲的思想，但其具体方法反而比管仲的思想后退了一大步。管仲认为，君主应该为各个阶层打开追求利益的大门，并且允许各阶层流动；而孟子却认为，统治阶层的经济问题可以凭借士大夫的权位解决。因此孔子和孟子都曾经有过这样的质疑：士大夫只要搞好政治就行了，去学习农事做什么？反而是齐国的一个学派，即墨家学派，继承了管仲的思想，他们曾批评道：商贾为了赚一分钱也必须努力去经营，而士大夫却往往疏于政事。总之，可以确定的一点是，儒家与墨家都深受管仲经济思想的影响。

　　管仲还提出了发展生产力的具体方案。在《国语》中有这样的记录：管仲一方面让犯罪的人拿物品赎罪，另一方面还想办法提高物品的质量。

美金①以铸剑戟，试诸狗马；恶金以铸锄、夷、斤、斸，试诸壤土。

管仲提倡改善农具的质量，认为好的生产工具会提高生产量。生产工具质量改善的方案大概也是管仲首先提出的。

另外，管仲还肯定了利润动机，甚至还肯定了阶层流动。他认为，既然商人趋利而动，那么就为他们打开利益之门；对农民中优秀的人才也要大加任用。孔子与荀子曾批评管仲乃"野人也"，而管仲却认为"野人（农民）"非常值得信赖。管仲的这个方案从理念上完全否定了奴隶制，而春秋战国时期最大的发展、衡量先进程度的标准就在于奴隶制的解体。奴隶制的解体意味着生产力的极大发展。

正如前文所说，管仲的军事行政制度为以后的晋国所继承，他们直接用野人（农民）组建军队。虽然时间上可能有先后，但其他的国家后来也都纷纷采用了这一制度。管仲任用农民中优秀的人才，并且各个国家的农民都获得了曾经贵族的特权——参加战斗，过去的宗法制度如何还能够维持下去？

众所周知，在管仲死后大约一百年，波斯帝国登上历史舞台，并统治了整个西亚地区。波斯帝国的居鲁士大帝曾经发布了废除奴隶制的宣言。思想如此先进的民族，在最短的时间内，流最少的血，就建立了如此强大的帝国，反而让人觉得是顺理成章的。因此，接受了管仲革命性思想的齐国能成为春秋时代第一个霸主，也就不足为奇了。

---

① 根据郭沫若所著《中国古代社会研究》中的说法，"美金"可解释为铜，"恶金"可解释为不纯的铜。

5. 完善地方组织

如果说中央是军事组织的话，那么，地方就是生产组织。此处需再次强调的是，齐国能够成为春秋时代第一个霸主，根本原因在于管仲的经济改革。齐国通过开垦山东的平原，开发沿海的资源，奖励生产活动，成为当时最富有的国家。这些财物成为壮大军队的物质基础。作为富有的霸主，齐国的财富声名远播，足以引起其他诸侯国的注意。齐桓公的齐国之所以能够制定和维持之后春秋时代的外交秩序，最根本的原因就在于其拥有坚实的经济基础。

现在来看看管仲的地方组织改革。不出所料，管仲提出的方案并不是特别新奇，而是强调制定"正确清晰"的制度，鼓励生产者的生产积极性。之后的重点便是不要妨碍生产者的生产活动。现在我们来看一下管仲和桓公的对话。

> 桓公曰："伍鄙若何？"
>
> 管子对曰："相地而衰征，则民不移；政不旅旧，则民不偷；山泽各致其时，则民不苟；陆、阜、陵、墐、井、田、畴均，则民不憾；无夺民时，则百姓富；牺牲不略，则牛羊遂。"

管仲所言明确清晰，并且都是有可能实现的方案。管仲的说话方式也很明了，即"……可（不可），……要"式的话语，中间没有复杂的推论过程，全都由明确的原因与结果构成。这就是管仲。管仲崇尚实质，管仲所崇尚的实质正是百姓们的生活问题。只有百姓的生活问题得到解决，才能说为政的目标实现了。管仲的这些方案在古文献中描述得最为具体。

管仲说要明确划分耕地，区分耕地之间的界限。周朝和春秋前期的井田制是以八户人家为一个生产单位，共同从事生产活动的。

土地按照水井的"井"字状划分，八户人家分得一块"井"字状的土地。分完剩下的地块叫作公田，是交租税用的土地。这个制度能够在多大范围内得到推广，还是一个存疑的问题，但在当时，似乎至少是在京畿地区被推行了。然而，如果土地不是平地的话，划分土地会很不容易，而且土地的肥瘠不均，导致井田制慢慢被改为其他制度，到了战国时代，井田制瓦解，取而代之的是地税制。管仲活跃的时期正是井田制向地税制转变的阶段。难以实行井田制的地区，则部分实行地税制；易于实行井田制的地区，则让耕者耕作公田。如果只让耕者缴纳公田中的产物，那么人们就有可能怠慢公田，因而，可以在让耕者耕作公田的前提下，征收一定的地税。因此，管仲明确井田的划分，按照土地的肥瘠分等级征收地税。

如果从一开始就制定出合理的规则，按照产量征收地税。那么，便不会有人因为最初的规则而感到不平。《国语》中的记录是文献中最早出现的关于井田制与地税制度的改革内容。管仲说道，为了发展经济，需要切实明确界定所有权。正确划分井田就是在明确界定土地的所有权。

那然后该怎么做呢？应该劝奖生产。管仲认为，所有人都想要过上衣食无忧、生活富裕的日子。为政者需要做的就是不要挫败百姓们的这种热切的希望。管仲相信民众的潜力，他的想法是，从上至下的改革也能够充分地提高农业生产力，鼓励人们热情地从事生产。

管仲曾说过，山湖川泽的出产物都是国家的财产，要按照时令采集这些资源，那么，农民就不会与国家争着去开采。假若国家把林木全都伐走，那么，农民就会赶在国家之前，把林木全都砍伐掉。那样，山野就会变得光秃秃的。假若用渔网把湖中的鱼全部捕完，而不是想着养殖鱼儿。那样，国家就会变得贫穷。管仲是在力图满足百姓的普遍愿望的基础之上，来构筑为政之道。假若国家把所有资源都掠走，却让农民种植树木的话，那么将会无法阻止盗伐树木。所有的道理都是相通的。管仲的治国之道，崇尚从实际出发。假若努力饲养的牛羊到产崽之际却被掠去用作祭祀牲畜，那么，谁还会努力饲养牛羊呢？前文提到，商朝的贵族就曾掠夺在原野上饲养牛羊的民族的财产，并杀掉上千头牲畜用于祭祀。在管仲看来，这样的国家必然无法长久维持下去。如果国家不因为祭祀过度屠杀牲畜的话，那么畜牧业自然就能够发展起来了。

管仲的思想是多么果敢和讲求实利啊。与其在祭祀中献上大量牲畜祈求朝廷的安宁，不如保护牲畜，稳定农民的生活，这样对朝廷的帮助会更大。以上所有内容都是中国历史上最早出现的关于经济的具体论述，可能在世界历史上也是最早或相对较早出现的相关论述。总之，管仲要求去除一切阻碍生产力发展的要素。

古代专制统治的目标基本上是追求自己的子孙世世代代享受荣华富贵。那么，统治者就会建造城邑，大修宫殿，以彰显权威，并在宫室的仓库中填满财物。然而，管仲说，让百姓努力从事生产，是比为了显示权威而大修城邑和填满宫室仓库更好的方法。百姓们生产所得的财富会流向何方呢？打造适宜人们生活的国家，人们自然就会主动聚集到这个国家来，国家就会变得更加富有。国民的愿望得到满足，宫室的安定也就能得到保障了。那样的话，也就没有必要过度剥削农民们的劳动力了。因此，管仲主张不夺农时。

即便如此，如果有人发动政变，怎么办呢？要避免这种事情，只需做到尊敬先君和长者便可。如果所有人都在这种良好的风气中生活的话，那么，妄自发动政变的人便会无立足之地。这就是管仲安定宫室的方法。管仲的方法在后来两千多年的岁月中，演化为各种形式，继续在中国历史的舞台上发挥着余威。

桓公曰："定民之居若何？"

管子对曰："制鄙。三十家为邑，邑有司；十邑为卒，卒有卒帅；十卒为乡，乡有乡帅；三乡为县，县有县帅；十县为属，属有大夫。五属，故立五大夫，各使治一属焉；立五正，各使听一属焉。是故正之政听属，牧政听县，下政听乡。"

桓公曰："各保治尔所，无惑淫怠而不听治者！"

现在管仲所论述的是责任政治。明确每个人所承担的事务，便可赏罚分明。管仲创建的制度不仅在齐国得到推广，而且也被一些邻国学习和借用。管仲想要把之前一直远离政治中心的地方纳入国家权力的管辖范围之内。他想要开发地方，建立行政体制。《管子·权修》讲述的"未被开发的土地则不是我的土地，未能管理的百姓则不是我的百姓"，所讲的正是这样的道理。

根据《国语》中出现的管仲的表述，可以简略推算出当时齐国地方人口的规模。每一属由9万户组成。有9万户的属有5个，那么总共是45万户。每户人口按最少5名，最多10名计算的话，当时齐国地方的人口约有250万以上。虽然实际人口应该比这个数字还要多，但也说明接受行政管理的至少有45万户以上，这是非常惊人的规模了。大家可以对比参考一下，三国时期蜀国灭亡之时，魏国拿走的户口有28万户。当然，实际人口可能要更多，只是说被征收租税的人口数量能达到这样的程度。现在，山东省约有1亿人口，是中国人口第二多的省份。齐国在当时只占据了山东省的一部分，但45万户的数量似乎并没有夸大或是缩小。实际上，管仲如果能够灵活运用这45万户人口的生产力，并管理好这些人的话，必然就能够天下无敌了。于是，管仲将自己的计划付诸实践，并最终将齐桓公推上了春秋时代第一任霸主的宝座。

现在，我们大体了解了管仲的宏大规划：将3万士兵（士人）集结为强大的战斗力量，与此同时，比士人数量稍少的工匠和商人则分别承担工商业和物资流转的职能。若把这些人的家人和奴仆也一起算上的话，可以得出国都聚居着数十万人这样的推论。这些人是齐国的武装力量。支撑这些武装力量的是地方的45万户农民。若能实实在在地管理好这45万户农民，那么无疑便可称雄天下。

后代法家学派的思想家们都只把农民作为严苛的剥削体制下的剥削对象。通过变法变得强盛的秦国，便是用这种剥削的方式统一了全国。然而，秦国在取得大一统的成就后，很快便没落了。其原因就在于秦国虽然应用了管仲的方法，却没有应用管仲的哲学。管仲主张抑制统治阶级的欲望，后代的法家学派思想家们则主张抑制被统治阶级的欲望。这是二者之间的决定性的差异。管仲最先意识到了生活在地方的45万户农民的重要性。

管仲构筑了齐国的生产体制的基础。接下来，我们在下一章将详细探讨管仲是如何制定和实施其政治、经济政策的。

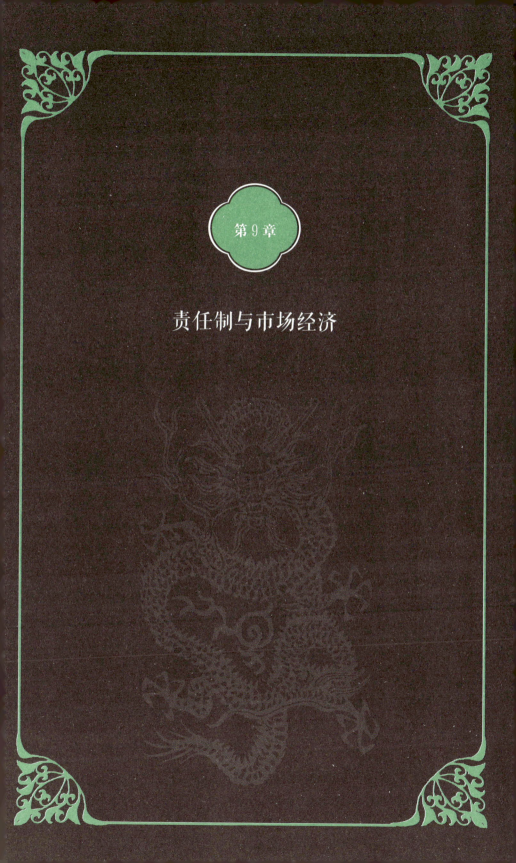

第 9 章

责任制与市场经济

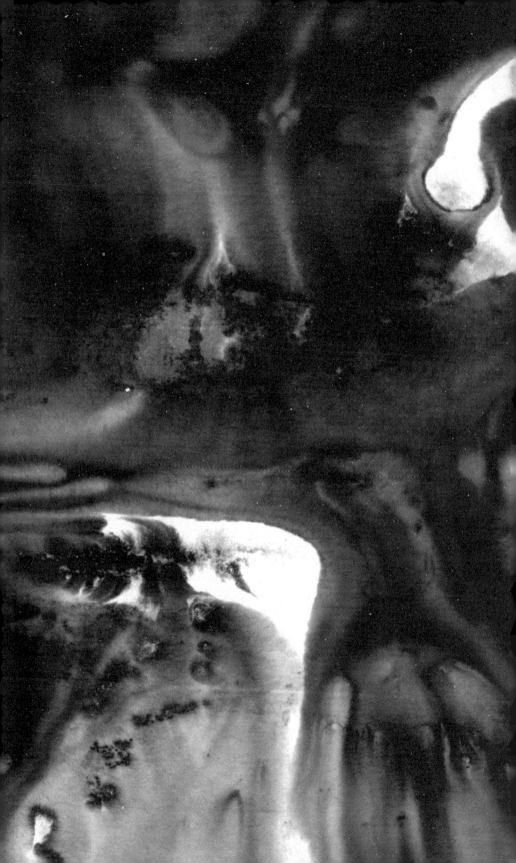

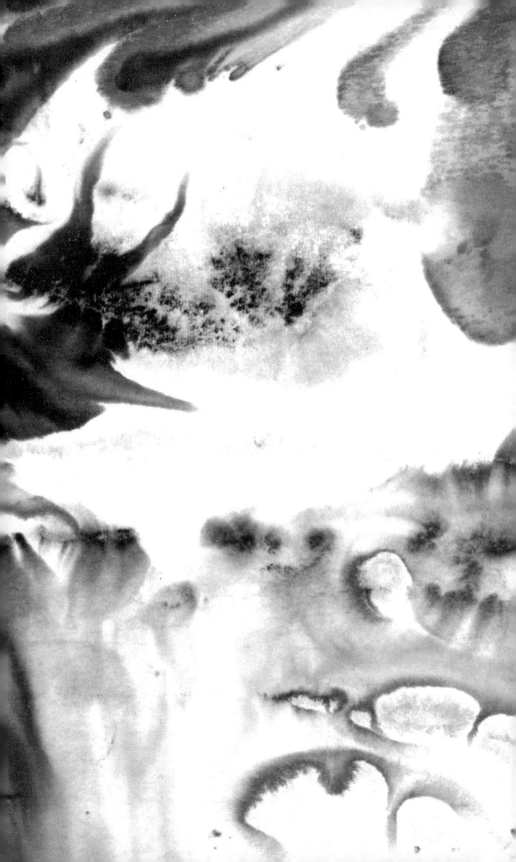

管仲构建了齐国的生产体制。下一步，他要做什么呢？

　　前文已经提到，管仲非常善良，因为管仲将改善人民的生活作为为政的根本。不过，本章中管仲的言论会非常严肃。实际上，管仲是非常严格的人。管仲明确官吏们的职责，认为职责明确，功过才会分明。管仲对于功过一定会赏罚分明。这就是所谓的责任制。不过，管仲只对能够实行管理的领域进行严格管理，对于无法管理的领域则实行尊重自治的机制。特别是，他承认在可管理领域之外存在着市场经济领域，无须过多干涉，只需注意相关的秩序不被扰乱即可。

　　实际上，这一点正是管仲的强项。管仲实行严格管理，但同时又尊重自治的机制。管仲的为政真谛在于实现管理与自治的和谐统一。许多领导者标榜自治与管理的和谐，但真正能在实践中实现这种和谐的却没有多少人，原因在于领导者们也基本上都是受感性支配的人。人的行为具有惯性。因此，重视管理的人将管理奉为最高的美德，恐惧自由化的倾向；而强调自治的人，就算知道后面会出现问题，也仍然会排斥管理。

　　管仲只在能够实行管理的领域进行管理，在有些只是部分需要管理的领域，则只管理应该管理的部分，余下的部分就全交给自治。管仲的理论与今天行政学与财政学的前提是一致的，甚至反而比今天的理论更具优点。管仲将行政、财政和政治视为一体，因而远远比今天那些琐碎的理论更具全面性。

1. 管仲实行责任制

管仲认为，应该追究官员们的功过责任。管仲将官员的责任分为两大类，即育人与种植粮食。管仲认为，育人，也就是培育人才，是管理的职责所在。把人才看作国家的核心，是管仲与桓公能够比诸子百家中的其他思想家先进一步的要因所在。管仲本人也是田野村夫出身。齐国几十万户人口中，该有多少人才？管仲认为，应该选用这些人才。

前文提到管仲把国都分为 21 个乡。正月初一，乡大夫前来朝见。齐桓公向他们提出选用人才的要求。齐桓公的话也就是管仲的意思：

于子之属，有居处为义好学、慈孝于父母、聪慧质仁、发闻于乡里者，有则以告。有而不以告，谓之蔽明[①]，其罪五。

① "明"指博学、有德行之人。

前文提到齐桓公向管仲问询治理天下之法，管仲答曰："成民之事。"之后，才可实行法律。管仲和齐桓公的话意义深远而又贯串着真谛。这次，他们将举荐人才作为管理的第一要务。他们的对话总是能够由大至小，由深远至具体。因此，尽管从实际出发，却又很美好。管仲听完乡大夫的汇报，将议题推进到下一事项。

于子之乡，有拳勇股肱之力秀出于众者，有则以告。有而不以告，谓之蔽贤[1]，其罪五。

齐桓公这次探讨了关于举荐人才的问题。齐桓公先下令举荐德行出众之人，然后才下令举荐勇猛之人。管仲做事从来不会随意打乱顺序，这正是他做事的方式。若君主先下令举荐力气勇猛之人的话，一定会当场被管仲批判。同时，齐桓公听取了关于有功者的汇报。管仲会选出有能力之人，进行考核并任用。对于有功的官吏也会加以考核，给其升职。

管仲为政用人，只以功绩与实力为依据。这种标准被广泛传播之后，所有人都为提升功绩与实力而努力。能够达到这种效果的原因在于明确了官吏的责任。举荐辖区内的人能够立功，举荐之人的名望也随之一同上升。因此，所有人都争前恐后地努力发掘人才。

国氏与高氏对其所辖的乡负责，齐桓公对自己的直辖地负责。如果国氏举荐的人与高氏举荐的人在功绩上差异明显的话，就会促使这些人形成良性竞争。

《管子·立政》将治国的根本分为三个方面，内容全是关于人才的。

---

[1] "贤"本为贤明之意，但若翻译为力气大的人，则显得不自然。在这里，"贤"通"臤"，按照语境，应翻译为"强健"。

君之所审者三：一曰德不当其位，二曰功不当其禄，三曰能不当其官。此三本者，治乱之原也。

这些话与其他文献中出现的内容完全一致，明显可以确定是管仲说过的话。管仲说过，要留意官吏的地位与其能力是否匹配。与地位相比，能力不足者，应令其让出官职；能力出众但职位低下者，应给其升职，这就是管仲的原则。如果不公开举荐人才，就会导致卖官鬻爵盛行，还会导致任人唯亲。因此，官吏的亲属若无功，不得任用。管仲的原则底线非常严格。在《管子·四称》中，管子说道："无道之君不用良臣，专宠谗邪之臣，滥用权力。"管仲认为，君主的作用只在于用人而已。若想用人得当，不可不顾业绩与能力去专宠特定之人。管仲认为，毫无缘由地专宠一人，会导致上百人的疏远。

管仲在朝会上令乡大夫们公正地举荐人才，是有很大的启示意义的。管仲有很多特殊的才能，但他更喜欢公开公正。在公开场合上的行动会受到公共约束，管仲绝不会在酒桌上私下举荐自己喜欢的人。公开是人事的基本。孔子说过，受到管仲处罚的人也不会埋怨管仲，原因就在于此。管仲偏爱广场，在明亮的广场上讨论和处理政事，不会令人生疑。管仲认为为政的根本在于数百万农民的生活如何，也是出于同样的道理。齐国任人唯贤。看看管仲，他自己不也是个异乡人吗？

现在齐桓公招来地方官员。如前所示，地方被分为五个部分。桓公挑出五属大夫中业绩差的人予以斥责，遭到斥责的人不免冷汗涔涔。

制地、分民如一，何故独寡功？教不善则政不治，一、再则宥，三则不赦。

整顿土地，将全国分为五个地方，但偏偏只有其中一个地方业绩不佳，这就是所说的行政的失败。管仲想要的正是这种效果。可以问责，但要有相应的依据。"五个地方的土地和农民都是一样的，为何唯独你的业绩不佳？难道不是你的过失吗？"这样问的话，业绩不佳者还能辩解吗？然而，管仲认为，一次两次的业绩不佳是可以原谅的。因为在治理地方之时，大夫的作用是教化百姓。管仲觉得管理普通百姓的方法在于教化，而教化需要时间。管仲向官吏们问责，但却不会去向百姓们问责。这正是核心所在。

关于选用人才的问题，齐桓公再次说道：

> 于子之乡，有居处好学、慈孝于父母、聪慧质仁、发闻于乡里者，有则以告。有而不以告，谓之蔽明，其罪五。
>
> 于子之乡，有拳勇股肱之力秀出于众者，有则以告。有而不以告，谓之蔽贤，其罪五。

农业是国家的根基，对于农业生产方面业绩不佳的官吏，连续出现三次业绩不佳的情况，齐桓公才会给予处罚。然而，如果有人才却不举荐的话，齐桓公马上就会处之以五刑之罪。当然，这并不是说他会立即处罚相应的责任人，而是为了彰显桓公最为重视人才的意图。税收不足的话，会给三次机会；但有人才却不举荐的话，就会马上施加惩罚。这种想法在当时具有划时代的意义。

于是，齐国地方民众中的有能力者都被提拔任用，有罪者则立刻被处以惩罚。在这种情况下，有学识的人都向齐国聚集，农民们也都想要接受齐国的统治，也就不足为奇了。因此，齐国的人口不断增长。孟子说过，君主若实行仁政，那么百姓就会像孩子追随父母那样紧紧环绕于君主身边，而齐国正是有这种先例的国家。当然，管仲的为政之道也并不是只有仁政。然而，其在保障国家拥有足够人口这方面确实是非常成功的。根据记录，当时人们像潮水般涌入齐国。后来，中国历史上的清太宗说："得到土地并不值得高兴，只有得到那个土地上的民心才值得开心。"这与管仲的为政之道有相似之处。管仲虽然不是像清太宗一样的征服者，但作为一个领导者，他却懂得在竞争中得到民心的重要性，并且付诸实践。

管仲实行严格的管理，但在此之前，会制定相应的标准。同时，管仲式管理的中心在于人才。管仲虽然只是大臣，但却有着君主的资质。

2. 让市场自治

管控过度的话，会导致活力丧失；活力丧失的话，会导致生产延误。特别是对重视自由交易的商业而言，从其属性上看，一旦开始对其进行管控，就会导致畸形的结果不断出现。在过去，无论多么强大的政治权力，都无法完全去除交易的自治性。在中国历史上，处在自治与管理界线上的典型人群是边境商人，任何一个王朝都试图管理这群人，但没有一个王朝成功过。原因在于，这群人是传统社会中最具自治性质的人，也是从根本上逐利而动的冒险家。历代中国王朝，通过与这些人的"斗争"，逐渐形成了财政学的内容体系。

举一种商品作为例子进行讨论。传统上，中国历代王朝最重要的输入品是马匹。有了马匹，在战争中才能作战。然而，内地却不产马，马匹需要从敌对的游牧民族那里购入。最初，中国王朝试图通过战争获得马匹，汉武帝就是这样的人。然而，在战争中损失的马匹却比夺取的马匹还要多，本末倒置，出现了为了得马却死人的情况。因此，他们想到了公平交易，用丝绸换取马匹。然而，以这种方式购入的马不是精瘦就是有其他瑕疵，无法用于作战。于是，官府开始动员商人贩马，对于能引入好马者，国家会以高价向其收购。最初，这些商人确实引入了好马，然而很快，商人们也开始购入精瘦的劣马，然后高价倒卖给官府。对于他们来说，只要能卖高价就可以了。

到了无钱买马之际，官府又想出了这样的方法，不再给商人们金钱，而是赋予他们贩卖游牧民所需的茶叶的权限，这就是众所周知的茶马贸易。虽然这样不断地反复摸索，可最终根本的问题仍然没有得到解决。为什么会这样呢？因为商人们的逐利动机，国家是无法管控的，同时也因为供给马匹的游牧民们的垄断力在逐渐下降，他们作为外国商人，管控市场在过去也是极为困难的事情。

同时，管控过度的话，会导致走私盛行。走私必然会导致官吏腐败。管控商品的流通会导致价格升高，价格升高又会导致走私盛行，为了进行走私，关卡的官吏和商人会互相勾结。明清时期禁止海上贸易，最终引起海盗猖獗，虽然风险大，但利润也极高。像这样，商业成了非常难管控的领域。

包括儒家学者在内的古代学者们总是认为商业是末业。他们认为，国家的根基是粮食，因而主张将农业作为国家的根本。在他们看来，经商者变多的话，农业就会衰退，农业衰退就会导致国家灭亡。在丰年与凶年频繁交替出现的时期，存粮不够的话，就会导致大规模饥荒惨剧的发生。从某种程度上来看，古代人的这种设想也是合理的。因此，他们想方设法增加农业人口的比重。然而，以知识分子为中心的这种思考方式，暗地里隐藏了重要的事实。

试想市场上的商品只存在粮食与非粮食两种。这些知识分子生产的是非粮食产品，其中包括接受国家管控的工业制品。粮食的产量增加的话，粮食的价格就会跌落，那么，生产非粮食产品的人的劳动价值就会上升。总之，如果大多数人成为农民，农产品的价格跌落的话，知识分子的产品价格就会上升。这种产品之中也隐藏着其统治权术。

实际上，商业的运转是由市场所决定的。直到近来也还存在传统农业社会的熟荒现象，也就是丰年饥荒。大丰收年，谷价却跌到极低。人无法只靠吃饭生活，而且多余的谷物就算储藏也会烂掉，因此，就算谷价很低，农民们也只得卖掉谷物。谷价低到不可思议的时候，甚至会出现为了买件衣服而需要把余粮全部卖掉的现象。然而，如果第二年是凶年的话，就会发生大饥荒。下文《管子·国蓄》中描述的情况估计就是战国时代的情况。农民遇丰年也很艰辛。

> 岁适美，则市粜无予，而狗彘食人食。岁适凶，则市
> 籴釜十镪，而道有饿民。然则岂壤力固不足而食固不赡也
> 哉？夫往岁之粜贱，狗彘食人食，故来岁之民不足也。

此文正是描述了熟荒的情况。仅仅依靠农业无法避免饥荒，这在当时也是不言自明的。农民们转行从事商业是因为商业能更好地保障生活。在因农业不稳定而转行从事商业的情况下，强调因为商业导致农业受损害，这种观点颠倒了因果关系。即便如此，古代的政权也全都试图压制商业。因为，他们认为商人是不知生产者劳苦，总是低价买入、高价卖出的贪婪之人。

那么，管仲又是如何看待商业的呢？《管子》的记载中互相矛盾的内容非常多。有的时候说需要压制商业，有的时候又说应该促使奢侈品流通。之所以会出现这种现象，是因为《管子》这部著作是由多人编成的。资料价值较高的部分是《管子·大匡》之后的章节以及第九章的经部，其中许多记录都被原封不动地引用了。不过，《管子·轻重》各篇中也包含了管仲的思想。《大匡》《国语》和《史记》大体上记录了相似的内容。管仲是非常注重实利的人。正如前文提到的马匹贸易中所示，商业是与国家的财政相联系的。管仲提出了与现代国家行为非常相似的方案。"国家是商业的保护者，同时也是巨型的商人。"首先，来看一下三本文献中大体一致的三条记录。

通七国之鱼盐于东莱，使关市几而不征，以为诸侯利，诸侯称广焉。

——《国语·齐语》

设轻重鱼盐之利，以赡贫穷。

——《史记·齐太公世家》

桓公践位十九年，弛关市之征，五十而取一。

——《管子·大匡》

从以上记录无法得知管仲是否是重商主义者或是否垄断了生活必需品的售卖。只是，《史记》的内容应该是根据《管子》的内容整理而成的，因为用了完全相同的用语。现在再来补充一条《国语》的重要记录。这里把前面章节中管仲论述的让商人聚居的内容仔细解析了。

令夫商，群萃而州处，察其四时，而监其乡之资，以知其市之贾，负、任、担、荷，服牛、轺马，以周四方，以其所有，易其所无，市贱鬻贵，旦暮从事于此，以饬其子弟，相语以利，相示以赖，相陈以知贾。少而习焉，其心安焉，不见异物而迁焉。是故其父兄之教不肃而成，其子弟之学不劳而能。夫是，故商之子恒为商。

这样，管仲的意图就明显地流露出来了。在管仲看来，商人的作用在于将一个地方的富余之物供给其他地方。基本上是国家买下谷物，然后再供给出去，这与调节谷价是完全相同的道理。同时，他还说，"商人是无论何时何地都在逐利的人。"管仲肯定了商人的专门作用。

这样一来，我们也就可以理解其他记录的内涵了。管仲不仅肯定齐国内部的商业，而且也肯定齐国对外的贸易。管仲想要用齐国的财富控制诸侯，因而没有关税。不过，从《管子》中记录的齐桓公十九年时，持续降低市场税与关税来看，似乎还是收取了少许关税的。管仲试图以不妨碍商业活动的方式来确保财政收入。

垄断生活必需品售卖的判断，显然是夸大其词了。不过，销售生活必需品的商人都是聚居于齐国首都所辖乡的人，那么，那些财物自然也都集中于国都了。到了战国时代，这些商人的势力过度强大，甚至到了威胁王权的程度。因此，《管子·轻重》篇战国时代的记录中出现了主张管控家财万贯的商人、向商人征收国税、国家专卖生活必需品等主张。然而，在管仲所处的时期，以国都为根据地的商人们还没发展到威胁宫室的程度。商人要想聚集现金，需要货币经济有跨越式的发展，但当时还没发展到那个阶段。

管仲认为，商人的活动有助于增加国家的财富。同时，他认为这些商人与工匠一样，是专门职业的从事者，实际上没有能够统御他们的方法。因此，管仲的目标是让商人们自己主动实现再生产。管仲反复强调："不虑不可久，不行不可复。"尝试管控商业，实际上等同于去尝试无法实现的目标。管仲做事时，总是强调公开，如果宣布了无法实现的事情，那么该如何收场呢？那样，就会变成谎言了。管仲不是撒谎之人，这并不是说管仲多么疾恶如仇，只是因为说谎会动摇统治的根基。

3. 国家是有组织的生产者

让我们来看一下管仲以及后来继承他思想的经济学家们是如何掌控财政学的。

首先，在管子学派看来，国家乃大商人（大商）。与《管子·轻重》相关的各篇的核心是国家的财政受市场的力量左右。管仲认为，商人们发挥着这种作用，但国家也可以成为巨型的商人。《管子》进一步发展了管仲的思想。尽管《管子》是战国时代的记录，但与管仲的思想一致。首先，国家"应储备够用十年的粮食"(《管子·国蓄》)。这种主张认为储备足够应对灾难的粮食是国家的基本职能。这是世界最早的国家福利理论。通过这种方法，在丰年之时，谷价跌落，国家用货币收购谷物；凶年之时，谷价上升，国家开放存粮出售，积累货币。低价购入而高价卖出，国家因此能够得利。国家所得的这种利润，能够应对所有的危险，既能救济凶年，也能应对战争，财政基础也变得扎实雄厚。《国语》中记载，管仲主张用市场的方法解决物价与流通问题，管仲的这些言论与主张可能是世界上出现最早的。以这一理论为基础结成的财政学果实就是《管子》。

国家的职责在于阻止饥荒或者熟荒发生。由于缺乏战国时代之前的记录，所以目前仅能得知管仲试图通过商人来调节物价。不过，因为管仲将提前预存谷物看作国家的职能，所以将《管子》中出现的关于国家职能的言论看作由管仲思想派生的也无妨。《管子》中出现的国家是巨贾，国家拥有谷物、金属、铁等资源，通过运用财政政策，在获取利益的同时，也调节物价。国家虽然是巨贾，却也是考虑经济整体利益的商人。

第二，管仲将国家视为有组织的资源开发者。管仲学派继续发展管仲的思想，将国家看作巨型开发者。管子学派的主张虽然不是管仲的直接主张，但显然是源于管仲。《国语》中记载，管仲"将东莱的盐铁供应给各诸侯国"，这在《管子》中发展为利用盐铁来保障财政收入，而桑弘羊等汉代财政学者全都学习了这种主张，进而提出了有名的"盐铁论"。与一般商人不同，国家是一个庞大的组织，能够进行大规模的开发。《管子》中多处提到"非开发之土，非我之土"。国家拥有的武器是食盐、铁以及谷物。

《管子·海王》篇描述了齐桓公与管仲之间如下的对话。

桓公问于管子曰："吾欲藉于台雉何如？"

管子对曰："此毁成也。"

"吾欲藉于树木？"

管子对曰："此伐生也。"

"吾欲藉于六畜？"

管子对曰："此杀生也。"

"吾欲藉于人，何如？"

管子对曰："此隐情也。"

桓公曰："然则吾何以为国？"

管子对曰："唯官山海为可耳。"

上面对话表达的内容，基本上是说"百姓们讨厌被剥削"，这是从管仲的言论中衍生出来的。管子学派认为，与其从百姓的财产中征收税金，还不如国家通过开发资源来保障财政收入。国家管控海洋和山川，相当于独占盐铁资源。在古代，金属皆为政府专营。铁（管仲时代是铜）资源如果没有国家层面的开发，是无法实现大规模开发的，因此，国家专营是很自然的事情。当时管仲是否专营食盐，无从得知，不过，可以确定的是，管仲通过输送食盐到各诸侯国，赢得了广泛的信任。因而，在管仲时代，国家主动开发食盐的可能性是非常大的。就算这些内容不全是事实，而是后来一群受管仲思想影响的人将国家改造为巨型开发者的，那么这些管仲追随者的行为则应该是事实。

除非某天有新的史料能够证明在管仲之前，还有其他施政者或者学者也提出了丰富的经济思想，否则就不得不认可管仲是打开经济思想大门的第一人。

现在，管仲带着这些基本政策，走上了艰险的政治舞台。在政治舞台上，我们将见识到作为政治家的管仲的全新面貌。

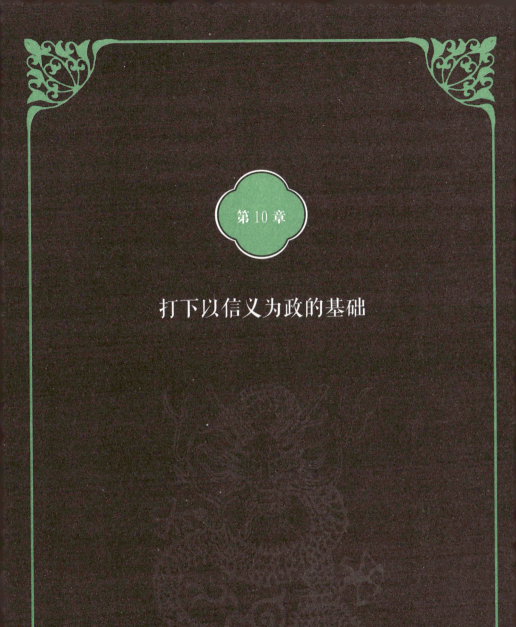

第 10 章

打下以信义为政的基础

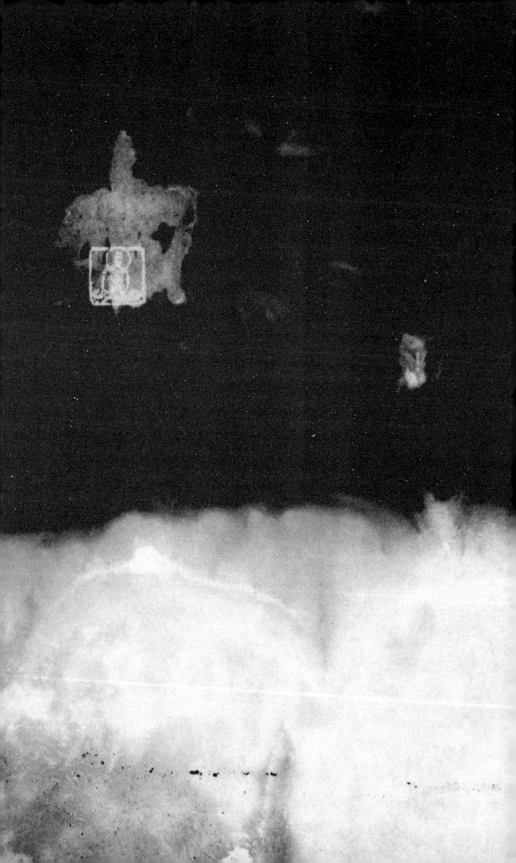

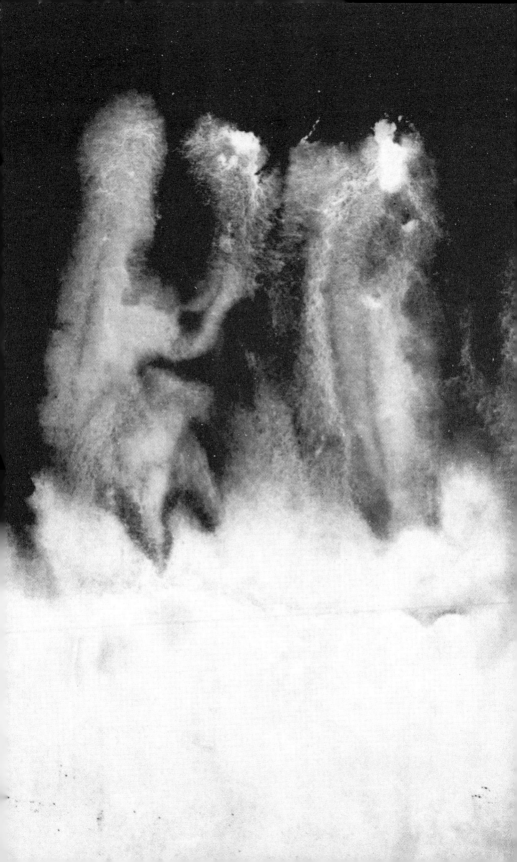

在前面的章节，我们领略了管仲作为经济学家的风采。关于政治家管仲的特点，用一个词概括就是诚信。管仲不会违背自己说过的话，也不会偷偷在背后暗箭伤人。管仲是有韬略之人，不会使用卑劣的手段。

1. 不歪曲法律

读中国史书，会遇到一个非常有意思的字眼。这个字就是"掎"，原为"拖拽牲畜后腿"之意。这个字多次见于《资治通鉴》之中，在作战中意为"偷袭"，在政治中意为"在背后暗箭伤人或者背后使坏"，与韩语中的"背后使阴招"意思非常相似。

在谈到管仲之时，还必须谈及的一个字就是"法"，《说文》释之为"灋，刑也，平之如水"，意思是法像水一样公平。总之，法与水的属性有关联。可能是看到水万古不变地从高处流向低处，而想到了"万古不变"的原理。

为政者很难洁白如玉。政治本质上是调节矛盾，洁白如玉的人无法容忍一点污点。这样的话，矛盾就无法得到调节。管仲在临终时说鲍叔牙不可作为自己的后继者，原因就在于，鲍叔牙过于憎恶恶人，而无法做个真正的政客。

为政者不是圣人君子，因而都有缺点。揪住这些缺点，从背后进行攻击，就叫作"掎"，而其所用的手段则是法！针对看不惯的人，用法律手段网罗其罪名，终结其政治生命，这不仅在古代史中是司空见惯的事，在现代也是常有的事。曾助刘邦建立汉朝的将军周勃遭受陷害入狱，在狱中感叹道："我曾统领百万大军，今天才知道一个狱吏的权力有这么大。"一旦触犯法律，便无情面可讲。兴许因为法律是权力的手段，一旦它开始堕落，便会催生出可怕的怪物。明朝执行刑法的锦衣卫的残暴行为难以成文记载。若存心用法律给一个人套罪名，谁又能抵挡得了呢？

　　管仲所言的法治之"法"，并不是说用法律去暗中坑人。管仲说，法律是悬挂在大门上的，也就是说，应将法律置于任何人都能看到的地方。在管仲看来，法律应该是任何人都容易理解的。因不懂法而犯错的话，是法律的错，而不是人的错。管仲的法治是清明的。甚至在其使用武力的时候，也一定要找出正当的出师之名。在执行法律的时候，如果做不到清楚明白的话，便不可称之为法家。从古至今，很多自称为法家的人经常会勾结权势，滥用法律，暗中害人。一旦不进行正面较量而从背后暗箭伤人的话，光明的法治就无法实现。下面的故事是根据《资治通鉴》中"法如水"与"歪曲法律刁难人"两则故事改编的寓言。

　　　　长江中生活着一条龙，名为法。打雷的时候，百里之外都可以听到龙的叫声，所有人都不敢靠近这条龙。不过，因为长江离得较远，这条龙也没有跃出过水外，所以，也没人被龙伤过。

　　　　江南的沼泽地里有一块不错的橘园。橘园里有一个水坑，水坑中生活着一条叫作"猗"的水蛇。水蛇不时在水坑中冒出来，导致人们无法摘橘子吃。独角犀牛或者熊经过的时候，这条蛇不敢弄出动静，但若看到人或者兔子出现，它就会突然扑上去。

　　　　为什么人没有被强悍的龙伤到，反而被不起眼的蛇伤到了呢？"法"龙的力量强大，但人们却不害怕它，原因何在呢？就在于人只要不招惹它，它就不会伤害人。"法"龙在长江生活了那么久，也没伤过人，原因何在呢？这是因为就连孩童都知道长江在哪里。然而，人们为什么那么害怕不起眼的水蛇"挎"呢？原因在于只要有人不小心经过它的近处，它就会伤害人。人们经常会被它伤到的原因何在呢？正在于这条水蛇是隐藏在暗处的。

管仲之所以是杰出的政治家，原因在于他有基本的原则。管仲绝不会在背后坑害人。纵容人利用权势在背后报复他人的权力，是水蛇一样的存在，而纵容这种做法的法律也是水蛇一样的存在。管仲认为，法律应该让小孩子也能看懂。法律不可像倒流的水一样。法虽然像长江里的龙一样吓人，但人们应该懂得躲避之道。因此，管仲说，"明必死之路"，即明确说明哪些法律一旦触犯就是死罪。现在，管仲所言的是关于信赖的问题。法律不被歪曲，不被用来作暗箭伤人的武器，方可被信赖。就算有时身陷不利的局势之中，管仲也不会说无法遵守的话。接下来，我们看一下管仲是如何在政治舞台上初显身手的。

2. 齐桓公即位前后的形势与外交策略

管仲掌权之时（前685），齐国的外部形势正处于急剧变化之中。首先，齐、楚、晋、秦四强的布局更加清晰。如前所述，晋国分裂为两股势力。在翼城的晋侯实际上是雄踞曲沃的晋武公的傀儡。晋武公甚至随意更换君主。最初，晋武公虽掌控着军事权，但在形式上支持晋国宫室。随着时间的推移，晋武公实力更加强大，最终改换心意，悍然篡位。晋武公三十八年（前678），周王室公开承认晋武公为晋侯。那时,晋只有一军,共一万人。又过了约二十年,到晋献公时期,晋国拥有了二军。齐国任用管仲时,拥有三军。因此,从实力方面来看,晋国当时还无法直接与齐国对决。

在更西边的秦国,虽然当时还在"犹抱琵琶半遮面",但至少在军事力量方面,好像已与齐国不相上下。秦国的战斗风格与东方列国截然不同。他们谙熟与异民族的作战之道。周王室东迁,空出的土地谁先占据,谁便是新的主人。秦武公继位初年,曾攻打戎族彭戏氏。因此,在管仲与齐桓公登上历史舞台之际,秦国已通过攻打西部的戎狄(现今的甘肃省一带的戎狄),向西推进了自己的势力。同时,秦还灭掉了挡在其通往中原路上的小虢。齐桓公称霸之际,秦武公已死,为其殉葬的人有66名。继武公之位的秦德公祭祀天地时,用做祭品的牲畜有牛、羊、猪各300只。殉葬习俗当时在中原已消失,而秦国却仍在实行,可以看出彼时秦国是处于周礼影响范围之外的势力。殉葬者有66人,用作祭品的牲畜有几百只,显示出秦国君主强大的威力。这些人利用地理上的优势,悄悄地增强国力。像这样,当时秦国和晋国皆与齐国相距甚远,没有理由与齐国交战。

问题在于楚国。楚国不断向东北推进,最终必然要与齐国相遇。然而,它们当时还互相不了解对方。特别是楚国那时仍很神秘。有着敏锐直觉的齐桓公与为人谨慎的管仲,早已密切关注着楚国的动态,但力求避免与其正面对决。一度强大的周朝军队也无法战胜的对手,不正是楚国吗?楚国贪图的明显是中原。与北方文明截然不同的南方文明有着极大的活力,然而与中原的强国交流甚少,南北方的强国互相感受到来自对方的威胁。这些强国采取的共同政策是拉拢或者兼并缓冲地带的弱小国家,楚国采取的政策是先兼并距离较近的小国,再逐渐北进。齐桓公即位之后,齐国的外部形势正处于急剧变化之中。

齐桓公与管仲梦想着成就春秋霸业。那么,作为霸主,齐国的外交策略又是怎样的呢?首先来看齐国的西北部,太行山脉东麓的狄族东进，觊觎着卫国。站在齐国的立场来看，卫国是自己的一道屏障，狄族势力强大，若无卫国，狄族必然东进，那么，齐国就要比其他中原国家先遭遇强大的狄族了。卫、邢、燕等国位于齐国西部和北部，是阻挡狄族向东南推进的势力，管仲非常重视这些国家。齐国是一定要保全这些国家的。

那么，对于齐国西部与南部的国家，齐国又是如何应对的呢？齐国采取的策略是，如果无法兼并，就将其拉入自己的阵营。齐国会选哪个国家作为靶子呢？答案是鲁国。管仲直截了当地说，应该以鲁国作为齐国向南推进的基地，历史记录中齐桓公与管仲的对话如下。

> 桓公曰："吾欲南伐，何主？"
> 管子对曰："以鲁为主。"

从地理位置上来看，鲁国的确是合适的选择。同时，鲁国与齐桓公还有着旧怨。在齐国看来，若能驯服鲁国成为自己的卫星国，便可作为阻挡楚国的盾牌。管仲为此率先发起了战争。

3. 鲁国的曹刿论述作战之道

齐国挑起战事，鲁国愤懑至极。鲁国虽然与齐桓公有旧怨，但鲁国不是已经处死了公子纠，还把管仲与召忽放了吗？更可恨的是管仲，昨天还依靠鲁国与齐国作战，今天就带领齐国的军队来攻打鲁国。鲁庄公愤然决定与齐国决一死战。

鲁国也并不是没有人才的，百姓中有个叫曹刿的志士，大胆地请求拜见鲁庄公。曹刿虽住在城中，但似乎并不是职位很高的官吏，因此，受到了同乡的阻拦，说："肉食者谋之，又何间焉？"

曹刿这样回答道："肉食者鄙，未能远谋。"

曹刿最终还是见到了鲁庄公。曹刿问："何以战？"

被不知哪里来的不起眼的百姓这样问，鲁庄公觉得很荒唐，他们的对话令人窒息般地进行着。

> 公曰："衣食所安，弗敢专也，必以分人。"
> 对曰："小惠未遍，民弗从也。"
> 公曰："牺牲玉帛，弗敢加也，必以信。"
> 对曰："小信未孚，神弗福也。"

鲁庄公继续说下去。

> 公曰："小大之狱，虽不能察，必以情。"

至此，曹刿终于满意了。

> 对曰："忠之属也，可以一战。战则请从。"

曹刿这样说道，并请求鲁庄公允许自己随军，也许是揣测出曹刿不是一般人，庄公让曹刿乘坐自己的战车。两军在一个叫长勺的地方对峙。春秋时代鲁国和齐国的争斗大约是受到了历来习惯的影响，姜太公的后代并没有要将周公的后代完全灭掉的想法，而是想通过灭掉周王室的旁系子孙中声望最高的鲁国来登上霸主地位，这是很难的。这是春秋时代独具特点的争斗规则。对于力量太过薄弱而不足以成为周王室壁垒的异姓诸侯国，即使将其兼并也无大碍，但若触犯像鲁国这种姬姓大国，周王室必定会介入，齐国在诸侯国中也显然会面临被孤立的状态。因此从一开始，齐桓公的目的就是降服鲁国而已，鲁国一旦被降服，便马上结束战争。因此，军队的士气看起来并不高涨。但曹刿的想法有些不同。

齐国军队敲了一次战鼓，鲁庄公想要进兵，曹刿说道："现在不行。"

齐军第二次击鼓的时候，曹刿也这样说。

齐军第三次鼓声一响，曹刿便说可以进军了。一直没有应战的鲁国军队突然冲上来，松懈的齐军未能整理战队，最终失败。这种情况就像老鼠突然扑过来，猫也会被吓一跳一样。兴奋的鲁庄公想要乘胜追击，曹刿先拦了下来，而后查看齐国战车逃跑时留下的车辙，发现车辙杂乱无章，没有秩序，因此不必顾虑有伏兵，曹刿安下心来，这才让军队追击齐军，鲁国大获全胜。这就是长勺之战。

如果齐桓公或管仲亲身参与了该战争，那么鲁国史书《春秋》应该会有记载，从并无记录这一点来说，齐桓公和管仲应该并没有亲自参与到战争中来。但齐国从这次战斗中得到了教训，从此，齐国变得更为谨慎持重。

败于长勺之战的同年夏天，齐国将宋国拉入了自己阵营。对宋国来说，它需要齐国的力量以应对北上的楚国，且靠拢齐国也能削弱近在咫尺的鲁国，可谓一石二鸟。宋国和齐国的联合军队与鲁国再次对峙。当时鲁国也是有千乘的强国，鲁国公子偃带领军队偷偷出城，蒙着虎皮，首先攻击了宋国军队，鲁庄公随后在乘丘大败宋国军队，齐国最终也只能撤兵。

但这时，在南方发生了一件让中原紧张的事件，即楚国攻击东边的蔡国，并俘获了蔡哀侯。楚国若得了蔡国，便可继续向东进军。

现在轮到管仲出场了。在长勺与乘丘之战战败三年之后（前681），齐国再次入侵鲁国。这次的规模与以往不同，虽然曹刿率军殊死抵抗，但不敌一心猛攻的齐国军队，三战三败，鲁国已无能为力。《史记》中记载，鲁庄公献"遂邑"求降，《左传》中写道："齐国军队灭遂，派兵驻守遂邑之地。"可以看出，遂地区域从此成了齐国的辖地。

遂国位于泰山西南麓，当时为鲁国的附庸。若从这里攻打鲁国都城曲阜，一日便可到达。将遂地移让给齐国，鲁国其实处于受制于人的境况。四年之后，发生了遂国贵族用酒灌醉齐国守兵并全部杀害的事件。由此可以看出，遂地成了齐国驻屯军队、南下征伐的军事据点。

然而在当时也是别无他法。鲁庄公以放弃遂为条件，与齐国讲和，这样，两国君主最后在柯邑缔结盟约。那么，刚毅果敢的曹刿会袖手旁观吗？

4. 管仲以信义为政

在柯邑缔结盟约的现场，曹刿做了一件名扬后世的大事。记录这场会盟的史书的态度颇为相似，史书《左传》只记载两国缔结盟约，难道是有什么不想坦露的事情吗？《史记》以曹刿与齐桓公为主人公，描述了会盟时的戏剧性场面，《管子》甚至将管仲与鲁庄公也搬到这出戏的舞台上，《公羊传》中则主要描述了曹刿与管仲的较量。这些史书内容稍有不同，但这些不同明显不是史官在捏造故事。导致内容稍有差异的原因是多样的：有的是记录从别人那里听到的传闻，有的是记录正史的竹简随着时间推移而流失，还有的是史官抄错字导致的笔误。《公羊传》戏剧性地展示了曹刿与管仲的为人，这回我们通过《公羊传》的视角，来重现当日的戏剧性场面。

鲁庄公马上要去与齐桓公会盟，曹刿问道："大王现在心情如何？"

"管仲这个人曾借用鲁国军队举事，后失败受辱，现在反倒成为敌人，来逼迫我们。现在还要向他割地求和。"

鲁庄公叹息道："唉！寡人活着还不如死了呢！"

这样，试探出鲁庄公内心本意的曹刿已经做好了应对准备。

"那么，大王就去应对齐国的国君，我来承担对付齐国臣子们的任务。"

两人对视一眼。鲁庄公回答道："好啊！"

那么，曹刿想承担的到底是怎样的任务呢？

会盟开始，庄公登上盟坛之时，曹刿突然手握出鞘的宝剑跟了上去。这下出大事儿了，有人竟敢带着出鞘的刀剑进入君主们的盟坛，管仲马上看清了事态，急忙上前说话。这种情况弄不好就会造成流血事件。能够在瞬间判断事态的奇才管仲此时也试图进行交易。

"大王（鲁庄公）到底想怎么样呢？"

曹刿愤然大声答道："城池已被攻破，大军压境，大王还要继续进攻吗（城坏压境，君不图与）？"

于是，管仲接着问道："那么，大王想要的究竟是什么呢？"

曹刿答道："请齐国归还汶阳之地。"

于是管仲看向齐桓公，说道："大王答应吗？"

要知道对方现在手里握着出鞘的剑呢。齐桓公答道："答应吧。"

曹刿乘势紧逼，接着说道："那么，订立盟约吧。"

于是，齐桓公便走下来，与鲁国缔结了盟约。结盟后曹刿便收起宝剑，回到了自己的位置上。

《公羊传》接着做出如下评价：

要盟可犯，而桓公不欺；曹子可雠，而桓公不怨。桓公之信，著乎天下，自柯之盟始焉。

齐桓公一有危险，管仲马上快速介入。所谓"见危授命"，说的就是为政者在危急关头要能够勇于献出自己的生命。齐桓公受威胁而被迫缔结盟约，管仲却能把情形转变为齐桓公"允许"订立盟约的形式。管仲知晓如何一下把偏离轨道的事情处理好。

《管子》则将故事进一步发酵，叙述得更具戏剧性。来看一下《管子》中关于这一事件的描述。

> 庄公自怀剑，曹刿亦怀剑，践坛，庄公抽剑其怀曰："鲁之境去国五十里，亦无不死而已。"
>
> 左搩桓公，右自承曰："均之死也，戮死于君前。"
>
> 管仲走君，曹刿抽剑当两阶之间，曰："二君将改图，无有进者！"
>
> 管仲曰："君与地，以汶为竟。"桓公许诺，以汶为竟而归。

当日的故事很难真实重构，不过史书中的记载大体上是一致的。这些记录都展示了管仲的性格。当君主面临危险时，管仲会用身体为君主阻挡危险。实际上，管仲与齐桓公的关系就好像兄长与弟弟。管仲像兄长照顾弟弟一样，庇护着桓公，不过，管仲所做的远远不止照顾。未把管仲搬上这一戏剧性舞台的《史记》，在善后问题处理环节中让管仲登场了。曹刿竟然敢插手君主会盟之坛的事情，还拿剑威胁齐国君主，齐桓公怒火中烧，想要背弃盟约，并杀死曹刿。此时，管仲劝解道："虽然受要挟订立盟约，但如果背弃盟约，杀死曹刿的话，只能达到泄愤出气的目的，却会在诸侯面前失去信义，也会在天下失道。不能这样做。"

是谁说管仲依靠武力而称霸天下？其实并非如此！管仲实际上是靠为政之道而称霸天下。管仲不是出尔反尔之人。管仲若只用武力的话，仅靠齐国一国之力很难将强大的楚国以及西方诸国制服。管仲了解诸侯国之间的关系，熟谙通过政治去解决纷争的方法。政治的第一原则是信义，桓公就算遭到威胁，若不答应曹刿的要求的话，也不会构成什么问题，但在已经答应曹刿要求的情况下，怎能背信弃约呢？管仲的霸业正是从这里开始的。土地可以再次获取，信义一旦丧失，就很难再次获取了。

管仲懂得如何怀柔对方。不久之前，他还是一个在鲁国梦想着东山再起的人。反正是得不到的土地，卖个人情也是一种好的办法。给予的时候就痛快地给，这样，对方才会感激。在下一章，我们将会详细探讨管仲送礼物的方式。有些人虽然给予别人礼物，却会挨骂，既失物品，又失人心。"给予的时候果断地给"，这是管仲的方法。他参与缔结盟约之事，当机立断，挽回桓公的面子，也偿还了几年之前欠鲁国君主的人情债，自己还收获了名声。通过这件事，管仲能得到的都得到了。果不其然，通过这件事，鲁国也被驯服了。

管仲绝不会背后伤人，只是会用心引领舆论。管仲不是暗中伤人的水蛇，而是名扬天下的"法"龙。

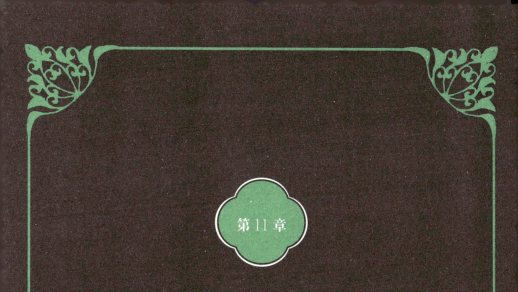

第 11 章

树立对外政治的准则

其他政治家们看待管仲的视角是多样的。战国时代的商鞅与韩非子非常欣赏管仲的能力。他们试图将管仲建立的基于实力的秩序应用到自己所处的战国时代。相反，孔子和孟子则憎恶管仲建立的这种基于实力的秩序，他们试图建设排除暴力的仁治的理想社会。无论他们觉得管仲好也罢，觉得管仲坏也罢，都不否认管仲建立了春秋时代的秩序准则。所谓春秋时代的秩序，是指以实力为基础，但排斥无限军事竞争的特殊关系体系。管仲的思想成为当时诸侯国交往的政治范式。

提到管仲，会想到当代风靡的"现实主义"理论。"就国家之间的关系来看，自然状态即意味着战争状态"[1]，这种前提很难为弱者所接受。然而，"在诸侯并立体系中，保全自己的最安全的方法就是成为霸主"[2]的说法是基于历史事实，而不是毫无根据的。历史上，没有实力却只知行善的国家，在国际社会中总是得不到认可的。朝鲜并没有对日本做过什么错事，但壬辰倭乱以及强占朝鲜等事件还是照样发生了。丰臣秀吉或是日本军部的原则只有一个，那就是实力。

不过，既然无法脱离武力进入一个没有强弱的世界，还不如成为"强且自善者"，这反而可能是一种次善的选择，管仲是将这种次善体系化的人。管仲是 2700 年前将春秋时代的政治进行理论化，

---

① 肯尼思·华尔兹著，[韩]朴健永译，《国际政治理论》(2000)。
② 约翰·米尔斯海默著，《大国政治的悲剧》(2001)。

同时也是现实化的人。管仲虽是霸者，却不是无道的霸者。管仲追求的是所谓的次善。管仲依赖武力，但会尽量将使用武力的频率最低化。管仲的方法源自军事扩张，但还发展为互惠主义以及施惠主义。他在采取军事行动之前，会打出"互惠主义"的大旗，试图占据理论优势，在取得军事优势之后，又转为"施惠主义"，以慰抚对方。

管仲帮助桓公成就霸业的基础自然是齐国的富庶。"借助齐国的力量保国"正是环绕在齐国周围的小国的心思。尽管齐国是最东边的国家，却依然能够成为中原多国的向心点，这说明管仲建立的秩序已经在这些国家中被"内化"了。能够使对方接受和吸收自己的理念，即使不算至善，也已经算是次善了。

现实主义理论的核心是国与国之间不存在治安官。有实力便可生存，无实力则被淘汰，管仲也认可这个前提。管仲早就察觉到了楚国的威胁。春秋时代最先开始进行大规模兼并扩张的正是南方的楚国，与楚国交手，输则亡，赢则生存下来。为了生存，最好的方法是先成为霸主。随国、息国、蔡国和陈国全部被楚国所灭。在管仲看来，最好的防守是进攻。在混乱时期，先出手者才能占尽先机。因此，管仲想要通过实施改革，使齐国成为霸主，登上安全的位置。

管仲目睹了没有实力的国家的命运，建立齐国的姜姓部族，曾为周朝的建立立下赫赫战功，却一度蒙受被周天子烹煮君主的耻辱。假若齐国实力强大，周王室断然不敢那样做。另外，被分封到管仲故乡的管叔与蔡叔的子孙如果实力足够强大，也不会不辞劳苦，千里迢迢跑来齐国寻求出仕。

管仲的选择总是次善的，但巧的是却总能得到现实的认可。管仲对鲍叔牙感到抱歉，同时却又很依赖鲍叔牙。人们高度评价鲍叔牙，管仲则是表现鲍叔牙德行的人。管仲对召忽感到抱歉，却无法和他一起殉节。然而，管仲通过竭尽全力辅佐新君的方式，来发扬召忽的信义，同时也彰显了自己的忠诚。管仲善良，但强于那些逆来顺受的人，他以成为减少人们磨难的人为目标。于是，周围的国家都称赞管仲宽广的胸怀。在与其他诸侯国的关系方面，管仲主张的是尊王攘夷，而不是民族间的平等。于是，孔子称赞道："若无管仲，中国早就沦为蛮夷之地了。"推行次善的理念却如此饱受好评，这便是管仲的特点。

事实上，管仲建立的秩序包含了之后出现的战国时代的所有萌芽。管仲不是道德家，而是从政者，因而他不可能超越现实主义的壁垒。只是管仲的现实主义远远比今天的现实主义更为丰富，也更具人性。管仲有实力，但却不以"横行荒野的不法者"自居，而是努力成为天下的治安官。

学孔子甚好，学管仲至少也是次善。然而，我们应该懂得孔子与管仲的内里。道德的内里总是有现实存在的，在现实的深处若有道德的位置，就能够阻挡社会遭受无法承受的冲突。

正如《资治通鉴》所言："管仲与曹操因为没有实力，所以才没有篡国（周王室、汉朝）？"所谓文武兼备的人才，说的就是管仲和曹操这样的人。武指的是实力，文指的是道德。不过，如果管仲和曹操当时篡国了，他们能够治理好天下吗？管仲与曹操的回答是，"无法马上做到"。像这样，在道德的背后有着现实存在，对于无法做到的事，杰出的政治家会机智地找出道德理由予以应对。至于这种做法是不是伪善，是大家各自评判的事情，重要的一点在于，管仲能够使对方接受自己的言论与主张。

1. 承认对外政治的局限性

现在来看看"懂得廉耻的现实主义者"管仲的现实主义。上一章中叙述了管仲整顿内政的对策。

> 桓公曰："民居定矣，事已成矣，吾欲从事于天下诸侯，其可乎？"
>
> 管子对曰："未可。民心未吾安。"
>
> ——《管子·小匡》

> 桓公曰："吾欲从事于诸侯，其可乎？"
>
> 管子对曰："未可。邻国未吾亲也。君欲从事于天下诸侯，则亲邻国。"
>
> ——《国语·齐语》

桓公听信郑国叛徒之言，意欲攻打郑国之际，管仲说道："郑有叔詹、堵叔、师叔三良为政，未可间也。"

——《左传·僖公七年》

从上文可以看出，把当时的管仲称作"未可先生"似乎也不为过。这份"未可"目录还包含着其他的内容。不过，需要注意的是，管仲不说"绝对不可"，而说"未可"。管仲这样说，有着怎样的理由呢？

正如历史上的前人屡屡所言的一样，世上总有不可成之事。简单说来就是，一场战争中，交战双方不可能都取胜。历史常被称作胜利者的记录，而一个胜利者的出现背后，有多少落败者，又有多少观众，对于这一切，我们似乎总有遗忘的倾向。就像一场战争中所有人无法同时取得胜利一样，一个人也无法一下子就得到一切。若客观实力不够的话，亦是无可奈何。兽群显然有领头者，而这个

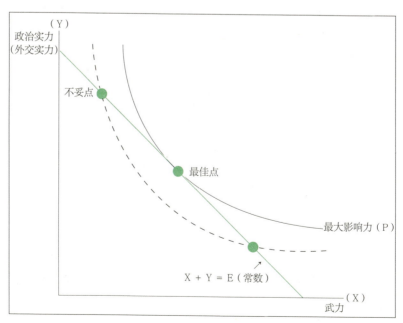

武力的使用频率及影响力　越走向极端，武力的效果越差。

221

领头者自身的力量并不比余下成员合起来的力量大。在充满竞争的世事中，很难有所谓压倒性的实力优势。大体上都是不相上下的，因此催生了政治。

管仲清楚地知道齐国的局限。在当时社会经济以及政治的局限性之中，齐国并不具备在军事竞争中兼并所有诸侯国的能力，盲目远征的话，稍不留神可能就会遭遇反袭击。独虎斗不过豺狼群，管仲想要在这种局限性之中，建造一种特有的秩序。

自始至终，管仲的思维都是经济思维。一般来说，国家的实力有两种，一种是基于军事实力的武装力量，另一种是指道德性、名声、外交的机敏性等非武装力量。这两种力量各有其特点与局限性。武装力量见效快，但也易被消耗；非武装力量不易被消耗，但若无武装力量的支撑，则很难发挥效果。假设武装力量的使用频率为 X，在诸侯国间的影响力为 P，能为我所用的资源是无限的话，那么便可超越其他诸侯国，发挥实力，兼并天下；反之，若我用尽所有力量，仍无法超越其他诸侯国的话，那么便不可将力量全部用完，而应在一个适当的标准下使用。管仲理解这一适当的标准，如果对客观条件的判断失误的话，则马上会被淘汰。经济学中所说的最优化，是管仲实行政策的前提。在后面的内容中，我们将会陆续看到那些缺乏政治知觉的领导者的命运。

为了便于论述，我们将管仲需要承受的局限分为三个层面：外在表现出的力学关系，造成这种力学关系的社会条件，以及思想上的局限。

力学关系的局限

兵法宗师孙武在《孙子兵法·谋攻》篇中说过一段意味深长的话。孙武是管仲死后一百多年，齐国出现的政治家与军事战略家。孙武生活的时期，国家间的矛盾冲突比管仲时期更为激烈。孙武阐述了使用武力的原则以及作战的困难之处。

夫用兵之法,全国为上,破国次之;全军为上,破军次之。

为什么这样说呢?因为战争的目的在于使敌国屈服,而不是消灭敌国。就算是要兼并敌国,也应先使敌国举国降服。因此,不战而屈人为上策。除此之外,还有更为现实的理由,那就是实际上兼并一个国家,几乎是不可能的。

故上兵伐谋,其次伐交,其次伐兵,其下攻城。

为什么是这样的呢?孙武说道:

"修橹轒辒,具器械,三月而后成;距堙,又三月而后已。"

三个月指的是一个季度,农耕社会中作战时季节不可更替。那么,做到这些就可以在战争中取胜吗?

将不胜其忿而蚁附之,杀士卒三分之一,而城不拔者,此攻之灾也。

那么,如果要攻城,需要多少兵力呢?

故用兵之法,十则围之,五则攻之,倍则分之,敌则能战之,少则能逃之,不若则能避之。

兵圣孙武,不愧是管仲所在的齐鲁大地的后辈,说起话来简洁有力。他绝不会让士兵以少敌多舍命而战。哪怕敌军看起来比我军只稍微多一点,也应避免作战,这就是用兵的"法则"。此处"十则围之"即攻城之意,也就是说,攻城之时,我军力量至少应是敌军的 10 倍。同样，管仲也绝不会进行消磨人力的战争。只有具备了比敌军更具优势的兵力，更具优势的武器，更有利的战略位置，乃至更有利的出师之名，管仲才会选择出兵。

到了战国时代，各国开始公然攻打对方城池。然而，若在春秋初期实行攻城战，则为时过早。首先，当时不具备攻打城池的人力。当时人口最多的国家无疑是齐国。不过，其他国家也并不是一无是处。看下面的表便知。

春秋战国时期各国的都城规模[1]

都城名称与所处时期 （年份）	城墙长度 （千米）	面积 （平方千米）	容纳人口 （万）
商朝中期郑州商城（前 1500）	周长 7.1	3.15	3.9 ~ 5.8
周朝洛阳王城（前 771—）	边长 2.89	8.35	10 ~ 15
齐国临淄古城（前 850—）	大城 + 小城 总周长 21	17	21 ~ 32 （史书：7 万户）
鲁国曲阜都城（西周初期—）	东西 3.5，南北 2.5	8.75	11 ~ 16
楚国郢都（前 681—）	东西 4.5，南北 3.5	15.7	19.5 ~ 29.5
晋国，残存不全	曲沃、翼等	?	?
秦国雍城（前 667—）	东西 4.5，南北 2	9	11 ~ 17

例如，齐国都城临淄的规模约是鲁国都城曲阜的两倍，若齐国攻打曲阜，需要多少人力呢？假设曲阜的守军约有 3 万，那么齐国需要具备 30 万的攻城军。除去儿童和女性，齐国就算把国人全都动员起来，也很难凑出 10 万军力。管仲通过改革促使齐国三军达到 3 万名的规模。因此，现在齐国的实际兵力有 3 万人。仅靠 3 万人，是无法攻城的。战车是野战战场上的主力，但在开展攻城战之时，便会变成无用之物。攻城战的关键只在于兵力上的优势，只有以压

---

[1] 表格中的数值综合《两周考古》（赵丛苍、郭妍利著，文物出版社，2006）、《中国经济制度史论》（赵冈、陈仲毅著，新星出版社，2006）、《中国考古·夏商周》（白山资料院，1998）等资料而成，每种资料中的数值都稍有差异，只能判断出大致的大小。

倒性优势的助攻军掩护攻城军，阻止敌军在城墙上投石和射箭，才能实行攻城。

尤其鲁国还是距离齐国较近的国家。那么，若与鲁国作战，可不用担心供给问题。不过，若是攻打遥远的楚国或者秦国，要怎么解决供给问题呢？战车经过太行山南部的小路或者渡汉江之时，必然会遭到截击。若从周围征调供给，必然会立即失去民心，遭到孤立。17 世纪，清朝的康熙皇帝也曾有过不成文的规定，长途远征最多不得超过 100 天。齐国若要攻打秦国或者楚国，需要投入比作战兵力更多的人力供给，这显然是十分不划算的事情。

前文的表中出现的国家大部分为当时的强国。即便如此，规模相对较小的郑国、蔡国甚至薛国都城的规模也都足以防御 10 万以下的攻城军。正因如此，想要完全征服一个国家是十分困难的。即使能得到对方的土地，要想完全消灭一个国家也是极度困难之事。

武力上的局限性来自于社会经济上的局限性。春秋时代，农民被视为"野人"，不会被动员参加作战，但到了战国时代的攻城战之中，则将这些"野人"全部动员起来参加作战。同时，战国时代的粮食储存手段灵活，能够支持长时间的远征。一般，攻城时上策是先围城，然后一直等到城内供给枯竭后再进攻。那样，就算季节更替，攻城军的物资供给也不会中断。

然而，在管仲时期，若试图武装农民，很有可能会引发暴动。这是因为当时若是错过农时，则一家妻小就会挨饿。在铁制农具投入农业生产之前，仅靠当时的农业生产力，很难进行大规模的粮食储存。同时，道路未经整顿，也很难进行谷物的运输。管仲考虑到了这些问题，他的方法是结成联合军，伺机打击弱小落后的国家，即使对手是弱国，但若没有合适的机会，也很难进行打击。

因此，齐国虽然能够兼并东方的小国，但在面对黄河北岸的晋国，还有遥远西方的秦国，以及汉水对面的楚国这样的国家之时，即使侥幸攻下，也无法消化吸收。在管仲看来，燕与卫是阻挡山戎与狄族东进的藩篱，晋国自然也是阻挡戎狄南下的堡垒，西方的秦则是阻挡西戎的屏障，这些屏障缺一不可。正是出于这种原因，管仲集结联合军，积极支持太行山东麓的国家抵挡戎狄。一旦发生战争，戎狄会以步兵为主进行作战，与戎狄交战损失会非常大。这些异民族的南下或者东进，是关乎齐国安危的实质性问题。

春秋时代白狄、长狄、赤狄等狄族威胁到了整个黄河下游一带。黄河最下游的宋、鲁、齐等国全都在这种威胁能够波及的范围之内。作为中原的霸主，齐桓公与管仲为了应对这些狄族，需要与其他国家结成联合战线。由此看来，这些狄族并不是春秋时代某一个国家单独能够抵挡得住的势力。直到战国时代，秦、赵等军事大国才有实力北上驱赶这些狄人。为了在东方施展影响力，齐国切实需要北方与西方的藩篱，以阻挡狄族。对于这些发挥藩篱作用的国家正在变强之趋势，管仲打算暂且旁观。

思想上的局限性

管仲去世八百多年之后的三国时代，有个叫作袁术的人。他是《三国志》里面的重要人物之一。他出身贵族而且虚荣心极强，他特别想当皇帝，于是，在东汉末年混乱动荡的时局中，最先称帝。然而，他刚一称帝立刻就成为群起而攻之的目标，并很快被打倒。名实不符自然会被打倒。袁氏在刘氏天下发动政变，必然会遭到政敌的攻击。不过，有意思的是，袁术一被打倒，刘备、孙权和曹丕便都称了帝。大家都想称帝，只是时机不成熟而已。同样是称帝，有称帝之后被接受的情形，也有称帝之后便处于险地的情形。

当时，以周王室为中心的世界秩序虽然只是观念上的秩序，却非常有韧性。纵使管仲主政的齐国有称霸的实力，但在那种情况下动武也是大忌。当时大家都不想看到春秋时代的秩序消失，因此，周王室就算变得有名无实，也是现实中无法跨越的一道坎。对于周王室分封的诸侯，不可妄加征伐，是当时的观念，也是现实。尽管学派不同，但看看管仲去世之后差不多三百年才出生的孟子的观念，便可知周王室的权威具有多么大的影响力。孟子说道：

　　春秋五霸是三王的罪人。诸侯不可征伐天子分封的别的诸侯。

——《孟子·告子》

　　那么，比孟子早几百年的春秋时代的观念又是什么样的呢？管仲完全认可周王室的权威，并且自称为这种权威的守护者。管仲带领军队与周王室共同讨伐晋乱，谒见天子，被天子以上卿之礼相待。然而，齐国的上卿是高氏与国氏，不是管仲。因此，管仲回应道：

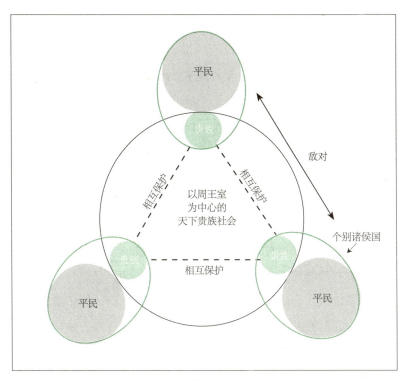

垄断体制与春秋时代的秩序　国家之间即使处于敌对关系，各国的统治阶级也互相保护。

臣只是卑贱的官吏，天子的上卿是高氏与国氏，假若他们按照礼仪来觐见天子的话，天子将以何种礼仪接待他们呢？臣断不敢接受这样的礼遇。

因此，管仲只接受了下卿之礼便返回了。《左传》借用"君子"的话称赞了管仲这一举动。这里的"君子"恐怕指的是孔子。

管仲应当被千秋万代的人祭奠。他辞让上卿之礼，显然是没有忘记尊卑有序。

当时，管仲是以保全周朝的恩人的身份朝见天子的。即便如此，管仲在朝见的场合仍然将自己的姿态放得很低。因为他知道在王室放低自己的姿态，有助于统领诸侯。同时，管仲本身也无心打破以周天子为中心的秩序。

管仲并没有费心认可既有的秩序，而是着力在会盟秩序中建立起新的规则。比如，管仲制定了"不可更换世子"的规则，并使会盟国遵循。那么，若有国家更换了世子，该如何应对呢？齐国就会代天子对其进行讨伐。管仲需要天子给的这种权力，他知晓若无这种权力，他的实力便无用武之地。因此，管仲以天子的代理人自居。

事实上，无论是管仲还是齐桓公，全都生活在以周朝为中心的义礼的世界中。他们与战国时代之后的人有所不同。春秋时代，诸侯之间的义礼多少带有一些浪漫的色彩，即便管仲有称霸全国的实力，也极有可能并不会去那样做。之所以这样说，是因为管仲的法律是以不攻伐"上位者"为诸侯国君主的模范，而这种体制也能够阻止国内的百姓发动叛乱。诸侯之间也有一定的界限，并且默认不超越这个界限，在战争中就算俘获对方君主，也不可杀死，这是当时不成文的规定。同时，在战争中，一方将军向对方君主行礼的情形也非常多见。也就是说，不进行"斩草除根"的战争。因此，春秋的礼法是，就算攻打仇敌，也为对方留下一名子孙。在宗法秩序中，彻底斩断对方的子孙血脉被视为最可怕的悖伦。

春秋时代可与一种垄断体制进行比较。国人（士）与贵族都有作战的义务，然而，却并没有一定要为战争舍命的义务。只要能保障农民安稳地进行生产活动，国人便没有必要一定要舍命参与兼并战争。从根本上来说，国人与野人们的利害关系，不同于贵族。站在野人们的立场上来看，只要不是暴虐无道的君主当政，不管国家名称是齐国还是晋国，基本上都与己无关。

当时，经常有国内出现变故的贵族亡命他国的情形。换句话说，各国的贵族之间存在着一种连带关系。不管流亡政客的理由是什么，首先予以接收，是当时贵族之间不成文的规定。春秋时代指点江山的人物中不少都曾是流亡者，春秋时代的第二位霸主晋文公就曾是。齐桓公一死，他的儿子们便被排挤出了权力斗争中心，纷纷逃到了"敌国"楚国。到了楚国之后，楚成王将他们全部封为大夫。大夫不正是贵族中的贵族吗？在今天，包括韩国在内的很多国家的政要都拥有"美国市民身份"。春秋时代，一国的贵族拥有一种"世界市民身份"。这些人与国家同命运的动机很弱，管仲比任何人都清楚这种现实情况。他显然不想进行大规模杀戮的战争。

在名为国家的共同体内，当国人与野人拥有共同的利害关系时，便会催生杀气腾腾的斗志，战国时代正是这样的时期。那时，没有国人与野人之分，全都被划为郡县的百姓，全都为军人，赢得战争则有利益可图，输了则会遭受损失。同时，战国时代也无法像春秋时代那样随意亡命他国。《墨子·天志》中说道："有人将他国或是其他家族作为避难处，但若是得罪了上天，则无处可逃。"这里所讲的"天"正是战国时代普通人的世界观。这说明人们不喜欢亡命之人的时代已经到来。同时，战国时代领取俸禄之人与春秋时代的卿大夫的层次也有所不同。王为了确保臣子忠于自己，对叛徒的处置十分严酷。当时国家与爱国的观念也正在形成。如遭陷害而亡命的赵国将军廉颇说道："我只想要统率赵国的军队。"赵国就是廉颇的祖国。管仲时期还不是那样。当时的制度强调忠于上位者，即宗法秩序的上层，而不是国家。得到封地的诸侯或者贵族之间都是亲族或者同僚关系，这些人之间有着千丝万缕的关联。

最终，管仲选择承认现实，并在这种现实之上建立了霸者的策略体系。这种策略有两种，一种是暴力与施惠共存，另一种则是区分彼此。暴力与施惠适当并举，打造出将齐国推向顶峰的均衡关系，一旦抓住机会则赶紧出击，展示齐国的实力。

与此同时，在行使武力之时，通过区分彼此，以拉拢同盟者。保护"中原"的同盟其实是管仲打造的。实际上，当时也几乎没有异民族的概念。尽管看不惯某个民族时会将之斥为夷狄，可一旦喜欢则给予爵禄，甚至强化其力量，视情况可能还会将之拉入自己的阵营，给予像一般诸侯国那样同等的待遇。不过，管仲为了对抗威胁自己秩序的异民族，结成了由夏族构成的同盟。楚与中原的区别，夷狄与中原的区别，皆是因管仲而强化。

2. 在国内外实行同一标准

在周围诸侯国内部发生动乱纷争的情况下，齐桓公会介入调解，让当事国立下共同遵守的盟誓。一旦当事国违反盟誓，齐桓公便带领联军对其进行讨伐。在出兵问责和讨伐发生内乱的宋国与郑国之后，公元前 679 年，齐桓公终于在鄄地召集诸侯会盟，桓公的霸主地位开始确立。《春秋》中记载："齐侯、宋公、陈侯、卫侯、郑伯会于鄄。"《左传》将此次会盟注解为"齐始霸也"。不过，这里有一点需要注意的是，齐桓公称霸的此次会盟中，春秋时代的其他三大强国晋、秦、楚皆未参加。最初管仲所建立的会盟体系，基本上是以齐国周围的小国为主。

鄄地会盟复原模型　在出兵问责和讨伐发生内乱的宋国与郑国之后，公元前 679 年，齐桓公终于在鄄地召集诸侯会盟，其霸主地位开始确立。之后，诸侯国间只要发生纷争，齐桓公便出面解决纷争。（齐文化博物馆收藏）

　　之后，齐国以"中原"的治安官自居。参加过会盟的郑国入侵宋国，桓公马上讨伐郑国。此时，诸侯间只要发生纷争，桓公就出面解决纷争。在公元前 666 年楚国入侵郑国之时，齐国便联合宋国一起救援郑国。同时，因戎狄和楚国持续威胁着中原，所以，齐国还努力研究牵制戎狄与楚国的策略。齐国先让郑国承担阻挡楚国北上之路的任务，又让陈国与宋国阻止楚国东进，让卫国与鲁国阻挡北方异民族的向东扩张之路。

　　现在，我们再来看看管仲与齐桓公是如何在群雄逐鹿的春秋时代维持霸主地位的。霸主地位，意味着他们拥有号令天下的领导力。这种领导力来源于什么呢？是齐国的武力吗？非也。是他们通过遵守自己制定的秩序，赢得威望，进而维持霸主的地位。他们深知，如果自己都不遵守自己制定的秩序，那么这种秩序很快就会垮掉。

他们最先向天下展示了诸侯的行动标准。这种标准成为齐国介入他国事务的标准。当时各个事件发生的时间有差异，这里通过两个重要的事件让管仲与齐桓公的想法一目了然。一件事是公元前659年，齐桓公召回并处死其妹妹哀姜，另一件事是公元前651年，称得上是齐桓公霸主生涯巅峰的葵丘会盟。我们先从葵丘会盟开始探讨。葵丘会盟制定的盟约是齐桓公与管仲制定的秩序。

葵丘会盟 —— 制定盟约

齐桓公召集主持的会盟次数多达9次，对此，他感到很自豪。会盟次数之多，也恰恰证明齐桓公作为霸主的时间之长。然而，每次会盟的内容却并未被外界所知。尤其是《左传》，压根没有记载会盟内容。不过，《公羊传》《穀梁传》以及《孟子》这三部著作对葵丘会盟当日的氛围作了部分描述。此次会盟的内容就像现今的国际条约文书一样，留下了极为模糊的解释余地。当然，解释会盟内容的权利握在霸主手中，这自是不必说的。《公羊传》贬责桓公"震而矜之"，这是因为《公羊传》认为齐国只是表面上尊崇天子，实际上是在破坏天子的秩序。首先来看一看会盟内容，《孟子》中的记载最为详细。

初命曰："诛不孝，无易树子，无以妾为妻。"

再命曰："尊贤育才，以彰有德。"

三命曰："敬老慈幼，无忘宾旅。"

四命曰："士无世官，官事无摄，取士必得，无专杀大夫。"

五命曰"：无曲防，无遏籴，无有封而不告[1]。"

---

[1] 诸侯对下属等人行封赏之时，报告的对象只有天子。

最后还说道，所有参加盟会的诸侯从订立盟约以后，完全恢复旧日的友好。《葵丘盟》的每一条内容都意味深长。

诸侯国中若有子犯父的现象，那么（齐国）便出面诛杀之；如果废立太子或是立妾为妻，（齐国）也要介入；如果不尊重人才的话，同样要接受（齐国的）诘责；尤其是如果怠慢了（齐国）的使臣或是旅客，（齐国）定然会介入；同时，如果诸侯国杀戮大夫，过度追求集权化的话，（齐国）也要介入；最后，如果随意筑堤坝①，妨碍粮食流通，也会遭到（齐国的）严惩。

实际上，这相当于齐国打着道德旗号来攻击弱小国家，这种传统的原则也是由管仲创立的，这不免让人感到战栗。

来分析一下盟约中关于经济的第三条与第五条。第三条规定，不可怠慢贵客与旅客，这与对外贸易也有一定的关联。《管子·轻重乙》中，桓公询问如何获取齐国短缺的物资，管仲回答道：

> 请以令为诸侯之商贾立客舍，一乘者有食，三乘者有刍菽，五乘者有伍养。天下之商贾归齐若流水。

这里需要反复强调的是，《管子》中的说话者不是管仲，但《管子》的内容却是以管仲的意见为基础的。那么，对于盟誓中出现的管仲的话，可以理解为管仲是支持自由贸易之人。也就是说，如若他国不支持自由贸易，管仲会介入交涉。管仲之后的齐国经济学家更进一步，提出了招徕他国商人的方法，基本上与今天各国引进外资的方案如出一辙。

管仲在维护所创建的秩序的同时，并没有彻底忘记实利。比如，如果有诸侯国修筑堤坝截取水流，那么下游的国家就要遭殃。管仲

---

① 关于这一章节，《穀梁传》记载的是"毋雍泉"，意思是诸侯国不得截流、筑坝或造储水池。同时，《穀梁传》相关章节中还有"毋使妇人与国事"的记录，意思是不得让妇人参与国事。

提出了与今天的国际河流条约非常相似的内容。因为齐国处于江河下游，因而提前制定条约，彻底防止处于上游的国家做出堵截水流的行动。

那么，禁止诸侯国妨碍粮食买卖又有何深意呢？管仲是经济学家。通过《葵丘盟》的内容可知，管仲还提出了诸侯国间商品流通的标准。粮食是当时最大宗的进出口商品。如果因为国家间的政治问题而封锁粮食的进出口，那么普通百姓的生活就会变得岌岌可危。管仲认为各个诸侯国不可妨碍国家之间的贸易。这条关于贸易的国家间的条约，在中国也属最早。

当然，在这些内容中，也自然会包含齐国追求实利的目标。众所周知，齐国通过开垦肥沃的山东平原，成为富有的国家。齐国的粮食、水产以及盐业都是支撑齐国霸主地位的重要支柱。盟誓的内容意在告诫各诸侯国不要阻塞齐国资源流动的通道，"齐国制造"便是齐国的力量所在。随着时间推移，后人在《管子》中逐渐将管仲的思想向民族主义方向发展，例如以高粮价进口邻国的粮食或资源，让邻国用齐国的盐，从而使邻国在贸易方面从属于齐国等各种方法都被提议过。尽管这些方法可能并非管仲想要实行的，但不可否认的是，在通过自由贸易最终从经济上形成市场这方面，管仲发挥了决定性的作用。

管仲提出的方案不仅从实际出发，而且规模宏大。管仲懂得如何用几句话就概括出全局重点。他在谈论利益的时候，也总是论及原则。不过，所谓道德性的原则，首先需要自己主动遵守，才能产生效力。那么，管仲自己是否那么恪守道德呢？现在我们来向桓公寻求答案。

桓公弑妹 —— 鲁国庆父之乱

齐襄公为了掩盖自己与妹妹文姜私通，杀死了鲁桓公，这是一件在诸侯国间掀起轩然大波的乱伦事件。这件事给人留下了嫁到各地的齐国女人不贤淑的印象，同时，也将齐襄公的邪恶昭告天下。然而，乱伦的齐国女人不止有文姜，根据部分资料记载，文姜还有个叫作哀姜的妹妹也行乱伦之事。

作为东方的霸主国，齐国的公女通常嫁给各国的诸侯，嫁到距离最近的鲁国也是理所当然之事。齐国女人与诸侯的姻亲关系复杂到需要用表格整理的程度。哀姜嫁给了鲁庄公，她是前任齐国君主襄公与现任齐国君主桓公的妹妹。齐襄公是杀死鲁桓公的人，从鲁庄公的立场来看，他可能并不认同这个女人。尽管理由不详，但哀姜没有生育是事实。

鲁庄公另有宠爱的女人，名为孟任，孟任为鲁庄公生了个儿子，名叫斑。鲁庄公自然想立心爱的女人所生的斑为继承人，不过，事情并未如鲁庄公所愿，祸端最终还是出现了。哀姜与鲁庄公同父异母的弟弟庆父私通，因斑不是正室夫人所生，庆父又是鲁庄公的长弟，所以自然有人认为庆父也可以做鲁庄公的继承人。同时，哀姜也无法容忍其他女人所生之子登上鲁国君主的宝座。因此，庆父和哀姜策划了阴谋，并分为好几个阶段执行。

鲁庄公病重，分别向同父异母的兄弟叔牙和季友询问关于继承人之事。叔牙说"庆父是合适的人选"，季友则说"誓死拥立公子斑"。于是，鲁庄公故意将叔牙推荐庆父的话传到季友耳中，表现出想要除掉叔牙的心思。季友为了压制庆父，抢先杀死了叔牙，庆父自然也不会善罢甘休。

公子斑曾经责罚过一个叫作荦的养马小官。某次进行雩祭之时，这个名叫荦的养马之人曾翻墙调戏鲁庄公的女儿，因此挨了斑的板子。当时，鲁庄公惧于荦的勇力，想干脆处死他来着，但因荦逃脱而未能将其处死。荦因此对斑怀恨在心，庆父趁此机会，进行挑拨。

公子斑继位之后，庆父唆使这个养马小官荦在宫外杀死了斑。于是，庆父拥立鲁闵公为国君，闵公是哀姜的妹妹叔姜的儿子。姐妹俩嫁给同一个男人，先嫁到鲁国的哀姜没有生育，齐国又将其妹叔姜嫁过去，代替哀姜生育。

人一旦沉迷于权力与情欲，就会变得冷酷无情。庆父和哀姜并没有就此止步，他俩又指使与闵公有仇的卜齮在宫中杀死了闵公。他俩之所以这样做，是为了使庆父登上国君之位。

不过，这件事很快被揭穿。庆父逃向莒国，哀姜逃往邾国，季友趁乱拥立闵公的弟弟姬申为国君，就是鲁僖公。季友赂莒国，让莒国遣返叛乱者庆父。在被押回鲁国的途中，庆父乞求活命，但被干脆地拒绝了，庆父于是自杀而亡。

那么，哀姜又如何了呢？哀姜既是庆父的情人，也是庆父之乱的策划者之一，同时，他俩还谋弑了两代鲁国国君。不过，邾国这个小国奈何不了哀姜，因为她既是齐国的公女，又是齐桓公的妹妹。

然而，齐桓公却是个决绝的人，他以天下诸侯国的首领和秩序的执行者自居。实际上，齐桓公的决心很早就下定了。他曾派仲孙湫前往鲁国了解庆父之事，仲孙湫回来后，向桓公报告说："不除掉庆父，鲁国的祸难就没完没了。"

"怎样才能除掉他呢？"

"祸难不止，庆父将会自取灭亡，主公您就等着吧！"

"那么，我们能够获取鲁国吗？"

"不可。鲁国至今还遵行周礼。周礼，是立国之根本，国之根本坍塌，国家才会灭亡，所以目前还不能对其下手。"

因为这样的理由，齐桓公才没有直接出面。当庆父果真自取灭亡之时，桓公便开始行动起来。公元前 659 年，齐桓公派人处死妹妹哀姜，并把尸体送回鲁国。关于此事，《左传》这样评价道：

> 君子以齐人杀哀姜也为已甚矣，女子，从人者也。

这一评价可以解读为女人应该听从夫家的，也可简单理解为"女人嘛，难道不应该循规蹈矩，本本分分吗"。这是鲁国的立场，齐国的立场就不一样了。齐桓公不是个会轻易打破自己所订立标准之人，他有着无情的一面，如果有人违背他定下的原则，他必将依法执行，即使是妹妹也不放过。之前，文姜与齐襄公私通之时，齐襄公为了掩盖事实而杀死鲁桓公。而当哀姜生出类似的祸事时，齐桓公便决绝地除掉了她。

当时，齐桓公的做法曾引起争议。然而只要知晓齐桓公与管仲平时的处事方式，便能够充分理解齐桓公的做法了。如果齐桓公不在哀姜的事情上表现出清楚明白的意志，那么齐国在会盟中的威信就会降低。相比于已有的礼法，管仲与齐桓公更倾向于遵守从自己口中说出的准则。他们的原则是，要想让别人遵守原则，首先自己要带头遵守原则。《管子》中反复强调了法的基准。

> 言是而不能立，言非而不能废；有功而不能赏，有罪而不能诛，若是而能治民者，未之有也。是必立，非必废，有功必赏，有罪必诛，若是安治矣，未也，是何也？
>
> ——《管子·七法》
>
> 君壹置则仪，则百官守其法。
>
> ——《管子·法禁》

如果制定标准之后，自己却不遵守的话，那就无法成为秩序的主导者。一贯守法是很难的事情。对任何人都公正执法的人也很罕见，尤其是不护短的人也很少见。哀姜之死虽然是悲剧性的事件，但在管仲与齐桓公主政的情况下，她的死是无法避免的。管仲从不会制定自己无法遵守的法律。管仲和齐桓公就是这样制定出整个天下的行事标准的，人们遭到管仲的处罚也不会怨恨的原因，也正在于此。

3. 其他诸侯国的动向

齐桓公称霸之后，齐国的对外形势发生了一些变化。首先是戎族扩张到了济水东边。鲁国吃力地与戎族交战数次，勉强赢得战争。同时，曲沃的君主武公成为晋国的君主，并且取得了一军的操控权。还有一项重要的变化是，楚国的东进步伐突然停止了，原因是受到了西边的巴人影响。诸侯国间的关系，向来错综复杂，楚国同样也无法避免受到邻国关系的影响。

楚国的兴起与东进的暂停

相对于中原而言，楚国这股势力显然是异类。表面上楚国是个很有野性的国家，但楚国有着自己的原则。不管怎样，这股势力一要北上，中原的国家就都惧怕不已。尽管可能有点复杂，但为了了解齐国与楚国的冲突，也有必要先对夹在两国之间的弱小诸侯国做一个了解。这些弱小诸侯国面对楚国的威胁惊慌失措，最终遭受了悲惨的命运。

前文提到，齐桓公继位第二年，也就是公元前 684 年，楚国掳走了蔡哀侯。这件事有着小说一般的情节。蔡哀侯与息国君主息侯是连襟关系。嫁给息国君主的女人名为息妫。当时，女性都还没有名字，"息妫"大致可解释为"嫁到息国的女人"。此女在嫁往息国的路上经过蔡国。蔡哀侯觉得此女是自己的妻妹，就将她留在蔡国接见。然而，蔡哀侯并未对她以礼相待。对蔡哀侯的做法，《左传》记载为"未以宾客待之（不宾）"，《史记》记载为"未能敬之（不敬）"。但无法具体得知蔡哀侯究竟做了什么错事。据说此女容貌绝代，想必蔡哀侯调戏了她。将要与此女成亲的息侯听闻此事，大为震怒。

最终，心胸狭窄的息侯产生了拉上楚国报复蔡哀侯的想法。介入息国的事务，对楚国来说，没有任何坏处。况且是息国先抛出橄榄枝的，楚国怎么可能会拒绝呢？楚国只要将息国掌控在自己手中，那么泛舟淮水，只需十日便可到达距离齐国南部不过几百里的海岸。对于在长江与汉水中锻炼出来的楚国艄公们来说，水流舒缓的淮水简直跟池塘一样。

息国君主也有自己的算盘。他认为，傍上楚国之后，多少可以在淮水一带威望大增。不过，息侯的想法太天真了。蔡国与息国的命运全都像在巨熊掌上玩耍的小孩一样，结局已经注定会很悲惨。

对蔡哀侯怀恨在心的息侯对楚文王说道：

来伐我，我求救于蔡，蔡必来，楚因击之，可以有功。

对楚国来说，这是掉下来的馅饼啊！蔡哀侯中计出兵，最后成为楚国的俘虏。关于小国自保的方法与故事暂且推到郑国的大政治家子产登场的时候再讲。不过，息国与蔡国的君主如实展现了小国快速走向灭亡的道路。所谓唇亡齿寒，如果蔡国变弱的话，息国还能够平安无事吗？此时，被当作俘虏掳走的蔡哀侯也开始了他的复仇之路。

在齐桓公称霸前一年（前680），蔡哀侯仍然被扣留在楚国。蔡哀侯感到很委屈，"再怎么没有好好对待妻妹，也不能用那样的方法来蒙骗一国的君主"。于是，他在楚文王面前夸赞息妫的美貌，劝楚王吞并息国。不知是否出于这个原因，楚国设计灭了息国，掳走了息妫。这次，息国也无处找援兵了。一不做二不休，楚国就势也攻取了蔡国。息国灭亡，蔡国还能平安无事吗？就这样，息国与蔡国因为君主的昏聩都被楚国所灭。

息妫这个女人的命运是坎坷的。自己没有任何罪过，却成为两个国家灭亡的借口，不过，楚文王很是宠爱息妫，息妫还为楚文王生下了两个儿子，其中名为恽的公子成了后来的楚成王。

楚国在早期就是这样的国家，不是按照名分大义行事，而是彻底地以实利作为行事基准。在摧垮对手之后，连这个国家的女人也不放过，名正言顺地据为己有。对于这种行为，中原的国家不能不感到惊讶。不过，就在此时，楚国后方发生了内讧的事件，导致楚国东进暂停。

楚国的土地上，北有汉水，南有长江环绕，是得天独厚的要地。然而，楚国的土地向西却呈开阔之势。长江流到湖北省宜昌之后，突然与平原相遇。长江与平原交叉地的西部有武当山、大巴山等高大山脉耸立，那里生活着名为巴的民族以及其他诸多部族。在这一山脉与平原的交汇处，这些民族自南至北方向广泛分布。他们虽然生活在崎岖不平的山地，没有像北方的戎族一样形成很大的势力，但在中国历史上，他们实际上是一群不断想要发出自己声音、追求自立的一群人。新兴强国楚国不经意间招惹到了这些民族。

楚文王继位之后，在发动向中原扩张的战事时，征用了巴人，但是楚国却苛待被征参战的巴人，于是巴人揭竿而起，要挟楚国。当时负责守备的阎敖败给巴人，最后只身游泳逃回楚国，被愤怒的楚王处死。阎敖的亲族由此对楚王产生怨恨，他们伙同巴人一道发动叛乱。

楚文王死后，其子楚堵敖继位。此时，楚国后方的巴人与楚国的反叛势力勾结，大败楚军。巴国的势力强大到能够压制楚国的程度。

巴国威胁楚国的情况，对于齐国巩固在东北部的霸权极为有利。尤其是堵敖之后的楚国国君楚成王有意恢复与中原的关系。这是因为，对楚成王来说，先把后方安定下来才是当务之急。当楚成王向周天子上贡礼物之时，周天子试图与其进行交易，说道：

镇尔南方夷越之乱，无侵中国。

这句话意味深长。实际上，周天子这句话相当于承认了楚国在南方的霸权。由此，楚国便致力于经略南方，获取了广阔的土地。

北方势力的跋扈与管仲的应对

春秋时代，中国的领土还没有现在这么大，那时，如果不是中原之事，史书便不会记载。因此，关于北方异民族的记录是极少的。通过中国史书很难得知当时北方势力有多么强大，只能通过间接描述或是考古发掘去了解。《说苑》中有如下话语：

> 春秋时代，周天子式微，诸侯各自为政，全都离经叛道，不上朝。人多者压制人少者，强者胁迫弱者。南夷和北狄轮番来袭，中原命悬一线。

这里所说的"南夷"指的是楚国，"北狄"指的是北方的戎狄，特别是太行山一带的狄族势力。当时，管仲所处的春秋时代，北方的异族势力强大到能够灭亡中原。周灭商，是东西之间的大战。现在则轮到南北之间对决了。此时，管仲出场了。管仲打造了基本的同盟关系，他使齐国—卫国—燕国结成"纵向同盟"来防御北方的戎狄，使齐国—鲁国—宋国—郑国在黄河以南结成"横向同盟"来防御南方的楚国。这样看来，战国时代合纵连横的早期模型也是由管仲建立的，只是到战国时代变换了攻守对象而已。管仲是春秋大舞台上军事同盟的设计者。

管仲极为重视纵向同盟的组成势力。因此，管仲对这些势力表现出双重态度。发挥阻挡北方异民族防御线作用的成员国即使犯了管仲所认为的"当伐之罪"，管仲也会装作不知，袖手旁观。不过，若是防御线同盟国之外的国家犯下类似之罪，管仲则不会原谅。有两个事例足以表明管仲是多么现实的政治家。

公元前675年，纵向同盟国的成员卫国与（南）燕国竟然驱逐了周惠王，改换了周天子。然而，管仲却并没有介入此事。如果有人冒犯天子，当然应由会盟的主导者齐国出面解决事端。但史书中却没有这一时期管仲与齐桓公的记录。他们暂时选择了等待。

这件事发生两年后，郑国与虢国合力，成功地让被驱逐的周惠王复位，管仲也没有介入。史书中也没有相关的直接记录。不过，我们还是能够充分了解到管仲的态度，因为《管子》中已经表露了管仲的基本态度。

> 五年，宋伐杞。桓公谓管仲与鲍叔牙曰："夫宋，寡人固欲伐之，无若诸侯何？夫杞，明王之后也。今宋伐之，予欲救之，其可乎？"
> 管仲对曰："不可。臣闻内政之不修，外举义不信。君将外举义，以行先之，则诸侯可令附。"

这就是管仲。管仲不会做名实不符之事。如果名实不符，想要填补二者之间的间隙，为政者就会行欺诈。管仲说道：

> 贪于土必勤于兵、勤于兵必病于民，民病则多诈。
>
> ——《管子·大匡》

为政者如果不顾百姓困乏，一心要发动战争的话，必然要找发动战争的借口。那么，百姓就会变得不信任君主，百姓不信任君主，国家就面临危险。管仲所言的军事，是以不把百姓折腾得困乏为前提。管仲绝对不想进行虚张声势之战。

> 宋伐杞，狄伐邢、卫，而君之不救也，臣请以庆。臣闻之，诸侯争于强者，勿与分于强。
>
> ——《管子·霸形》

上面的对话虽然与历史事实不完全符合，但可以确定的是，与管仲的思想基本相符。辅弼周王室的是地理或血缘上与周王室至近的郑国与虢国。管仲不想直接介入当时的纠纷。管仲认为，与北方势力的战争随时都有可能爆发，他不想与阻挡北方势力的屏障卫国和燕国发生冲突。

齐国不出面，就周王室来说，应该会感到相当失望。由此又过了五年，此事件完全终结之后，周天子赋予齐桓公诸侯首领的职位，嘱托其攻打卫国。现在，无论从名分还是从实力上，时机都已成熟。管仲出面讨伐了卫国。然而，齐国只斥责了卫国就回来了，因为大规模的战争对双方都无好处。

这时，东南的齐国同盟阵线与西北戎狄间的冲突逐渐激化，一场决战已无法避免。

第 12 章

一匡天下——一举定天下

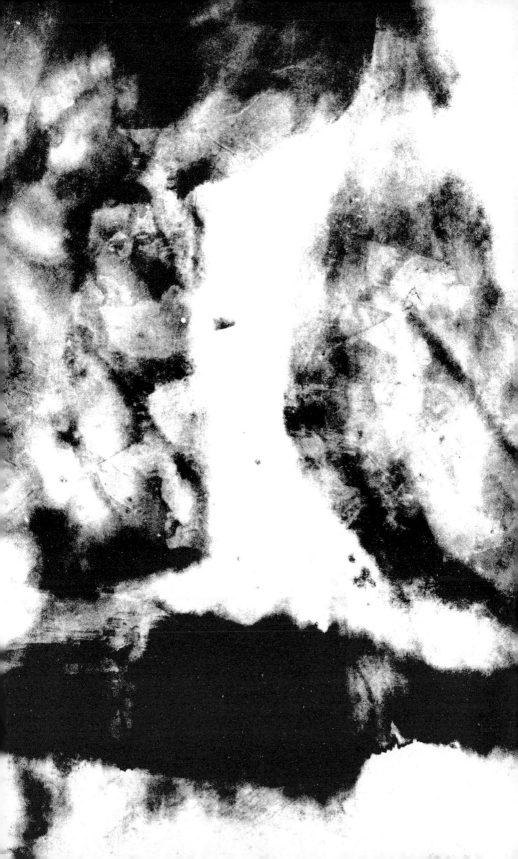

"一匡天下"这个有分量的词语出自《论语·宪问》。"管仲相桓公，霸诸侯，一匡天下。""一匡天下"，就是一举安定天下的意思。本章中，我们将见识到管仲作为军事战略家兼老练外交家的手段。

1. 出征前夜

现在，管仲与齐桓公想要成为各诸侯国的首领。想要派头又心急的齐桓公也迫切地想实现霸业。然而，管仲依然很谨慎。管仲是没有万全准备就不会付诸行动的人。

桓公问管仲如何亲邻国。管仲告诉桓公要以小换大。让我们以《国语》的记录为参考，来听听管仲当时对桓公所说的话。

> 审吾疆场，而反其侵地；正其封疆，无受其资；而重为之皮币，以骤聘眺于诸侯，以安四邻，则四邻之国亲我矣。为游士八十人，奉之以车马、衣裘，多其资币，使周游于四方，以号召天下之贤士。皮币玩好，使民鬻之四方，以监其上下之所好，择其淫乱者而先征之。

约2700年前，当时的中原正发生着如下的谍报战。谍报战的泰斗也是管仲。管仲派出了多达80名说客，同时还派出了商人去打探对方国家的虚实，如果抓到空子，就马上介入。不过当时齐国若想干预他国事务，实力还不够。

　　桓公问曰："夫军令则寄诸内政矣，齐国寡甲兵，为之若何？"
　　管子对曰："轻过而移诸甲兵。"
　　桓公曰："为之若何？"
　　管子对曰："制重罪赎以犀甲一戟，轻罪赎以鞼盾一戟，小罪谪以金分，宥间罪。"

　　管仲通过这种方式积攒兵器。由此看来，这种通过金钱来赎罪的现实方法在中国历史上很早就有了。把这种方法进行实际运用的人也是管仲。这也成为之后出现国防问题时经常使用的方法。这种方法后来继续发展，催生了花钱买官的惯例。距离我们相对比较近的时期是清朝，当时可以花钱买科举身份。例如，有制度规定，向军队交纳100石大米就可取得乡试应试资格，交1000石大米可取得

戟　　戈

矛

戟、戈、矛　戈模仿镰刀而制，是一种用于勾砍的兵器。矛类似于今天的长矛。戟是戈、矛合一的兵器。随着步兵战术的发展，戈逐渐被矛或戟所取代。

会试等科举考试资格。不过，这种制度一般持续不了多久，因为像这样进入官场的人一旦出现问题，反对的舆论就会闹得沸沸扬扬，同时，官职或是科举应试资格的数量也是有限的。

然而，管仲的方法却成功了。处死或者弄残罪囚对国家不会有什么帮助，只会进一步减少劳动力。让这些罪囚通过为国家服务和奉献来赎罪，反而是更好的方法。

现在，管仲谋取天下的方略要出场了。通过这个方略可以得知管仲为何竭尽全力地防御卫国与燕国。管仲提出了日后在中国被称为屯田制的制度草案。管仲盘算的是，齐国东部是海岸，可以不用费心，但在　　　　　北三面却需要逐个建立防御基地。

我们来　　　　仲的对话。

　　桓　　　　，何主？"

　　管　　　　主。反其侵地棠、潜，使海于有蔽，渠弭于　　　　牢。"

　　桓　　　　，何主？"

　　管　　　　主。反其侵地台、原、姑与漆里，使海于　　　　皆，环山于有牢。"

　　桓　　　　何主？"

　　管　　　　主。反其侵地柴夫、吠狗，使海于有蔽，　　　　　于有牢。"

出现于　　　　文字非常重要，但由于篇幅太短，导致出现了众说纷　　　　这段话中几处相同的句子反复出现，所以只需解读第　　　　可。一般中国对这段话的解读如下，韩国的译文大致　　　　读。我们来看一个具有代表性的解读[1]。

---

[1] 邬国义等译著，《国语译注》(1977)。

齐桓公说："我打算征伐南方，哪个国家可以作东道主供给我们军用？"

管仲回答说："把鲁国作东道主。我们归还侵占它的棠和潜两个地方，使我们的军队在海边有依托隐蔽之地，在海湾可以停驻，在山区有畜肉可吃。"

对于这段对话，无论怎么思考，都有些奇怪。例如，征伐南方的话，为何要将军队驻屯在海边？归还侵占的地方又是何用意？归还侵占之地与在海边驻军有何关联？这都无法理解。于是，笔者进行了如下的推论。

首先，管仲不可能在对话中把完全相同的话说上三遍，只是历史记录有差错，导致完全相同的句子被加入到每个回合的对话中。因此，在提及距离海边甚远的卫国时，也谈论到海边。现在，管仲说的是，在齐国的南、西、北三个方向建立具有地理优势的军事基地。像这种地点，在北方的话，有海岸即可，南方则以水流堵塞之地为上。通过确认，文中鲁国的棠邑和潜邑两个地方具体为今天的山东省济宁市的鱼台县一带，周围有个很大的湖，叫作微山湖。此处正是管仲所说的水路。管仲意欲归还之前侵占鲁国的土地，在依山傍海之地或者大湖旁边建立军事基地。这样一来，上面的对话就说得通了。同时，也可对管仲的话重新解读如下：

归还侵占之地，能够保证将齐国的军事基地建在具有地理优势的地方。北方基地建在燕国近海岸处，能够获取来自燕国的军需物资支援；南方基地建在鲁国国土附近的大湖边，能够得到来自鲁国的支援；向西扩张的基地建在卫国的山地（可能为泰山以西）边，可以获得卫国的支援。

管仲的事前准备有条不紊地进行着。在这样的基础之上，管仲动用 800 辆战车讨伐那些声名狼藉的诸侯，一次出兵便征服了 31 个国家。现在，我们来逐一见识一下管仲的表现。

2. 南北交锋

公元前 664 年，齐国先发制人，抢先攻打山戎。山戎的主力本来驻屯在太行山脉东北麓，后来又大举向东南方向扩张了很多。现在，在今天北京一带的山区还发现了与中原截然不同的墓葬。[①] 至少到战国时代为止，今北京一带都是戎族与中原人杂居的地带。这些山戎的势力不断扩张，管仲不可能袖手旁观。紧接着，居住在太行山脉东端的狄人袭击了邢国。实际上，这些狄族到战国时代甚至建立起强大的国家，还曾征伐燕国。只不过，关于此事的记录很少留存下来而已。戎狄与中原人之间的战争愈演愈烈。

尤其是戎人与狄人以步兵为主力，因此中原人应对起来很棘手。就连学者们都有一种错觉，认为这些戎人与狄人是骑马的民族，但实际上直到当时，他们还没有达到以骑兵为主力的阶段。郑庄公抵抗戎狄之时，明确说过："彼徒我车，惧其侵轶我也。"(《左传·隐公九年》) 从这一记录来看，至少在春秋时代早期，戎狄军队还不是骑兵。然而，从那之后，兴许是受到来自北方的影响，戎狄很快学会了骑马。

公元前 10 世纪至公元前 9 世纪之间，世界上最早的骑马弓手开始出现。这些人就是有名的斯基泰人。西北方的游牧民族与中国北部的民族打成一片的时间，或者说中国北方民族开始吸纳西北部游牧民族文化的时间，比斯基泰人骑马弓手的出现时间稍晚。从公元

---

① 赵丛苍、郭妍利著，《两周考古》(文物出版社，2006)，第 241 页。

前6世纪起，斯基泰人风格的物件才开始出现于中国北部。[①] 因而，在管仲所处的时代，戎族或是狄族还不是在马背上射箭的人。不过，相比于中原人，这些人承受过更为严酷的生存条件，无论从身体上，还是从精神上，他们都非常坚韧强健。

在管仲所处的时代，这些北方民族与中原民族之间对抗加剧的理由尚不明确。戎狄向东南扩张，背后是否有什么力量在推动；如果有的话，这股力量是不是北方的骑马民族；抑或中原各国的土地开垦导致戎狄的生存之地逐渐减少，从而引发戎狄反击中原人。这些都没有明确的答案。唯一明确的是，无论是中原，还是戎狄，都在快速武装自己，真正的对决已不可避免。不管怎样，在养活众多人口的条件方面，平地比山地，中原比北方更为有利。

公元前664年，山戎攻打燕国，燕国立刻向齐国请援。齐国派兵援助，驱退来袭的山戎。齐国不仅援救了燕国，而且还向东北方向推进到了令支与孤竹（今天的河北省卢龙县以东）。在攻打敌人之时，还总能考虑到后方的安危，这就是管仲的作风。《大匡》以对话的形式展现了当时齐桓公提出的开战借口。《大匡》中这一段资料与其他史书略有差异，但我们仍在此引用一番。

> 狄为无道，犯天子令，以伐小国。以天子之故，敬天之命令，以救伐。北州侯莫至，上不听天子令，下无礼诸侯。寡人请诛于北州之侯。

如此，齐国联军一直追击到孤竹与令支，断了山戎的左臂。为表感激之情，燕庄公亲自将齐桓公送行至国境外。诸侯送行诸侯到国境之外，是违反当时礼法的事情。桓公说道："非天子，诸侯相送

---

① 尼古拉斯·迪科斯莫著，[韩]李载政译，《蛮夷的诞生》（金枝出版社，2005）。

不出境，吾不可以无礼于燕。"于是将燕庄公所到的地方割送给燕国。齐国依照礼法行事，是一种政治行为。

公元前 661 年，狄人这次袭击了邢国。邢国位于今天河北省邢台附近，如果这一地区陷落的话，整个中原都会陷入险境。邢台东边是一片平原地带，如果步兵来袭，几天之内，就可将邢台以东所有诸侯国纳入打击范围。这次，管仲也出面了。此时，中国历史记录上第一次出现了从理念上对战争进行界定的说法。管仲对战争双方的划分与以往完全不同。管仲将这次战争界定为中原人与异族的战争。

> 戎狄豺狼，不可厌也。诸夏亲昵，不可弃也。宴安鸩毒，不可怀也。《诗》云："岂不怀归，畏此简书。"简书，同恶相恤之谓也。请救邢以从简书。

从这一叙述可知，当时中原的情势非常紧急，中原各国的政治状况很大程度上受到外部因素的左右。管仲主张积极地介入。他对彼此的区分，在之后的中国史书中反复出现，被原封不动地遵循。说中原人与异族的实质性区分始于管仲也不为过。

齐国出面抵抗狄族，救了邢国。次年，狄族向南攻袭了卫国。当时卫国君主卫懿公有严重的偏执症。他特别喜欢养鹤，甚至把鹤载于大夫才能乘坐的车上。战争爆发时，拿到兵器的国人都嘲讽道："派鹤去打仗吧！鹤享有我们都没有的官职，我们干吗去打仗呢？"

多么荒唐的情形。不过，卫懿公还是积聚了最后的斗志，登上战车，他把战旗笔直地立好，乘着战车在荥泽迎敌作战。然而，由于平时失政导致民心尽失的卫懿公理所当然地大败给狄人，自己也被杀身亡。卫懿公虽然是个荒唐之人，却有着坚强不屈的骨气。卫国兵败，尽管卫国难民在夜晚逃向黄河方向，但最终惨遭狄人追捕杀害。据《左传》记载，活下来的卫国人仅有 730 人，与其他地区的卫国人合在一起，也不过 5000 人。就一个国家的遗民数量来看，卫国的情形实在太过凄惨了。

先是宋桓公赶往黄河迎接卫国的难民，并立已死的卫懿公的堂弟戴公为国君，把他们安置在曹地。紧接着，齐桓公调动300辆战车与3000名甲兵守卫曹地。黄河以北的防线就这样丢失了。如果狄族势力进一步强大的话，便有可能向黄河以东推进。这场战争，齐国并没有赢，仅仅是阻止了狄族向东南扩张。

然而，战争到这里并没有结束。狄人接着再次攻打邢国（前659）。这次，齐国率领宋国、曹国联军在聂北构筑防线，击退狄人。狄族的侵犯导致邢国国都陷落。之后，在诸侯国的帮助下，邢国在夷仪新建了国都。又过了一年，齐桓公又在楚丘筑城，帮助卫国复兴，因为楚丘是黄河与济水之间的战略要地。

这样，齐国虽然成功击退狄族的入侵，但未能恢复卫国与邢国原有的国土。当时狄族势力太过强大，连齐国也无暇顾及黄河以北的情况。只能在黄河附近守卫一个据点，接收两国难民，帮助这两个国家存续而已。当然，这也是春秋时代霸主应做的事情之一。

像这样，南北交锋以中原国家向东南方向后退而收尾。中原各国仰仗的最后防线是齐国。正是因为齐国在当时紧急的情况下挑了大梁，所以后来孔子才评价说："如果没有管仲，我们都要当野蛮人了。"

中原各国与戎狄交锋期间，南方也发生了一件事。趁着齐国处理北方事务而无暇分心的功夫，楚国再次攻打了位于中原要地的郑国。狄族势力入侵给中原造成的困扰，对楚国来说，反而是机会。

3. 北势屈南

楚国再次入侵中原，对管仲与齐桓公来说，是一次考验。楚成王现在一边慢慢整顿南方的事务，一边也正在摸索北上之路。然而，管仲可不是好惹之人。将北方防线设置在楚丘，并让宋燕联军镇守北方之后，管仲迅速挥师南下，准备摧垮楚国的意志。

不过，夹在齐国与楚国之间的郑国是个问题。楚国趁齐国在北方用力正酣之际，曾三次（前659、前658、前657）攻打郑国。楚国伐郑的理由是郑国服从于齐国。对此，力量薄弱的郑国只有苦恼的份儿。究竟是背叛中原同盟，马上投靠楚国呢，还是继续等待齐国的救援呢？郑文公急切地想投靠楚国，此时，孔叔谏言道："齐国正在为我们操心之际，我们背叛这种恩惠是不祥的。"

孔叔判断郑国稍微再坚持一段时间，就会等来齐国的援兵。因此，郑国没有背叛齐国。郑国支持齐国，对管仲来说是大幸，不过，楚国的行为不得不说是令人讨厌的。公元前656年，齐桓公带领齐、鲁、宋、卫、陈、郑、许、曹八国兵马南下伐楚。总的来说，齐国联军在东北方向完全包围了楚国，形成了令楚国畏惧的局势，并且抢先攻打并占领了蔡国。

许多历史记录表明，蔡国与齐桓公之间有着琐碎的恩怨。这种恩怨就算不是齐伐蔡的主要原因，也会成为一种借口。现在，我们来简单介绍一下齐、蔡之间的恩怨。齐桓公曾娶蔡国公女为妻，某天，齐桓公与蔡夫人在池塘乘船游玩，熟悉水性的蔡夫人使劲晃船，吓破胆的齐桓公赶紧制止她，她却还是晃个不停。于是，齐桓公大怒，把她送回了蔡国，蔡国君主也很生气，把蔡夫人另嫁别人。这件事虽然表面上是件很单纯的事，但也从侧面证明了蔡国与齐国之间的关系正在破裂。尤其是蔡国还处在一个不依靠楚国就无法存续的尴尬地理位置上。

齐国率领的北方联军攻取蔡国之后，直抵楚地召陵，并且进一步向楚地深入。召陵是楚国胁迫郑国时所用的基地，过了召陵就是楚国的方城，而过了方城便可抵达汉水。这次管仲直接统率军队，齐桓公与管仲这对奇幻的组合，终于在南方遇到了真正的对手。齐桓公与楚成王，管仲与楚国大夫屈完之间势均力敌的舌战，令人联想到武林顶级高手之间的较量。虽然这是一场赌上南北霸主命运的对决，但他们的对话紧张中却不失儒雅。他们的对话展现了春秋时代的浪漫，这种浪漫到战国时代已经消失了。

> 楚子使与师言曰："君处北海，寡人处南海，唯是风马牛不相及也。不虞君之涉吾地也，何故？"

此处出现了成语"风马牛不相及"，意为"相距很远，毫不相干"。管仲答道：

> 昔召康公命我先君太公曰："五侯九伯，女实征之，以夹辅周室。"赐我先君履，东至于海，西至于河，南至于穆陵，北至于无棣。尔贡包茅不入，王祭不共，无以缩酒，寡人是徵。昭王南征而不复，寡人是问。

楚王的使者这样回答道：

> 贡之不入，寡君之罪也，敢不共给。昭王之不复，君其问诸水滨。

装蒜到这种程度，简直称得上是一种艺术了。楚国的意思是"过去周昭王南巡溺于汉水而未能返回，还是请您去问汉水吧"。隐隐有一种楚国质疑现在提及此事，有何用处的语气。同时，也明显表达了一种意图，即接受继续上贡，不犯中原的条件。在这里，我们似乎提前看到了日后《楚辞》中表现出的悠然从容。既有紧张感，又不失风采，这就是春秋时代名士们的说话语气。

就这样，双方大致判断出对方的意图。在双方对峙的过程中，楚成王派出屈完作为使者前来请和。作为回应，齐桓公将军队撤退到召陵，屈完与齐桓公的对话也堪称《左传》中最出彩的部分。

齐侯陈诸侯之师，与屈完乘而观之。齐侯曰："岂不榖
是为？先君之好是继。与不榖同好，如何？"

　　对曰："君惠徼福于敝邑之社稷，辱收寡君，寡君之愿也。"

　　齐侯曰："以此众战，谁能御之！以此攻城，何城不克！"

　　对曰："君若以德绥诸侯，谁敢不服？君若以力，楚国
方城以为城，汉水以为池，虽众，无所用之！"

　　对话就此结束。就这样，两大势力未经战争，便取得和解，至
少是没有发生激烈的战争。

　　汉水，直到当时，对中原国家来说，仍然是一道无法跨越的屏
障。"去问汉水吧"，实际上是很有恐吓意味的一句话，意为强渡汉
水有可能像周昭王一样葬身水中。同时，屈完还很有派头地说道，
如果以方城与汉水作为防线，展开决战的话，齐国联军兵马再多也
无用。屈完不愧是战国时代楚国名相屈原的先祖，用很文学的方式
解说了重大的情况。

　　齐国率领的联军撤退了。然而，联军撤退，并不意味着楚国会
停止北上。《管子》中记载，齐桓公一面从楚国撤军，一边在郑国筑
城，并命令楚国不得妨碍向东流淌的水路。

　　只是管仲也许不应该就此撤军，这次撤军导致郑国对中原势力
的信任逐渐减少，郑国打心眼里希望齐国的北方联军能够制服楚国。
对郑国来说，总是被楚国的势力所压迫，而中原的支援又太迟缓。
就好像挨了一通大骂之后，只得到了迟来的令人心酸的安慰。

　　然而，齐国撤兵并不等于整个中原势力都沉寂了。晋国正在做
着取代齐国以及牵制楚国的准备。北方势力也正在有条不紊地充实
着自己的力量。同时，西部更是出现了不同寻常的动静。像这样，
由于管仲的出现而催生的干涉主义将春秋时代的舞台急速地向东西
南北四方扩张。

4. 匡正天下

管仲与齐桓公这对搭档在讨伐楚国之后，成为整个中原名副其实的主导者。当时，中原北方的晋国与西方的秦国全都趁着中原东南地区混乱之际，抓紧增强实力，关于这部分内容将在下一章进行探讨。在这里，我们先来听一听齐桓公与管仲驰骋天下的故事。[①]正如"一匡天下"这个词所揭示的蕴意一样，他们的人生果真是多灾多难，同时，他们也处理了很多重要的大事。他们是守护整个春秋时代的人。

在葵丘会盟（前651）之后，齐桓公想举行仅次于天子的封禅仪式。同时，他这样描述自己的人生。

> 寡人南伐至召陵，望熊山；北伐山戎、离枝、孤竹；西伐大夏，涉流沙；束马悬车登太行，至卑耳山而还。诸侯莫违寡人。寡人兵车之会三，乘车之会六，九合诸侯，一匡天下。昔三代受命，有何以异于此乎？吾欲封泰山，禅梁父。
>
> ——《史记·齐太公世家》

齐国在召陵制服楚国到底是最大的事。同时，齐国还北征异族。但是齐国的势力向西推进了多少呢？这一点需要考证。流沙一般指的是沙漠，部分解析者甚至提出了桓公扩张至戈壁沙漠或是西域的荒唐说法。另一历史记录是这样说的：

> 于是乎桓公东救徐州，分吴半。存鲁蔡陵陵蔡，割越地。南据宋、郑，征伐楚，济汝水，逾方地。望文山，使贡丝

---

① 此部分引用的史书主要为《史记》《国语》《管子》。不过，因为每部史书的内容都有细微差别，所以有些内容是通过考证综合而成的。

于周室。成周反胙于隆岳，荆州诸侯莫不来服。中救晋公，禽狄王，败胡貉，破屠何，而骑寇始服。北伐山戎，制泠支，斩孤竹，而九夷始听。海滨诸侯，莫不来服。西征攘白狄之地，遂至于西河，方舟投柎，乘桴济河，至于石沈。县车束马，逾大行与卑耳之貉，拘秦夏，西服流沙西虞，而秦戎始从。故兵一出而大功十二。

——《管子·小匡》

这样看来，管仲与桓公真是忙碌。《管子》反映了当时战国时代的氛围，显然欠缺了《史记》的严密。然而，《管子》却留下了重要的解析依据。同时，也为继续展开以后的故事提供了几条重要的暗示。以这些内容为依据，我们来重构他们的踪迹。

晋国踏入中原舞台之时，还在与狄、戎进行着非常激烈的战争。公元前652年与公元前651年，（白）狄人与晋国展开了大规模的拉锯战。公元前649年，戎族联合势力，从周朝都城东门攻入城内。此时，秦、晋联合，抵挡住戎族。次年，齐国最终出马，管仲让戎族与周王室成功和解，隰朋让戎族与晋国成功和解。好像就是因为这件事，齐国说自己救了晋公。

然而，戎人与狄人的攻势没有就此停止。公元前647年，戎狄再次攻打周王室，齐国率领联军抵挡了戎狄。齐桓公述怀中所说的登上太行险道与卑耳山，应该全都是抵抗戎狄和救援晋国时的事情。

那么，秦国①真的会宾服于齐国吗？也许，此时慑于出兵救晋戎周的齐国的威势，秦国也有可能宾服于齐国。或者是惧怕齐国乘着出兵之际，继续向西扩张，秦国也有可能与齐国和解。然而，笔者所依据的资料表明，秦国并不是宾服于齐国，而是第一次与齐国建立了关

---

① 部分韩国译著中将秦戎解释为秦与戎，这是错误的。中原人甚至楚国都将秦人等同于戎族。关于秦与戎的关系，前文已详细叙述。

系，这个故事与晋国新君晋惠公即位有一定的关联。

我们来简单看看齐桓公末年晋国发生的事。晋献公去世之时，他的两个儿子重耳与夷吾全都亡命在外。后来成为晋惠公的夷吾当时在梁国避难，见晋献公已死，便马上想借助秦国的势力回国。此时，齐国也介入其中，帮助夷吾回国。当时准确的时间是公元前651年，齐国为了救援晋国和卫成周王室，正在与戎狄对峙。正当此时，晋献公去世，晋国发生内乱，齐国便着手派军队去平定晋国的内乱。齐桓公当时率领诸侯联盟军，直抵晋国高梁而回。高梁为今天山西省临汾，是经过晋国都城才能到达的一个地方。齐桓公当时率军到距离晋国都城至近的地方，示威而归。

夷吾想要归国之际，桓公派出隰朋与秦国军队会合，护送夷吾回国。紧接着，隰朋便与周王室商议，将夷吾拥立为晋国国君，也就是晋惠公。那么，问题来了。拥立晋惠公的人，究竟是秦穆公呢，还是齐桓公呢？笔者进行了这样的推测。实际上，齐桓公的军队挺进临汾，一过黄河的话，秦国就会面临危险。同时，齐桓公率领联军灭掉了秦国缓冲地带上类似西虞这样的小国。然而，当时齐国联军没有攻打秦国的理由。《管子》站在齐国的立场上，夸张地描述了此时齐国压制了秦国。

上述引文中提到过的分吴地之半以及分割越国，也是没有历史记录的夸张之辞。越过楚国方城的言论也是夸张。《左传》明确记载，齐桓公的联军没有越过方城。擒狄王的说辞也是齐国的痴心妄想而已。假如齐国真的擒住了狄王，不可能没留下历史记录。胡貉与骑寇，都是出现于春秋时代之后的，所以关于这两者的说法也属夸张。同时，西河指的是黄河，此记录也出现于《国语》中，齐军有很大可能越过了黄河，但没有采取军事行动。上文《管子》的叙述将春秋末期或是战国时代人的臆想与事实掺杂在了一起。

不过，可以确定的是，管仲与桓公先在东方称霸，随后南下征伐楚国，同时还阻挡了北方戎狄的向东南扩张。齐桓公末年，齐国还插手了中原以及西部的问题，拥立晋惠公，攻打戎人，维持晋国存续。秦国也惧怕东方的势力，从而认可了齐国的霸权。齐国果然可以称得上在东西南北"一匡天下"了，而这正是管仲辅佐桓公所做出的事。在春秋时代的大环境下，如果不是管仲与齐桓公这样的组合，其他人是不可能发挥这种程度的政治影响力的。

下一章将探讨齐国一国独霸的霸权秩序逐渐走向多极化。管仲虽然是一代英杰，但也不可能把整个世界操控于手中，那是历史主宰的事情。

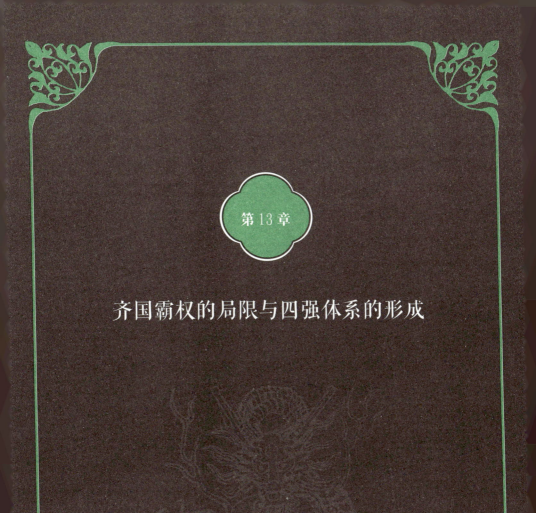

第 13 章

齐国霸权的局限与四强体系的形成

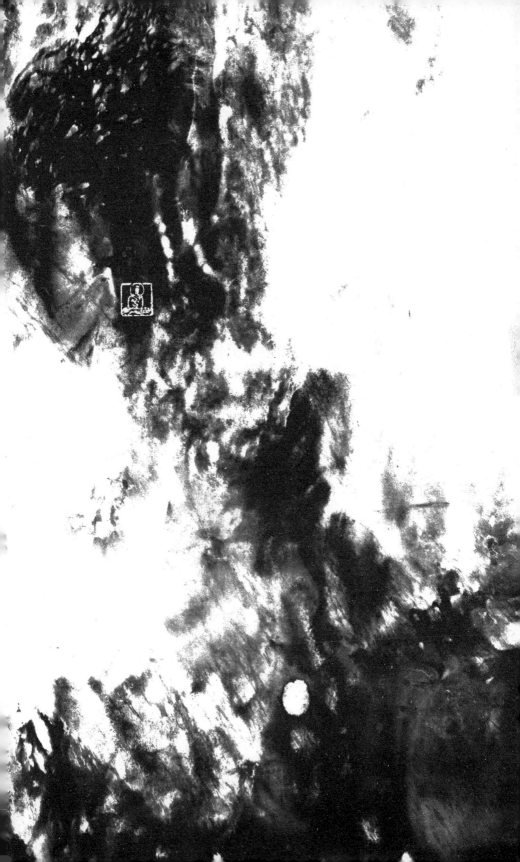

人的能力都是有限的，不可能强者恒强，弱者恒弱。管仲驱使军队，人们也不认为他凶狠残暴；人们向齐国纳贡，也并不觉得耻辱。管仲总是多予少取，是不是可以说成所予即所取呢？《国语》中这样评价管仲的为政之道。

> 通七国之鱼盐于东莱，使关市几而不征，以为诸侯利，诸侯称广焉。筑葵兹、晏、负夏、领釜丘，以御戎、狄之地，所以禁暴于诸侯也；筑五鹿、中牟、盖与、牡丘，以卫诸夏之地，所以示权于中国也。教大成，定三革，隐五刃，朝服以济河而无怵惕焉，文事胜矣。是故大国惭愧，小国附协。

桓公手持刀剑，历史却称颂他实现了文治。像这种实现文治的霸主在历史上是屈指可数的。管仲打造的秩序在之后一直被沿用数百年。斯人已去，但他们留下的事迹却不易消逝。

然而，在愈演愈烈的刀枪剑舞之中，管仲的文治也逐渐褪去光芒。齐国独自成为秩序的主人，但其他国家也逐渐强大起来。现在，我们来冷静地看看齐国的霸权如何走向多极体系，管仲与桓公在最后的岁月上演了怎样的戏码。

葵丘会盟之后，以齐国为中心的秩序慢慢地向西部迁移。这一时期，晋国与秦国这两股西方势力迅速赶追，最终超越了东方。

前文论述过秦国为何拥有那么强的军事实力。无论如何，经历过决定生存的生死之战的人总是更为好战。晋国与秦国正是这种国家，这两国在与异民族的极其激烈的资源竞争中成长起来。在竞争中成长起来的人总是很坚强的，与这些人相比，管仲与桓公的政策简直是优雅至极。

1. 晋国南下

作为东方的霸主，齐国在与南方的楚国以及北方的戎狄对峙之时，有个国家正在大力扩充实力，它就是晋国。晋国蓄积实力阶段的核心人物是晋献公，他在公元前676年登上历史舞台，于葵丘会盟之后不久去世。因而，大体上在齐桓公全盛期，晋献公是主导晋国政治的主要人物。他在人格上是无法与桓公相比的浅薄之人，同时性情也很残暴。不过，无法否认的是，晋献公打下了晋国走向强盛之路的基础。齐国的霸权一萎靡，晋国便能马上揽过霸权，也都是因为晋献公的功劳。

晋献公的政策不像齐桓公的那样优雅。晋献公是典型的唯利是图之辈，他的政策目标始终是明确的，即实行中央集权。从晋献公继位开始，晋国就与西方的秦国一样，与戎狄展开了血花飞溅的激烈战争。

晋献公为了实现集权化，首先着手铲除贵族与政敌。他任用士蒍，毫不留情地把威胁到自己君位的晋国公室势力全部诛杀，这在鲁国或者齐国是无法想象的事情。哪怕管仲主政之后，高氏与国氏也同时参与、分管齐国的权力。管仲与齐桓公是优雅之人，没有正当的理由，就绝不会付诸行动。然而，晋献公不同。晋献公为了达成目标，任何事都做得出来。

晋献公首先铲除了桓叔与庄伯的势力。富子是桓叔与庄伯的子孙中智谋超群的人。受到献公指使的士蔿捏造富子的罪名，处死了富子。接着，士蔿与公子们设计杀死了豪族游氏的两个儿子。然后，他泰然自若地向晋献公报告："最多再过两年，君王就没有什么需要担心的了。"次年，士蔿让公子们杀尽游氏家族，然后在聚地筑城让公子们居住。同年冬天，晋献公派人包围聚城，把公子们全部杀光。当权者决绝地将威胁自己权力的势力全部铲除，这是典型的兔死狗烹的方式。

士蔿凭借这样的功劳，当上了大司空，主管加高并加宽绛都城垣工程，同时加高宫墙。这是刽子手主政的典型中央集权政策。到了公元前661年，晋献公扩充军队为二军，他自己与太子申生各统率一军。之后，晋国迅速出兵灭掉霍、魏、耿等周边国家。所幸晋献公与太子申生都有领兵之才，他们率领二军迅速向戎狄之地扩张。

试想一下。齐国的三军是由齐桓公、高氏与国氏分别统率的，但晋国的二军却是由父子分别统率，这说明晋国的君主家族牢牢掌握了军事实权。当时齐国正一心抵挡楚国与戎狄，无暇顾及晋国的人心向背问题。然而，真正严重的事情发生在公元前655年，晋国攻打了与周天子血缘上最为亲近的虢国，不久之后又吞并了虞国，但齐国对此却无能为力。这个打击可不小，这意味着齐国失去了统御晋国的能力。当时，晋献公早已看透齐国，认为齐国不可能深度介入西部的事务。

当时，晋国有个叫作荀息的谋士。他向晋献公献计灭虞国与虢国。这就是有名的"假道灭虢"，即要求虞国借道让晋国伐虢的策略。所谓"假道灭虢"，指的是一种阴险的手段，这与日本当年想要侵占朝鲜时抛出的"假道朝鲜，通往明朝"的手段是一样的。荀息建议晋献公拿出四匹良马与晋国的宝物垂棘之璧，送给虞国国君，从而让虞国借道给晋国征伐虢国。多疑贪婪的晋献公不情愿地说："那些全是我的宝物啊。"

"只要虞国肯借道，那些宝物只不过相当于暂时寄存在虞国的库房而已。"

"虞国的宫之奇可是很聪明的……"

"宫之奇为人懦弱，不能够坚决进谏。况且，他从小同虞君一起长大，虞君对他比较亲昵。即使他进谏，虞君也不会听从。"

于是，荀息派人送宝物到虞国贿赂虞国国君，并装模作样地说道："虢国无道，侵袭敝国的南部边邑。敝国敢请贵国借路，以便向虢国问罪。"

宫之奇当然表示反对。不过，虞国君主果然没有听从宫之奇的话，反而与晋国一同讨伐虢国。晋国与虞国就这样攻打了虢国。这种状态反复持续了几年后，晋国再次向虞国借道。此时，宫之奇说道："唇亡齿寒。"极力反对。所谓"唇亡齿寒"，指的是息息相关的双方中有一方倒下，另一方自然也跟着倒下的道理。然而，虞国国君这次也没有听从宫之奇的谏言。事实情况果然是嘴唇没了，牙齿就受凉。晋国军队在灭掉虢国之后，回晋国的路上，果然趁势把虞国也灭掉了。

这样，距离周天子最近的两个周朝姻亲国家就这样被晋国一次给灭了。管仲与桓公不屑使用的诡计，晋国若无其事地就使用了。前文中讲到息、蔡两国相斗，最后全被楚国所灭，虞国和虢国的灭亡，与息、蔡的亡国情形实在是太像了。

如此一来，晋国迅速壮大，加速进行军事化。晋献公为防齐国要挟，起初是有心参加葵丘会盟的。不过，他出发的时间稍微晚了些，碰巧遇到参加会盟而归的周朝太宰，他对晋献公说道：

可无会也。齐侯不务德而勤远略，故北伐山戎，南伐楚，
西为此会也。东略之不知，西则否矣。其在乱乎。君务靖乱，
无勤于行。

晋襄公听了这话就没有去参加会盟。这样一想，周朝的行为真
是可耻啊。一有事就向齐国求助，背后却又在担心齐国会威胁周朝
的地位，并因此向新兴强国晋国说齐国的闲话，诋毁齐国。然而，
我们却并不能因此责骂周朝。因为这是有名无实的周王室的典型生
存战略。所幸，周王室的这种态度与晋国的想法一拍即合。晋国并
不想宾服于齐国。之后，齐国虽然援救了遭到戎人攻打的晋国与周
王室，但全都落了个为人作嫁衣的结局而已。

2. 郑国在齐、楚之间摇摆

楚国在召陵向齐国联军屈服之后，楚成王在向中原的周王室进
贡的同时，又开始慢慢地将利爪伸向距离楚国较近的国家，他的目
标是胁迫郑国。

此时，周王室的生存法则再次成为问题。老奸巨猾的周惠王隐
隐有了牵制齐国的想法。但凡中原的道路，都要经过郑国，所以，
郑国对周王室来说也很重要。

在召陵制服楚国不久，齐桓公便在首止召开会盟大会。其时，
周惠王便差人前去跟郑文公隐约传达了下面的意图。

吾抚女以从楚，辅之以晋，可以少安。

郑国夹在齐国与楚国之间，既惧怕地理距离上较近的楚国，又
无法抛弃与齐国的信义。对郑国来说，周惠王的建议既让人摸不着

头脑，又娓娓动听。难道周王室将来想要认可楚国吗？周王室是选择晋国作为靠山了吗？如果是北方新兴强国晋国支持这一做法的话，倒也没什么不能做的。于是，改变心意的郑文公没有参加盟誓就离开了会盟场地。一看就是听从了周惠王的建议，而且外交上开始隐隐向楚国靠近。但此时，孔叔恳切地向郑文公进谏道：

> 国君不可以轻，轻则失亲。失亲患必至，病而乞盟，
> 所丧多矣，君必悔之。

然而，郑文公听不进去。于是，齐国马上就派出军队讨伐郑国。郑国为荒唐之人背了黑锅之后，向齐国请和。不过，郑国已经开始在齐、楚之间摇摆，却是不争的事实。楚国再次开始敲打位于中原与自己之间的小国。郑国预感到晋国与楚国对峙的时代格局已经临近了。当时，齐桓公与管仲又是怎么想的呢？

郑国背叛齐国，后又向齐国谢罪等事发生之后，齐国在宁母召开大会，商讨关于郑国的事情。郑国虽小，但位于中原要地，握有能够左右中原大局趋势的钥匙。郑国依附楚国，投靠新兴强国晋国从而差点引起纠纷。这时，一个诱人的提议出现于大会上。郑文公派太子华参加大会，太子华说道："泄氏、孔氏、子人氏三族，实违君命。若君去之以为成。我以郑为内臣，君亦无所不利焉。"

对于曾带领诸侯联军讨伐郑国背信弃义却毫无明显成果的齐桓公来说，这真是一个很诱人的提议。他想接受这个提议。那么，管仲又会作何反应呢？会像齐桓公一样一把接住飞来的馅饼吗？管仲的想法有所不同。

> 君以礼与信属诸侯，而以奸终之，无乃不可乎？

齐桓公接着说道：

诸侯有讨于郑，未捷。今苟有衅。从之，不亦可乎？

管仲向齐桓公解释道：

君若绥之以德，加之以训辞，而帅诸侯以讨郑，郑将
覆亡之不暇，岂敢不惧？若总其罪人以临之，郑有辞矣，
何惧？且夫合诸侯以崇德也，会而列奸，何以示后嗣？夫
诸侯之会，其德刑礼义，无国不记。记奸之位，君盟替矣。
作而不记，非盛德也。君其勿许，郑必受盟。夫子华既为
太子而求介于大国，以弱其国，亦必不免。郑有叔詹、堵叔、
师叔三良为政，未可间也。

实际上，管仲是不怎么使用诡计的。如果是晋献公的话，肯定
会立刻接受这样的提议，然而，管仲却没有接受。最终，因为郑国
向齐国请和，管仲达成了目的，这件事实际上给齐国塑造了不会主
动挑起战争的形象。管仲是与后世的诸葛亮非常相像的人。对他来
说，就算是敌人，只要优秀，他也会认可；就算是对自己有利，但
对方如果是敌人的叛徒，他也不会轻易予以信任。哪怕是有利可图，
管仲也不会亲近人品上有瑕疵的人。

郑国的摇摆明显成为推动楚国强盛的要因。郑国从此走上了左
右摇摆的墙头草之路。不久之后，楚国成功制服郑国，实现了华丽
的复活。

3. 秦国进军中原

前文已经叙述过秦国通过与戎的战争自我锤炼，成长为军事强
国。齐国的霸权达到顶峰之时，秦国也有一位英雄登上君位，这个

人就是秦穆公。笔者认为，正是秦穆公奠定了在约四百五十年之后秦统一六国的基础。

秦国虽然是能够与戎人直接对决的军事大国，但总是缺少了点什么。秦侯有武才，使得秦国兴盛。然而，在同异民族的激烈战争的旋涡之中，秦国战死的人不计其数，基本人口少于中原。在古代，国家间的斗争越激烈，基于人口的生产力就越能决定胜负。今天世界上虽有人口少却很富裕的国家，但在古代，人口本身就是生产力。尽管随着技术发挥的作用日渐重要，催生出劳动力与技术协作而生产的粮食，但这只是近来的事情。

秦国现在需要稳固国内的生产基础，同时也需要能够运用外交手段从而避免不必要冲突的人才。也就是说，秦国所急需的正是能够发挥姜太公或者管仲那样作用的人才。秦穆公很清楚秦国的局限是什么。秦国要想崛起，必须引进中原的人才。如果秦国的武力与中原的人才结合的话，秦国最终就能够具备进军东方的实力。

在与戎的斗争中，武力得到强化的秦国一边与其东边的晋国持续作战，一边阻挡戎人向东南扩张，赢得了周王室的支持，悄悄向中原靠近。这一时期辅佐秦穆公的人正是百里奚。此人当时如果再年轻一些的话，肯定能够为秦国做更多的事。他在秦国被起用之时，已过七旬。不过，自从百里奚出仕之后，秦国的武士就都穿上了结实的甲衣。

百里奚性情仁慈，基本上是个重视内修国政的人。同时，他还有着出色的眼光。像管仲一样，百里奚的生活经历也极富戏剧性地曲折。百里奚是虞国人。他年轻的时候凄惨贫穷，壮年之时又饱受屈辱。他明显不是贵族出身，但是，他对自己的才能充满信心，曾辗转于多地求仕。他似乎自认为有在东方的齐国或者天子的周朝出仕的本领。同时，就像管仲身边有鲍叔牙一样，百里奚身边也有蹇叔这样优秀的为政前辈。

最初，百里奚曾前往齐国求仕，但落入没饭吃、需要乞食的窘境。此时，名为蹇叔的宋国人帮助了他。蹇叔是有识人之才的长者，

齐国的公孙无知杀死齐襄公，自立为齐君，百里奚想去辅佐公孙无知，被蹇叔拦住。远道来齐的百里奚虽不了解齐国的情况，但仍听从了蹇叔的话。因此，百里奚能够避免卷入雍林杀死公孙无知以及公子纠与小白斗争的祸乱中。正如蹇叔所预测的那样，无知果然没能在位多久。之后，百里奚到了周朝王子颓那里，因为颓喜欢牛，而百里奚有养牛的才能。颓是依仗（南）燕国和卫国逼迫周惠王退位的人。这次，蹇叔也劝阻了百里奚，这是因为，蹇叔深知颓的品行有问题，且颓没能受到周朝最亲近的姻亲国家郑国与虢国的信任。百里奚因而没有去侍奉颓。最终，颓被郑国与虢国的联合势力处死。百里奚这次也是多亏听了蹇叔的话，才躲过了祸乱。

多次受挫的百里奚陷入失意之中，重新返回家乡。回到家乡的百里奚怀着勉强混口饭吃的心思，在虞国君主手下谋得了一个职位。这在百里奚的人生中可以算是一个小侥幸了。这次，蹇叔也以虞国狭小和虞君愚蠢的理由对百里奚进行了劝阻，但百里奚不忍放弃好不容易得来的小小职位。

然而，正如我们所知，晋献公早就做好灭掉虞国与虢国的准备。荀息向虞国借道征伐虢国，后来把虞国也一起灭了。身处旋涡之中的小官百里奚也被晋国当作俘虏掳走。

晋献公既是权力欲的化身，又是卑鄙粗俗之人。晋献公将自己的女儿嫁给秦穆公，把从虞国抓来的百里奚充作媵臣。所谓媵臣，一句话来讲就是出嫁女子的随嫁男性臣仆。虽然相传商朝伊尹就是媵臣出身，但这对周游天下之后定居故乡的百里奚来说，仍然是无法忍受的侮辱。尽管当时百里奚的才华已为人传扬，但晋献公仍旧没有起用他的想法。晋献公连自己的大夫甚至儿子们都不相信，一度要处死他们，又怎么可能轻易相信一个他国来的人呢？

百里奚就这样被发落到了秦国。这次，百里奚果断地从秦国出逃，虽然出身小国，但好歹曾经也是一个国家官员，他无法忍受在他国为奴的生活。因此，百里奚逃向了楚地，据说他当时已年过

七十。他真是命运多舛。

　　然而，秦穆公不是普通人。他听闻百里奚贤明，就下定决心一定要起用他。这正是秦国的长处所在，扬名秦国的人中，其他国家的人极多。现在，秦穆公要起用一个奴隶。这如果是在中原国家，周围人一定会拿出各种繁文缛节来阻止，就算是起用了，也不会让这个奴隶有机会施展才能。所谓宗法秩序，是以明确的身份区分为前提的。而现在像百里奚这样的人登上历史舞台的时代到来了。百里奚的登场看似只是一个简单的事件，但其实是中国向世界文明发展的一个标志。国家间的激烈斗争正在瓦解奴隶制的基础。

　　秦穆公本想用重金从楚地赎买百里奚，但又担心楚国万一知道百里奚的价值，不肯送还。因此，秦国援用了鲍叔牙带管仲回齐国的办法，故意满不在乎地处理这件事。秦穆公派使臣对楚国说："寡人的媵臣百里奚逃到了贵国，请允许寡人用五张黑色羊皮赎回。"

　　于是，楚国交出了百里奚。一国之君秦穆公郑重地请求行使"理所应当的权利"，楚国没有道理不答应。就这样，秦穆公得到了百里奚这位人才。

　　秦穆公与百里奚彻谈了三天，发现百里奚果然是人才。因为秦穆公是用五张羊皮换回的百里奚，所以尊称百里奚为"五羖大夫"。"五羖大夫"从此被用来形容身份低贱但具有大才能之人。

　　百里奚最初推辞了秦穆公的为政邀请。百里奚自认为是亡国之臣，感到羞耻。于是，秦穆公对他说了下面的话。单从这段话就能够看出秦穆公之后能成大事。

　　"虞国不任用先生，所以亡国了，这并不是先生的罪过。"

　　百里奚向秦穆公推荐了蹇叔。秦穆公拜蹇叔为上大夫。因此，百里奚与蹇叔两位年长的贤臣成了引领秦国的两驾马车。任用蹇叔的那年，秦国便开始对晋国展开攻势，显示出要进军中原的势头。

　　公元前656年，晋献公为了立自己与骊姬所生的儿子为继承人，诬陷处死了太子申生。同时，他还试图处死剩下的两个儿子重耳与夷吾，重耳与夷吾无奈都逃往他国。夷吾亡命到梁国，后来成为晋惠公。重耳流落多地，后来成为春秋时代第二位霸主晋文公。秦穆公意图帮助夷吾的理由很明确，他想等到晋国再次发生内乱时，护送夷吾回到晋国，从而从晋国获得土地等利益。

五年之后，晋献公去世，晋国果然发生了内乱。秦穆公马上让百里奚护送夷吾回国。当时，齐国的隰朋也前来一起拥立夷吾，此时兴许就是秦国与齐国的初次接触。

秦国就这样打下了进军中原的根基。现在，名副其实的四强格局确立起来了。晋国受到周王室的暗中支持，不参加齐国的东方联盟；与周王室达成和解的楚国动摇郑国，重又向北方扩张；秦国以百里奚与蹇叔打头阵，驱动着强大的战争机器，滚滚而来。

尽管历史没有假设，但在晋国遭到戎人攻击时，管仲如果不加以援救的话，结局会怎么样呢？或者管仲到西方抵挡戎族，拥立晋惠公之时，干脆与秦国进行一次会晤的话，结局会如何呢？又或者郑国太子华提出齐国兼并郑国的方案时，管仲予以接受，从而阻断楚国北上之路，那结局又会是怎样的呢？

是实力不足吗？这些都很难判断。然而，管仲就算有那样的实力，也不会那样做。管仲不会做师出无名之事。同时，在春秋时代，当时霸主的角色不是通过大规模的战争去统一天下。再者，如前所述，当时的社会情况也不具备一国统一天下的条件。经济学家管仲只在自己的预算范围内行事，绝不会容忍过度的危险或是过度的浪费。

现在齐国要想统御西方与南方的强国，恐怕也是不可能的事情了。同时，上天赐予管仲的寿命也是有限的。拥立晋惠公之后不久，管仲与隰朋双双去世。管理四强体系的齐国指挥塔就此坍塌。

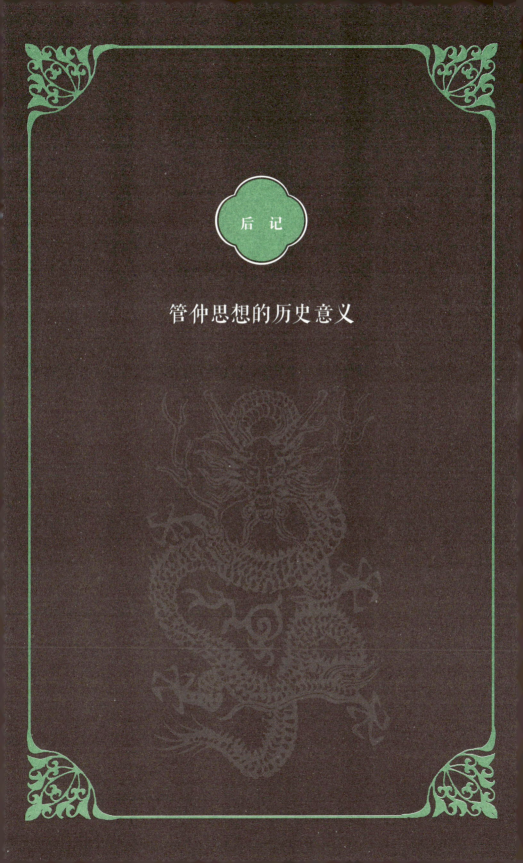

后 记

管仲思想的历史意义

1. 管仲的遗言[①]

公元前 645 年，齐国一位政治家临终之前，旁边坐着这位政治家的君主，君主正向政治家询问着什么。历史上，管仲的出现富有戏剧性，他波澜壮阔的一生与业绩也是前无古人后无来者。管仲到底是创建了春秋秩序之人，从人性上看，他也是个与众不同的人。管仲临终之前与齐桓公的对话，在为政者之中不仅极为罕见，而且富有真实性。他们的关系不是君主与臣子，而是共度一生的战友和兄弟。

"仲父您的病如此严重，现在无法再继续避讳下去了。假若不幸未能治好此病，寡人应该用谁主政呢？"

管仲不忍回答。齐桓公接着问道："鲍叔牙的为人如何呢？"

"鲍叔牙君子也。就算给他千乘之国，如果没有正当的名义，他

---

① 此部分对话以《管子·戒》与《史记》各部分组合而成。《管子·戒》很好地运用了春秋时代史料的对话体形式。笔者相信这部分显然与《管子·大匡》一样，也是以基础史料为根基构成的。当然，也有一部分看起来被战国时代的编撰者加工过。

也不会接受。因此，不可委以国政。他善恶过于分明，为人好善，但过于讨厌恶。他看到别人的一点恶，就终身不忘。"

这是管仲对共度一生的知心老友的正确评价。这些话语流露出管仲对鲍叔牙的真挚友情。管仲的想法兴许是"政治，当真值得从事吗？还不如让鲍叔牙退出庙堂，保全人生呢"。

于是，齐桓公又问道："那么，寡人把国政委托给谁呢？"

"隰朋可以托付。隰朋有远大眼光而又虚心下问。我认为，给人恩惠叫作仁，给人财物叫作良。用做好事来压服人，人们也不会心服；但用做好事来熏陶人，人们没有不心服的。治国有有所不管的政务，治家又有有所不知的家事，这只有隰朋能做到。

"而且，隰朋为人，在家不忘公事，在公也不忘私事；事君没有二心，也不忘其自身。他曾用齐国的钱，救济过路难民五十多户，而受惠者不知道是他。能称得上大仁的，除了隰朋还有谁呢？"

最后一句是依据儒家的修身、齐家、治国、平天下的理论，稍微润色而成的，但与管仲的思想基本相通。管仲不喜欢表里不一之人。同时，若为政之人将善恶一一分清来决定胜负，管仲并不会认为这就是大善。他认为，不声不响地付诸行动，同时并不特别在意这些方面的，才是最仁慈之人。这是管仲对自己一生的为政挚友隰朋的最高评价。

齐桓公又问谁是能够使国家安宁的人选，管仲的回答还是隰朋。

"鲍叔牙的为人，好直；宾胥无的为人，好善；宁戚的为人，能干；曹孙宿的为人，能说。"

齐桓公又接着问这几个人之中选谁。然而，在管仲看来，综合具备这四个人的才能的还是隰朋。

"鲍叔牙的为人好直，但不能为国家而牺牲其好直；宾胥无的为人好善，但不能为国家而牺牲其好善；宁戚的为人能干，但不能适可而止；曹孙宿的为人能说，但不能取信以后就及时沉默。据我所知，按照消长盈亏的形势，与百姓共屈伸，然后能使国家安宁长久的，除了隰朋还有谁呢？"

　　管仲这样说完，深叹一气，说："上天生下隰朋，本是为我作'舌'的，我这肉身死了，舌头还能活着么？"

　　不知是否因为这些话使然，果然管仲去世不过十个月，隰朋也跟着去世了。上述内容出自《管子》。《史记》中则是齐桓公就宰相人选向管仲询问了其他几个人是否可以委以重任。

　　· 桓公问道："易牙如何？"

　　易牙是齐桓公宠信的厨师，他将自己的儿子烹饪，献给桓公食用。

　　"易牙为了满足国君的要求不惜烹了自己的儿子以讨好君，没有人性，不宜为相。"

　　"那么，开方怎么样呢？"

　　据说，开方在父亲去世后也不回家奔丧，仍然留在齐桓公身边追随。

　　"他抛弃双亲来迎合国君，不合人情，不可接近。"

　　"那么，竖刁如何呢？"

　　竖刁是为了侍奉齐桓公，而主动成为宦官的人。

　　"阉割自己来迎合国君，不合人情，不可亲信。"

　　管仲荐举隰朋是因为隰朋在公不忘私事，在家亦不忘公事，是心性极为"正常"之人。然而，易牙、竖刁、开方显得过于忠诚，让人无法相信。《管子》中有相关的逸事，讲述了这些人是怎样的人。

　　原先，齐桓公有着极度重视华服与美食的劣根性。易牙等人于是抓住桓公这个特点，才得以接近桓公。有一天，桓公说道："我还没尝过蒸小孩是什么味道。"当时作为宫中厨师的易牙马上将自己的儿子蒸煮献给齐桓公。虽然他是狠毒之人，但他却用这一道菜成功上位。同时，竖刁见齐桓公好女色，便主动阉割自己，从而接近齐桓公，他进宫之后，马上就充当了为齐桓公物色女人的角色。开方是来自卫国的流亡政客。他以侍奉齐桓公为名，长达十五年不去看望父母，而他父母的住宅不过几日便可到达，这显然是为了显示一心只为桓公着想的忠心。这些人付出这样大的代价，可见他们对权力的渴望。

在管仲看来，这些是绝对不可亲近之人。以好善之心来应对他人的鲍叔牙固然过于善恶分明了，但竖刁、开方、易牙等人残害自己身体、无视家庭、杀死自己儿子，在管仲眼里也是不正常的心性。一旦时局有变，这些人什么事做不出来呢？背叛自己父亲的人，假若得到机会，难道不会背叛国家吗？

2. 未完成的霸业

不幸的是，管仲的遗言并没有被遵守。齐桓公是一位只有和管仲在一起时，才能发挥能量的君主。自己特别尊敬或信任的人崩溃的话，人会有跟着一起崩溃的倾向。尽管齐桓公在管仲去世之后不久也去世了，但他的死以及霸业的中断实在是荒唐至极。

公元前 643 年冬，齐国各地的将士听到一个晴天霹雳一样的消息：“国家发生动乱了。”齐桓公最终死于非命。

刚开始，齐桓公依从管仲的遗志，暂时疏远了竖刁、易牙、开方等人。然而，管仲一死，这些马屁精很快就露出了本来的面目。特别是像齐桓公这样功名欲与世俗欲望都很强的人，立刻成为马屁精们的目标，他很快开始想念易牙做的菜肴。厨师易牙通过内臣竖刁向齐桓公献佳肴，讨好他，开方也凭借巧言令色重新上位。

齐桓公和正室夫人没有儿子，但他好女色，姬妾成群，光是享有正室夫人待遇的女人就有六个。早年，齐桓公与管仲将郑姬所生的公子昭立为太子，并托付给宋襄公照料。此外，其他姬妾所生的儿子多达十名。

不久，易牙、竖刁等人发动叛乱，监禁了桓公。隰朋在管仲去世的当年也去世了，鲍叔牙也于次年去世，但宁戚、宾胥无等人那时在做什么，史书没有记载。宁戚、宾胥无等人都是要在管仲与隰朋身边才能发光的人。《左传》中记载，易牙等人杀死了与其对立的官吏，不知宁戚、宾胥无等人是否也在其中。如管仲所言，易牙等人果然是可怕之人，易牙等人与卫姬勾结，立卫姬的儿子无诡为国君，但其他公子全都不认同，各自拉帮结派，互相残杀争权。据说，在这些人互相斗争杀戮期间，齐桓公的尸身被放置不管，长达 67 日未入殓，最后，尸体上生出的蛆虫都爬到了门外。儿子们留下自己父亲的尸体不管，只顾争权夺利，场面十分凄惨。管仲若在地下看到这般惨象，肯定会痛苦不已。

《管子·小称》中记录了桓公最后的呐喊。

> 处期年，四子作难，围公一室不得出。有一妇人、遂从窦入，得至公所。公曰："吾饥而欲食，渴而欲饮，不可得，其故何也？"
>
> 妇人对曰："易牙、竖刁、堂巫、公子开方四人分齐国，涂十日不通矣。公子开方以书社七百下卫矣，食将不得矣。"
>
> 公曰："嗟兹乎！圣人之言长乎哉！死者无知则已，若有知，吾何面目以见仲父于地下！"乃援素帻以裹首而绝。

据说，齐桓公死后，连安葬他的棺材都没有，尸体被放到拆下的杨树门板之间。当时的贵族们都以使用胡桃木棺椁为荣，而一世英豪的春秋霸主最后却落了个杨木门板掩尸的结局。齐桓公觉得没有面目见管仲的原因在于没有听从管仲临终时的嘱咐。其实，管仲了解桓公的性情，因此在留遗言的时候一遍又一遍地嘱咐桓公。

> 管仲曰："微君之命臣也，故臣且谒之，虽然，君犹不能行也。"

公曰："仲父命寡人东，寡人东；令寡人西，寡人西。仲父之命于寡人，寡人敢不从乎？"

管仲摄衣冠起，对曰："臣愿君之远易牙、竖刁、堂巫、公子开方。"

然而，管仲的担忧还是变为了现实。实际上，只要是管仲的话，齐桓公都会听从，只是这次最后没能战胜原始的欲望。

经历这些波折之后，无诡继位了，但宋襄公可不会坐视不管。因管仲与齐桓公之前把太子托付给了他，他有拥立太子的义务。无诡既没有继位的正统性，也没有什么才能。于是，在宋襄公率军来攻打无诡之际，齐国人杀死了无诡，宋襄公拥立公子昭为王，但有四个公子不服，联合起来攻打昭。不过，这四个公子也被宋襄公打败，最终公子昭成为桓公的后继者，是为齐孝公。

最离奇的事情是，在权力斗争中失败的七名齐国公子全部逃去了楚国。这七名公子的父亲为了守护中原而抵御楚国之事犹如昨日，现在这位父亲的七个儿子互相斗争失利后，却全都逃到了敌国。楚成王本来就是抱负宏大之人，对于送上门的齐国公子们，没有拒绝之理，这些公子全都成了楚国的上大夫。尽管齐国还是一个强国，但就齐桓公与管仲数十年开拓经营的霸权来讲，这结局未免太过寂寥了。之后，春秋时代这一舞台的中心便从齐国转移到了晋国与楚国。最后的这种结局估计也是管仲未曾预料到的。

3. 管仲与友人们

翻手作云覆手雨，纷纷轻薄何须数。

君不见管鲍贫时交，此道今人弃如土。

——杜甫《贫交行》

笔者每每听到管仲与鲍叔牙、召忽、隰朋、宁戚、宾胥无以及齐桓公的故事时，总是禁不住开始思考关于友情的一切。管仲的伟大之处在于他能得到周围人的全面支持，他们的故事仿佛让人想起《诗经》中的"乐只君子"。他们都具备实力，但不知哪里又有着土气的一面。一般在到达权力中心之后，原先志同道合的人便会开始互相牵制和斗争，然而，管仲与他的朋友们却能将这种最初的信任一直保持到最后，互不相疑。翻遍中国所有的史书，也找不到任何关于这些人之间矛盾的记录。因此可以这么说，齐国的霸业不是只由一个人来实现的。

　　一起同行的人之中，召忽最先死去。召忽之死，成为管仲心中的负债，幸运的是，余下的人一起同行到了最后。管仲与鲍叔牙不是齐国的世袭贵族。不是贵族的他们远道而来，打造了春秋时代的秩序。因为有鲍叔牙，管仲才能登上历史舞台。并且，登上历史舞台之后，鲍叔牙的信任与支持也一点没有改变。这就是鲍叔牙。

　　《大匡》中有如下对话。

　　　　宋伐杞。桓公谓管仲与鲍叔牙曰："夫宋，寡人固欲伐之……"
　　　　管仲对曰："不可。……"
　　　　桓公问鲍叔牙曰："奚若？"
　　　　鲍叔牙曰："公行夷吾之言。"

　　宋国伐杞，狄人伐邢与卫，桓公封赐了这三个被诸侯伐国的国君，各送兵车百乘，甲士千人，保全了这三国。这是破格的待遇。于是，隰朋、宾胥无两人恳切地向桓公进谏道：

　　　　"三国所以亡者，绝以小。今君封亡国，国尽若何？"
　　　　桓公问管仲曰："奚若？"

管仲曰:"君有行之名,安得有其实。君其行也。"
公又问鲍叔牙。鲍叔牙曰:"君行夷吾之言。"

"公行夷吾之言。"这是鲍叔牙对朋友的信任。鲍叔牙信任管仲什么呢?信任管仲的信义。我们熟知管仲是如何坚守信义的。管仲、召忽与鲍叔牙,三人犹如一鼎三足。管仲曾说过:"生我者父母,知我者鲍子也。"表达了对鲍叔牙无比的信任。

《管子》中还记载了这样的趣闻。

桓公、管仲、鲍叔牙、宁戚四人饮,饮酣,桓公谓鲍叔牙曰:"阖不起为寡人寿乎?"

鲍叔牙奉杯而起曰:"使公毋忘出如莒时也,使管子毋忘束缚在鲁也,使宁戚毋忘饭牛车下也。"

桓公辟席再拜曰:"寡人与二大夫能无忘夫子之言,则国之社稷必不危矣。"

那么,隰朋又如何呢?正如管仲所言,隰朋作为与管仲一起奔波于一线的朋友,与管仲犹如躯体与舌头的关系,管仲去世后不久,隰朋也紧跟着去世了。真的像躯死舌亡一样。他们是英雄,也是好人。从遥远异乡来到齐国的"乡野之人"管仲,他交友的方式也自始至终诚恳质朴。

他即使地位居人之下,也充满智慧。与其说齐桓公是他的君主,不如说是他的朋友,对待朋友,应好好引导帮助,而不是随意挫伤其锐气。管仲认同齐桓公的欲望。桓公的恶习有爱女色、饮酒、打猎,所有这些都得到了管仲的认可,但有一点,他要求君主不可沉沦于安逸享乐,认为君主只要把重要的事情做好就可以了。一个国家的重要之事是养活百姓与不在战争中失败。管仲的态度是,只要君主做好公事,那么,君主私人的一些欲望都可以被接受。

齐桓公性情豁达，如果管仲抑制他所有的欲望，那么他可能最终也就止步于一个平凡之人或是走上不同的人生之路。实力仅次于管仲的明朝大政治家张居正，曾压制了君主所有的欲望，自己却暗中纵欲享乐。然而，张居正一死，明朝立刻诞生了一位世界上最贪婪懒惰的"怪物"皇帝，此人正是张居正生前辅佐的明神宗万历帝。如果无条件地压制上司的欲望，那么这个上司最后肯定会寻找一个发泄口。管仲一边辅佐齐桓公，一边也包容齐桓公的弱点，齐桓公也按照管仲的话去努力。他们俩第一次相见的时候，进行了如下的对话。

> 公曰："寡人不幸而好田，晦夜而至禽侧，田莫不见禽而后反。诸侯使者无所致，百官有司无所复。"
>
> 对曰："恶则恶矣，然非其急者也。"
>
> 公曰："寡人不幸而好酒，日夜相继，诸侯使者无所致，百官有司无所复。"
>
> 对曰："恶则恶矣，然非其急者也。"
>
> 公曰："寡人有污行，不幸而好色，而姑姊有不嫁者。"
>
> 对曰："恶则恶矣，然非其急者也。"
>
> 公作色曰："此三者且可，则恶有不可者矣？"
>
> 对曰："人君唯优与不敏为不可，优则亡众，不敏不及事。"

管仲批判的正是像万历帝一样的人，臣子有事报告却不予回复，事情决定了却不推进。嗜好酒色、女色、狩猎等习惯固然不利于统治，但万事皆有其积极的一面。然而，优柔寡断的君主则会将追随者推向死亡。私生活是个人的领域，君主也应有私生活。管仲认可君主的私生活，但也认为君主在公事上决不可懒怠，君主需要让自己的追随者得到幸福，君主若忽视其本分，则不可被宽恕。

张居正缺乏像管仲一样的洞察力，他用毫无意义的律条约束万历帝，最终却导致了怪物皇帝的诞生。尽管张居正也是很有实力的人物，但没有管仲的野性，他过多地被宗法制度的各种规则束缚了。管仲并不想抹杀君主的野性，就像不想任意驯服百姓一样，管仲也不想任意驯服自己的领导，这也许正是管仲的基本态度。

4. 管仲思想的历史意义

实际上，管仲是建立春秋时代的经济、政治、军事、法律、外交等方面秩序的人。后世借管仲之名编撰的庞大浩繁的文集《管子》，也表明管仲的行动本身产生了巨大的影响力。士农工商的分工、市场的活性化、对外贸易、农田开垦、税制改革、中央与地方行政体系的确立、三军制度的整备、法令执行方式的确立、尊王攘夷与会盟秩序的确立，所有这些秩序都是由管仲建立的。同时，这些制度都被后世沿用，在此，仅挑选最为核心的两点进行讨论以结束关于管仲的故事。

开启良性循环的竞争模式

管仲的头衔有很多，比如中国最早的重农主义经济学者，还是以生产为中心的经济学者，又是制度学派学者。读《管子》时，最令人感动的场面是管仲的政策使人们像流水一样涌入齐国。不仅是人才涌入齐国，普通百姓也争相涌向生活安稳的齐国。

> 使税者百一钟，孤幼不刑，泽梁时纵，关讥而不征，市书而不赋；近者示之以忠信，远者示之以礼义。行此数年，而民归之如流水。
>
> ——《管子·霸形》

为什么人们像流水一样归附到齐国呢？因为到了齐国能够安定地生活。人们来到齐国能够安心地做生意，开垦土地也只需要缴纳少许税金。齐国的统治者认为"粮食是百姓的性命所在，是君主的大业所在"。同时，齐国还有不交税也可以做生意的市场。

这正是孟子所倡导的理念的原型。孟子认为，君主若实行仁治，那么百姓自然会归附，就算没有巨大的城池和锐利的兵器，国家也能够强盛起来。竞争也是多方面的，既有推动社会向前发展的生产性竞争，也有拖累社会倒退的非生产性竞争。管仲最先将人引入竞争之中，这种竞争模式的大门一打开，就连专制统治者也别无选择，只能全心全意地努力建设好的国家；否则，国家将有可能失去所有百姓。看看近代美国便知，美国在南北战争之后，将人这一要素引入竞争之中，形成了压倒世界上其他国家的优势。将人引入竞争，就会使国家变得富有强盛。

如果管仲不任用平民中的优秀人才，那么宗法制又怎么会瓦解得那么快呢？管仲开启了后来士人阶层解放的大门，同时管仲自身的确也只是士人，而不是贵族。

肯定正当的欲求

一般来讲，传奇式的人物都会说这样的话：别人努力的时候，我在努力；别人玩的时候，我还在努力。这种努力是成功的基础，自不待言。然而，在如此努力并且成为领导者之后，问题就出现了。一个人成为上位者之后，若还是让下属不睡觉、不玩耍，只让下属学习和工作的话，那么这个人无异于一个陷入偏执的匹夫，而不是领导者。

百姓是什么样的人呢？人也是动物，会贪图安逸享受。尽管努力奋斗是成功的捷径，但若所有人都为成功而疯狂，那么社会就会人情寡淡，变得残酷和暴力。试想一下，假如所有的狮子都想当首领的话，最后的结果会怎么样。结果必然是最后只剩下一头狮子，狮群最终走向灭亡。因此，不可要求所有人都无限努力，这正是管仲的原则，即领导者需要努力前行，而对于不努力奋进的追随者，领导者却不可执鞭责罚。这是所有伟大领导者的待人观，也是管仲的待人观。

　　正如斯宾诺莎所言，所有生命体都带有"自我保存的倾向或是欲望"，这是存在的本质。要肯定别人的欲望与诉求。如果欲望被过度压制，那么人就会变成"变态"。尤其是果腹的欲望如果被压制，那么人会变成什么样子呢？结果必然是再怎么善良的人，也会变成暴徒。对别人出于自我保存的欲求而产生的健康的欲望，要予以肯定，这便是管仲的想法。"不依靠法律来管理人，而是满足人之根本需求"，是齐国创始人姜太公制定的不成文规定。管仲认为："百姓厌恶死亡，那么就保证百姓的生存；百姓厌恶痛苦，那么就让百姓生活安稳；百姓厌恶贫穷，那么就让百姓生活富足。"姜太公主张："不损害民之利，而是予民以利；不使民挫败，而使民得成就；不使民遭受死亡，而使民顺利生存；不夺民之财，而予民财；不使民痛苦，而使民得安逸；不使民愤怒，而使民愉快。"[①]可以看出，管仲的主张完全符合姜太公的精神。

　　管仲肯定人的欲望，尤其肯定普通人的欲望。"政令之所以能够推行，就在于顺应民心。"（《管子·牧民》）这正是管仲的看法。"百姓总是予之则喜，夺之则怒，这是人之常情。"（《管子·国蓄》）

　　那么反之，领导者又是怎样的人呢？领导者就能任意放纵自己的欲望吗？领导者也有其个人的欲望。不过，因为领导者自身具有能量，所以如果他的自我保全欲望过度的话，就有很大可能沦为"变态"。最简单的例子就是领导者为了保全自己而发动战争。战争与诸多其他个体的自我保全欲望相悖，领导者的行动很容易与其他人的自我保全欲望相悖。因而，领导者需要以身作则，让人们的欲望符合礼（和谐的秩序）治。管仲认为，领导者的作用不在于压制普通

---

① 引自《六韬·文韬》。《六韬》虽然记述了姜太公的思想，却并不是姜太公所著。从时间上看，《六韬》成书于《管子》之后，显然极有可能受到了《管子》的影响。不过，很明显的是，《六韬》传承了姜太公重视实际的思想。

人的欲望，而在于使普通人的欲望合乎礼。《管子·小称》中记录了管仲的言辞："能够承认自己错误，是'强'的表现；明君有过则归之于己，有善则归之于民。"像这样，管仲眼中理想的君主是身居高位却能自我鞭策之人。

当然，领导者也有欲望。如前所述，管仲肯定领导者的欲望。不过，领导者虽能享受欲望，却决不可推延重要的决断之事。在君主的欲望有过分之趋势时，管仲并不是单纯地阻断君主的欲望，而是为其展开变通之道。齐桓公倚仗称霸之功，执意要登泰山进行封禅之时，管仲没有尖酸刻薄地横加指责，而是这样说道：

> 古之封禅……东海致比目之鱼，西海致比翼之鸟，然后物有不召而自至者十有五焉。今凤凰麒麟不来，嘉谷不生，而蓬蒿藜莠茂，鸱枭数至，而欲封禅，毋乃不可乎？

管仲的想法是，封禅不是不可以，而是应等到政治安稳之后再进行。继承齐国学脉的孟子发扬了管仲的思想，说道：

> 乐民之乐者，民亦乐其乐；忧民之忧者，民亦忧其忧。乐以天下，忧以天下，然而不王者，未之有也。
>
> ——《孟子·梁惠王》

"天下绝非是某一个人的天下，不贪取百姓之物者，方能得到百姓的支持"，这是姜太公与管仲的基本思想。领导者也有欲望，希望得到更多的百姓，渴望与百姓成为一体。得到更多的百姓的方法，不是依靠对百姓进行掠夺的"变态"欲望，而是依靠给予百姓所需，满足百姓的正常欲望。

如此，像管仲一样的政治家开启了肯定人的正当欲求的风气，普通人的欲望与诉求也便开始迸发出来。时代开始急剧发展变化，世界也开始变得像蜘蛛网一样错综复杂。往后，我们在接下来的故事中将见识到春秋战国时期的诸多思想，其中，没有任何一种思想是与管仲的思想毫无关联的。管仲确立了春秋时代的秩序，同时也种下了众多思想的种子，这些正是"乡野之人"管仲所完成的事情。

三国时期，蜀汉丞相诸葛亮就曾自述想要成为像管仲一样的人。陈寿在《三国志》中，将诸葛亮比作管仲，诸葛亮的为政之道是以管仲为榜样的。管仲是中国理想政治家的原型，陈寿对诸葛亮的评价，实际上就是对管仲的评价。让我们一起欣赏此评价，以结束第一卷的故事吧。

诸葛亮之为相国也，抚百姓，示仪轨，约官职，从权制，开诚心，布公道；尽忠益时者虽仇必赏，犯法怠慢者虽亲必罚，服罪输情者虽重必释，游辞巧饰者虽轻必戮；善无微而不赏，恶无纤而不贬；庶事精炼，物理其本，循名责实，虚伪不齿；终于邦域之内，咸畏而爱之，刑政虽峻而无怨者，以其用心平而劝戒明也。可谓识治之良才，管、萧之亚匹矣。

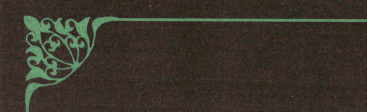

实地考察记

登名山记——新的活力改变历史

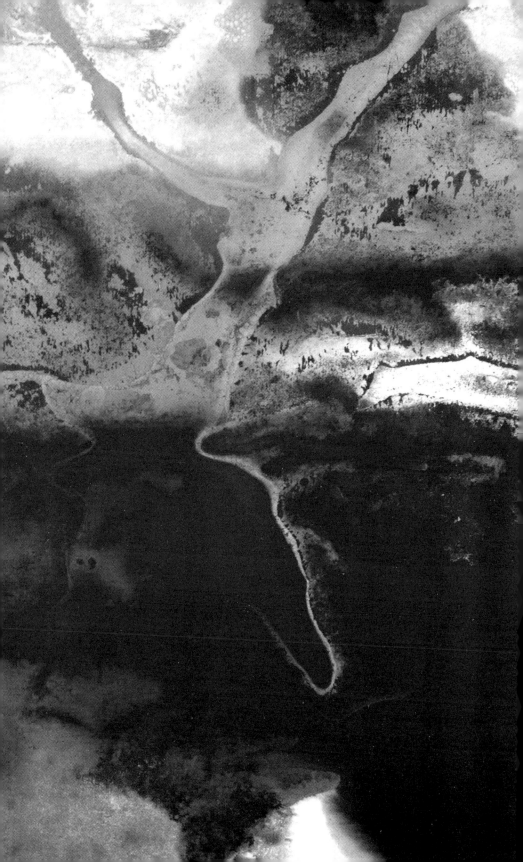

中国有很多所谓的"名山"。笔者每到一个地方，定然会去找寻当地的名山①。那么，中国人所说的名山，究竟是什么样的山呢？如果说奇岩怪石或者险峰峻岭就是标准的话，那么中国西部的山都能算得上名山。就算不提喜马拉雅山或者天山，四川或者云南那些被积雪覆盖的雪山，或是陡峭的绝壁与峡谷并存的高山，都可称得上是名山了。然而，中国人崇尚的山并不是这样的山，就山来讲，西部的山算是新进之山。

中国人所说的名山是历史悠久的山，岩石上有文人墨客所题的字，每座山的顶峰上必定都矗立着诸多粗犷的建筑。满足这些条件，才可称之为名山。五岳顶峰上也无一例外地矗立着宏大的建

---

① 在书写本系列故事书稿过程中，笔者曾同友人一道，多次踏访春秋战国故事的发生地。在今后系列故事的写作中，如果遇到问题，笔者肯定也会进行实地踏访。在此向每次实地踏访之时陪我走访的前辈们表示感谢，同时也向踏访路上不断让我感受到温情的中国人表示感谢。

过去十年间，光是正式踏访中国各地的日子，细数一下，也超过三百六十五日。西起帕米尔高原，东至黄海；北起蒙古高原，南至南海；还有西藏和黑龙江，足迹真是遍及中国各个地方。在这样的踏访路途中，笔者见识了春秋战国的原型。尽管其中有许多迂回曲折，但能够完成这么长时间的旅行，真是笔者的幸运，同时也多亏了友人们的关照。在此次实地考察过程中，笔者时常脱离春秋战国的时间与空间限制，进入到现代中国的时空之中。同时，因这些游记是综合现场游记而成，所以与实际旅行的顺序有所不同。通过横穿中国东西南北地区的这些旅行游记，读者们若能够时而从阅读历史的沉重感中得到休息，或者时而能够深入地思考现实之冷酷的话，笔者的目标就算是达成了。本卷为本系列丛书的第一卷，所收录的实地踏访记也属总论性质，为登山游记。

筑。因此，中国的名山并不是指自然的山，而是指人文的山。

例如，如果没有苏东坡吟咏的"不识庐山真面目，只缘身在此山中"这样的名句，来自万里之外的一位外国人在登上井冈山之时，也不可能吟咏出："在此看尽庐山真面目。"庐山之所以成为名山，就是因为它是历史与人文之山。五岳皆为历史与人文之山。中国的山也经历了各种历史沉浮。笔者在此就至今所去过的名山，写下鉴赏感悟。

1. 嵩山记

　　在西安见到李前辈之后，下午便马上离开西安，向东赶路。在洛阳坐上往登封方向的汽车，去往嵩山。随着路途的行进，平缓的平原逐渐变换为丘陵地带，而越靠近登封，越能看到气势不凡的群山巍然而立。那些都是嵩山的山峰。那天晚上，我们下榻在嵩山宾馆，卸下行囊，吃了产自嵩山的蘑菇，还喝了点酒。

　　早早睡觉，才能在第二天凌晨起来去爬嵩山。因为景区要求游客乘坐缆车，只有在缆车还没有运行的凌晨才有机会徒步登山。凌晨五点钟，旅馆主人叫醒了我们。古刹少林寺一开始就不在我们的日程范围内，我们只想登上嵩山山顶，一览中原的景象。尽管嵩山的最高峰是海拔 1512 米的少室山，但为了能够眺望到北边的景色，我们选择了比少室山低几十米的太室山作为登山目标。

　　我们的目标是在正门路经少林寺塔林，直接向上爬，登上缆车下方的山路。到达缆车附近，打扫卫生的老大爷劝我们吃了饭再登山。因为登上缆车下方的路会被罚款，所以要不乘坐缆车上去，要

少林寺塔林

不就尽快徒步上去。曾是海军的李前辈，中途一次也没休息，直接就爬了上去。我们的目标是在缆车启动前，爬到半山腰。

9月湿热的空气在凌晨就已经包围了山峰。一步一步向上攀爬的脚步逐渐变得迟缓起来。不过，在我们到达缆车停靠地点之时，缆车依然没有开始运行。首先算是能够安全在此落下脚步了。

嵩山与朝鲜半岛山上的植被相似度达到了令人惊奇的程度。橡树覆盖了山地，有阳光照入的地方，必然长满马兰。泥土与岩石按照恰当的比例糅杂在一起，岩石的种类主要是我们平时称为石英的白色云母以及沉积岩。这些石头色泽美丽，但摸上去却很疏松。9月的山路上散落着橡子，甚至有些滑。反倒是在山中必然会见到的猴子，却没有出现。那这么多的橡子，都是谁来吃掉的呢？

韩国的俗语中讲到，橡子在凶年会结很多。没东西吃的人们依靠山里的产物续命。山中有木材，也有果实，没有粮食的时候，橡

303

子成为维系生命的线绳。看到山中散落的橡子，笔者突然想到现在嵩山所象征的中原人所处的现实：河南省是中国最早的文明发源地，嵩山一带曾发掘出中国最古老的城郭。此地显然是创建中原文明的人们最早的根据地所在。然而，现在河南省的人口不断涌向省外，构成全国农民工的主力。是嵩山的地气衰退了吗？古时候夏朝兴盛之时，据说嵩山有神灵降临来着。

因为嵩山是自平地耸立而起的山，所以远看非常雄伟。不过，一旦真的爬到山上，就会发现其实是一座单薄凄婉之山。嵩山没有松柏。名山理应松柏蓊郁，那些松柏都是人工种植的，自然状态下，松柏要比阔叶树孱弱。因此，经年累月的树林最后会演变为阔叶树林。嵩山之所以没有松柏，可能是因为这些树木得不到保护，都被砍伐走了，取而代之的柞树因为扎根不深，全都个头矮小。都说华山险峻，泰山雄伟，峨眉山秀丽，这些山的峰顶都有巨树环绕，唯独嵩山上没有巨树，连山谷中也没有巨树，山谷中的巨树极有可能最先被伐走了。

橡子和马兰都是救荒食物。不知为何，在笔者看来，这些救荒食物、矮小的柞树以及溪水稀少的山谷仿佛象征了现代人疲困的生活，令人感到阵阵苦涩。孕育中国最古老文明的地方位于嵩山之北。嵩山在春秋时代也是东周洛阳的镇地宝山。然而，嵩山却不得不将这种地位让与新的山。嵩山的气运衰落了。

第二位登场的是泰山。

2. 泰山记

笔者有过 2001 年夏想登泰山却中途放弃的经历。当时买火车票像打仗一样艰难。在泰安站排队买票，不断有人插队，队列长度总不见缩短。好不容易轮到自己了，却被告知没有票了。无奈之下，那天只能舍弃登泰山的计划，转而去了曲阜。

不过这次笔者下定决心，一定要登上泰山，誓要登顶看看姜太公的后人们开垦的土地是何种景象。

几天之前，笔者实地踏访了城濮的古战场遗址，并且走到了黄河浮桥中间又返回。一度向北奔流，似乎要直接流入渤海湾的黄河，在这里转而南下，流到了城濮的古战场上。芦根裸露的沙土地讲述着黄河曾经屡屡泛滥成灾的凶险历史。现在，黄河已成为一条无力泛滥的粗浅水流，一条越往下游水越减少的奇怪河流。

笔者决定在登泰山的前一天，先顺道去看看孟子与孔子的祠堂。早晨在孟庙门口吃了包子，然后进入邹城孟庙，里面除了我，没有任何其他来访者。而曲阜的孔庙，一年四季都人满为患。看来人们只记得头领的这种倾向，不论在这里，还是在中国其他地方，全都一个样。

孟庙的风景孤寂雅静，与孟子生前滔滔不绝的健谈形象形成鲜明对比。孟庙庭院的柏树间吹过静谧的风，与孔庙或是曲阜的过度华丽相比，这里要幽静亲切得多。

从孟庙出来之后，笔者马上乘坐了驰向曲阜的汽车。已经记不清这是第几次孔子祠堂了，孔庙入口处有刻着"官员人等至此下马"的石碑。从一开始就无马可骑的我喝着饮用水走了进去，如果骑着马的话，在进入孔道之时，要有一个下马的程序。不过，对于走着的人，则没有这样的要求。

进入孔庙，一眼就能看到历代皇帝为了颂扬孔子而立下的无数石碑。想想看有多么讽刺？这些人推翻孔孟之道以建立新王朝，一旦新王朝建立起来，又全都争先恐后地高呼孔孟之道。填满空间的这些石碑似乎在纷纷诉说着孔子与王权奇异而又紧密的共存关系。

到泰安睡了一晚之后，早晨开始登泰山。泰山并不是特别高，最高峰只有1500多米。然而，因此山几乎是从完整的平地耸立而起的，导致看起来比实际海拔高很多。因此，可以充分理解在先进的

孟庙亚圣殿

测量法出现之前，古人为何认为泰山要比其他的山高很多。也正因此，泰山在五岳中获得了"五岳独尊"的称号。

登泰山的方法很简单。只要稍微有点耐心，无论谁都可以登上去。登泰山沿着台阶走就可以了。

首先到达泰山售票处。从泰安市内前往售票处的路很好找，所以也不用担心迷路。从售票处买了票，大概需要120元人民币（韩币2万元左右）。此时需要稍微有一点点包容心。如果心里嘀咕着"我用自己的脚爬山，居然还要交2万元"而愤然折返的话，就登不上泰山了。

接下来踏上售票处旁边的台阶开始登山。刚走一会儿，就会看到刻有"登高必自"的石碑，这里是一天门。接着攀爬台阶，然后就是接连不断的台阶。最好是在不了解台阶数量的情形下登山，因

孔庙万仞宫墙

孔庙碑林

孔庙大成殿

为据说有 7000 多级台阶。好奇心强的人倒也刻意数一数看。从现在开始，只要反复进行抬右脚和蹬左脚，以及抬左脚和蹬右脚的动作便可。

这个动作需要稍微有点耐心。最好不要过早出现厌烦情绪或是一次登两个台阶，那样的话，会饿得腿发软。

果不其然，泰山再高，也只是天底下的一座山。一路上，对于被打磨得过于正方形的台阶感到不满，用祖先留下的文化遗产赚钱的后人之肤浅亦令人不满，中国人仿佛天生是建筑家似的，不尊重自然原貌，非要在山上大兴土木，这也令人不满。但所有这些不满，在登上峰顶那一刻，全都化为乌有。登上峰顶之后，绝顶的风光果然值得一看。

首先向北俯瞰，能够看到纵横展开的齐国土地。顶峰附近松柏林立的树林象征着山东齐国土地的富饶。泰山北部远处的丘陵上，诞生了春秋时代的第一位霸主。泰山的气魄取代嵩山，也是理所当然之事。因为泰山是新进之山。

孔子登临处

　　然而，后来的中国出现了以泰山的气魄也无法抵挡的一股势力。公元前 600 年之后，中国的权力中心逐渐由东向西转移。不管怎么说，7000 多级台阶是不是显得太过单调了呢？虽然东方出现了博大的学问，但在笔者眼中，政治变通力不足的齐国统制不知为何竟与泰山如此相似呢。

3. 华山记

　　我们一行从中原出发，跨过通往关中的两道关口。三门峡崤山古道与函谷关的狭窄地势让人不自觉地怀疑关中地区究竟有没有广阔的平原存在。我们于夜间到达华山，卸下行李，搜罗来多种陕西的酒一起喝了起来。在爬山之前，笔者总是喜欢先品尝当地的酒，给身体解乏。次日一早登山流汗，喝下的酒就全都散化入空气之中了。

华山成为历史名山的时间在泰山之后。《中庸》有言："今夫地，一撮土之多，及其广厚，载华岳而不重。"似乎是在说从秦国击退关中东部的戎人起，也就是从春秋末期开始，华山就成了秦国的象征。

从售票处乘坐汽车，向里面奔驰了好一会儿，才到达了登山处。今天的目标是登上华山，眺望关中全景。然而，阴沉灰暗且不时落下雨滴的天气，看起来似乎不是那么友好。

华山是座高山，最高峰约2160米，从外面看起来像是一块硕大的巨石。在这块巨石上面，连草木也很难寄生，只有灌木艰难地在岩石缝中扎根、生长。

崇山之上无一例外地有缆车运行。我们最初想沿着台阶一点一点登上山，但考虑到时间问题，遂决定乘坐缆车到山腰，然后再步行登山。单就岩石的雄奇来看，五岳之中的其他任何一座山都无法与华山匹敌。尽管没有黄山的玲珑可爱，但白色的花岗岩与缭绕的云雾和谐统一，反而让华山更胜一筹。华山果然是西部的名山。

然而，华山也有其短处。从山脚到半山腰，树林不够多，在陡峭险峻的山崖上，树木确实很难扎根生存。受不了绵延不断石阶的枯燥冗长，我们一行中有一位掉队了。"这就是华山的全部吗？就华山守护关中东部名山的地位来看，有点缺少生命力的感觉。一般来说，不够秀丽的山岳中，道教不会兴旺昌盛呢。"

不过，大约一个小时之后，这些疑虑就全都散去了。华山原来是在顶峰上藏有秀丽之色的高山。从外表看起来，华山像是有着结实肌肉的男性，不过在其顶端却密密麻麻地长满了经历数百年风霜的松柏，松柏上挂着露珠与雨水，随时向下流淌，使得山顶从不断水。华山顶峰上有一块林木茂盛的盆地，与险峰峻岭之中藏有关中平原一样；岩石屏风中也藏有幽静的水流潺潺之处，华山顶峰可谓一

华山 远看像一块参天巨石。

云雾缭绕的华山

华山顶峰的树林

个小关中了。五岳之中，华山第一。

在韩国，我们是不是说智异山庄严，金刚山瑰丽，而妙香山则既庄严又瑰丽？华山正是妙香山那样的山。嵩山山基宏大，却显得缺乏力量；泰山巍然耸立，却显得单调；独有华山，在嵩山与泰山的特色上，又增添了西部的刚健强壮。任何大江大河遇到山都要沿着山势改变原先的流向，像黄河遇到华山之后，便将流向转向了东边。

一次看遍了嵩山、泰山和华山，不仅体会了这些山的壮美，同时也感受了历史的流变。新出现的活力的刚健强壮显然是历史的一条轴线。然而，新出现的活力会一直都是新出现的吗？现在的新出现的活力又是哪儿呢？无论任何势力，都只能是一时的新出现的活力。的确如某首歌所言，季节总是在不停变换（The times they are a-changin）。

主要国家诸侯在位年表

年份	东周	鲁	齐	晋	秦	楚	郑	燕	吴	越
前 770		孝公								
前 769								顷侯		
前 768					襄公					
前 767						若敖				
前 766								哀侯		
前 765										
前 764										
前 763										
前 762										
前 761						霄敖				
前 760										
前 759				文侯						
前 758										
前 757							武公			
前 756	平王		庄公							
前 755		惠公								
前 754					文公					
前 753								郑侯		
前 752										
前 751										
前 750										
前 749						蚡冒				
前 748										
前 747										
前 746										
前 745										
前 744				昭侯						
前 743							庄公			
前 742										
前 741										

313

年份	东周	鲁	齐	晋	秦	楚	郑	燕	吴	越
前740				昭侯						
前739										
前738										
前737										
前736			庄公							
前735								郑侯		
前734										
前733										
前732		惠公								
前731				孝侯						
前730	平王									
前729										
前728				文公						
前727										
前726										
前725										
前724										
前723										
前722		隐公								
前721										
前720				鄂侯			庄公	穆侯		
前719						武王				
前718										
前717			釐公		文公					
前716										
前715										
前714				哀侯						
前713										
前712										
前711		桓公								
前710										
前709					宁公					
前708	恒王			小子						
前707										
前706										
前705										
前704								宣侯		
前703										
前702				湣						
前701										
前700					出公					
前699							厉公			
前698										
前697			襄公		武公			桓公		

年份	东周	鲁	齐	晋	秦	楚	郑	燕	吴	越
前696							昭公			
前695		桓公								
前694							子亹	桓公		
前693						武王				
前692			襄公							
前691										
前690				湣						
前689	庄王				武公					
前688							子婴			
前687				武公						
前686										
前685		庄公								
前684										
前683			桓公			文王				
前682										
前681				晋侯						
前680	釐王									
前679										
前678				武公①			厉公			
前677					德公					
前676										
前675										
前674						堵敖囏		庄公		
前673										
前672										
前671				宣公						
前670							文公			
前669	惠王									
前668										
前667										
前666										
前665			献公							
前664										
前663				成公	成王					
前662										
前661		湣公								
前660										
前659										
前658										
前657		釐公			穆公					
前656								襄公		
前655										
前654										
前653										

① 周天子承认晋武公。

年份	东周	鲁	齐	晋	秦	楚	郑	燕	吴	越
前652	惠王									
前651				献公						
前650										
前649										
前648			桓公							
前647										
前646										
前645										
前644				惠公						
前643										
前642										
前641										
前640		釐公					文公			
前639						成王				
前638			孝公							
前637				穆公						
前636										
前635	襄王							襄公		
前634										
前633										
前632				文公						
前631										
前630										
前629										
前628										
前627										
前626										
前625										
前624			昭公	襄公						
前623										
前622										
前621										
前620						穆王				
前619								穆公		
前618	顷王	文公								
前617										
前616										
前615				灵公	康公					
前614										
前613								桓公		
前612										
前611	匡王		懿公			庄王				
前610										
前609										

年份	东周	鲁	齐	晋	秦	楚	郑	燕	吴	越
前608	匡王									
前607				灵公			穆公			
前606					共公					
前605							灵公	桓公		
前604			惠公							
前603				成公						
前602										
前601										
前600		宣公				庄王				
前599										
前598										
前597										
前596	定王						襄公			
前595										
前594										
前593								宣公		
前592										
前591										
前590			顷公	景公	桓公					
前589										
前588										
前587										
前586							悼公			
前585										
前584										
前583										
前582										
前581		成公								
前580								昭公		
前579	简王									
前578						共王	成公			
前577										
前576				厉公					寿梦	
前575										
前574										
前573			灵公							
前572										
前571					景公					
前570										
前569				悼公				武公		
前568	灵王	襄公					釐公			
前567										
前566										
前565							简公			

年份	东周	鲁	齐	晋	秦	楚	郑	燕	吴	越
前 564										
前 563										
前 562						共王			寿梦	
前 561				悼公						
前 560								武公		
前 559			灵公							
前 558										
前 557										
前 556	灵王									
前 555										
前 554									诸樊	
前 553		襄公				康王				
前 552								文公		
前 551			庄公		景公					
前 550										
前 549										
前 548										
前 547				平公			简公	懿公		
前 546										
前 545										
前 544										
前 543						郏敖				
前 542										
前 541								惠公		
前 540									馀祭	
前 539										
前 538										
前 537										
前 536			景公			灵王				
前 535										
前 534	景王							悼公		
前 533										
前 532		昭公								
前 531										
前 530									馀昧	
前 529				昭公	哀公					
前 528								共公		
前 527							定公			
前 526						平王				
前 525									僚	
前 524				顷公						
前 523								平公		
前 522										
前 521										

318

年份	东周	鲁	齐	晋	秦	楚	郑	燕	吴	越
前520	景王									
前519										
前518						平王			僚	
前517							定公			
前516				顷公						
前515		昭公								
前514										
前513								平公		
前512										
前511					哀公					
前510										
前509										
前508										
前507							献公			
前506										
前505			景公						阖闾	
前504										
前503										允常
前502		定公				昭王				
前501										
前500										
前499								简公		
前498	敬王									
前497										
前496					惠公					
前495										
前494				定公						
前493										
前492										
前491										
前490										
前489			晏孺子							
前488							声公			
前487			悼公							勾践
前486		哀公							夫差	
前485								献公		
前484					悼公					
前483			简公							
前482						惠王				
前481										
前480										
前479			平公							
前478										
前477										

年份	东周	鲁	齐	晋	秦	楚	郑	燕	吴	越
前476	敬王									
前475				定公						
前474									夫差	
前473										
前472	元王	哀公								
前471								献公		
前470										
前469						声公				勾践
前468										
前467										
前466			平公							
前465										
前464				出公	厉共公	惠王				
前463										
前462										
前461										
前460	贞定王							孝公		鹿郢
前459		悼公					哀公			
前458										
前457										
前456										
前455			宣公							不寿
前454										
前453							共公	成公		
前452										
前451				哀公						

主要事件

年份	事件
前 770	周平王迁都洛邑 —— 东周时代开启。
前 707	周天子败于郑庄公。
前 704	楚国攻打随国。
前 685	管仲被任命为齐国国相。
前 679	齐桓公称霸。
前 678	曲沃武公正式霸占晋国。
前 661	晋国创设二军。
前 658	齐桓公在楚丘筑城，复活卫国。
前 656	齐桓公在召陵震慑楚国。
前 651	齐桓公主持葵丘会盟。
前 645	管仲去世。韩原之战中，秦穆公俘虏了晋惠公。
前 643	齐桓公去世。

图书在版编目（CIP）数据

春秋战国 . 第 1 卷，春秋纷争 ／〔韩〕孔元国著；宋
文静译 . —上海：上海三联书店，2023.3
ISBN 978-7-5426-7994-9

Ⅰ . ①春… Ⅱ . ①孔… ②宋… Ⅲ . ①中国历史—春
秋战国时代—通俗读物 Ⅳ . ① K225.09

中国国家版本馆 CIP 数据核字（2023）第 001206 号

春秋战国·第一卷·春秋纷争

著　　者／〔韩〕孔元国
译　　者／宋文静
责任编辑／王　建
特约编辑／苑浩泰
装帧设计／鹏飞艺术
监　　制／姚　军
出版发行／上海三联书店
　　　　　（200030）中国上海市漕溪北路331号A座6楼
邮购电话／021-22895540
印　　刷／三河市延风印装有限公司
版　　次／2023 年 3 月第 1 版
印　　次／2023 年 3 月第 1 次印刷
开　　本／960×640　1/16
字　　数／154千字
印　　张／21.5

ISBN 978-7-5426-7994-9/K · 707

定　价：59.80元